B2

Kontext

Deutsch als Fremdsprache

Übungsbuch
mit Audios

Stefanie Dengler
Ute Koithan
Helen Schmitz
Tanja Sieber

Ernst Klett Sprachen
Stuttgart

Autorinnen Stefanie Dengler, Ute Koithan, Helen Schmitz, Tanja Sieber
Beratung und Gutachten Anna Grigorieva (München), Beate Lex (Jena)
Projektleitung Angela Kilimann
Redaktion Annette Kretschmer
Herstellung Carolyn Brendel
Layoutkonzeption Marion Köster und Katrin Kleinschrot, Stuttgart
Gestaltung und Satz Marion Köster, Stuttgart
Illustrationen Sylvia Neuner, München
Auftragsfotos Dieter Mayr, München
Cover Ulrike Steffen, Karlsruhe

Audios
Aufnahme und Postproduktion Plan 1, München
Regie Plan 1, Angela Kilimann, Annette Kretschmer

Online- und Augmented-Übungen
Sarah Fleer, Bettina Schwieger, Annette Kretschmer und Elke Sagenschneider

Kontext B2	
Kursbuch mit Audios und Videos	605342
Übungsbuch mit Audios	605343
Unterrichtshandbuch	605344
Intensivtrainer	605345
Testheft mit Audios	605346
Digitales Unterrichtspaket	NP00860534401
Audiopaket (6 CDs zu KB + ÜB)	605373
Video-DVD	605374
Kontext B2 (zweibändig)	
Kurs- und Übungsbuch B2.1 mit Audios und Videos	605340
Kurs- und Übungsbuch B2.2 mit Audios und Videos	605341

Lösungen, Transkripte u.v.m. zum Download unter: www.klett-sprachen.de/kontext

Audio- und Videodateien zum Download unter www.klett-sprachen.de/kontext/medienB2
Code: Audios zu Kapitel 1–6: kont2ubv@32
Audios zu Kapitel 7–12: kont2ubx@33
Sie können den Code auch einfach im Suchfeld auf unserer Homepage eingeben.

Zu diesem Buch gibt es Audios und Online-Übungen, die mit der Klett-Augmented-App geladen und abgespielt werden können.

Klett-Augmented-App kostenlos downloaden und öffnen | **Seiten mit Audios, Videos oder Übungen** scannen | Audios, Videos oder Übungen laden, direkt **nutzen oder speichern**

Scannen Sie diese Seite für weitere Komponenten zu diesem Titel.

1. Auflage 1 3 2 1 | 2025 24 23

Druck und Bindung: Eleanders GmbH, Waiblingen

ISBN 978-3-12-605343-6

9 783126 065436

MIX Papier | Fördert gute Waldnutzung FSC® C016368

DAS ÜBUNGSBUCH – KAPITELAUFBAU

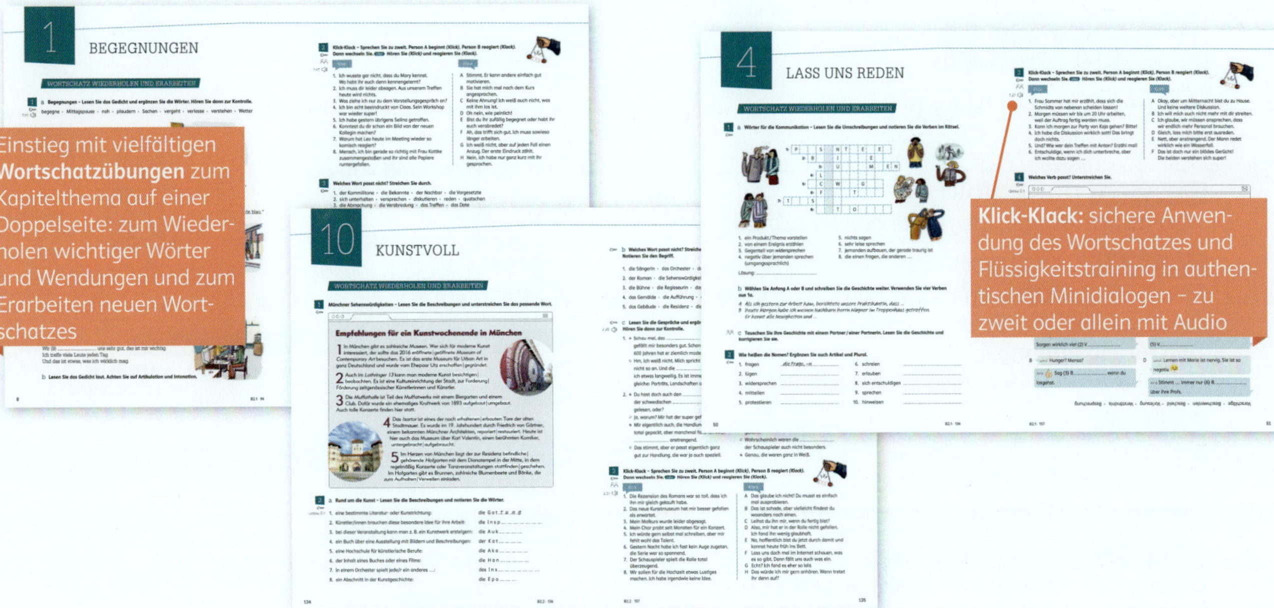

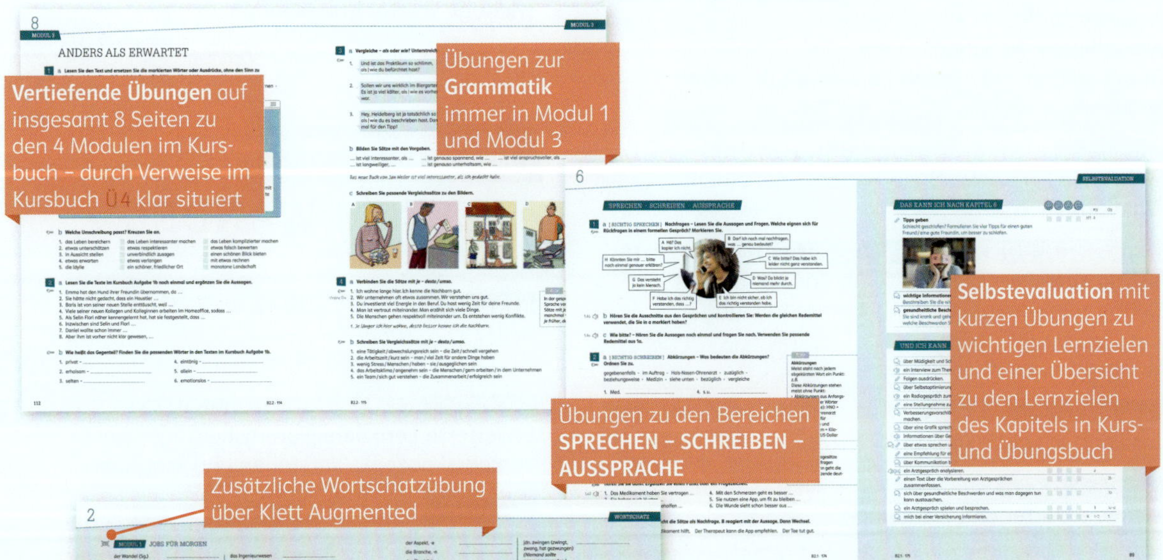

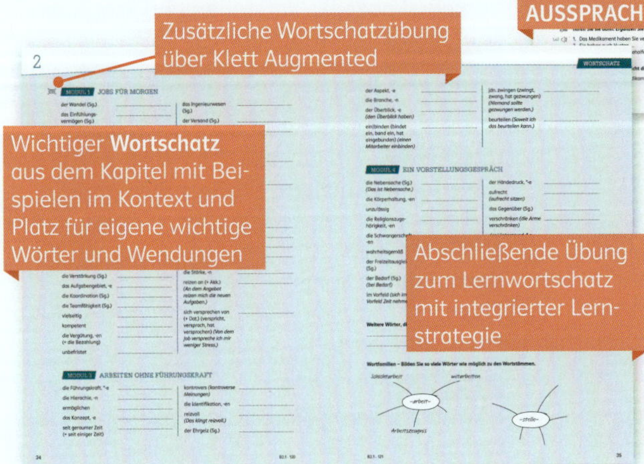

Alle Lesetexte auch zum Hören über Klett Augmented oder als Download.

SYMBOLE

- 1.05 – Hörtext Track 5 (auf CD 1)
- Lösungen zu dieser Übung im Internet
- Partneraufgabe
- P – Aufgabe im Prüfungsformat *Goethe-Zertifikat B2* oder *telc Deutsch B2*
- Online Ü 2 – Online-Übung im Internet und über Klett Augmented
- zusätzliche Übung über Klett Augmented

KAPITEL 4

LASS UNS REDEN ...

KAPITEL 5

TECHNIK GUT, ALLES GUT?

KAPITEL 6

GESUNDHEIT!

KAPITEL 7

WIEDER WAS GELERNT!

KAPITEL 8

EINFACH MENSCHLICH

KAPITEL 9

GUT WIRTSCHAFTEN

KAPITEL 10
KUNSTVOLL

KAPITEL 11
VIEL ZU TUN

KAPITEL 12
AUFGEPASST!

1 BEGEGNUNGEN

WORTSCHATZ WIEDERHOLEN UND ERARBEITEN

1 a **Begegnungen – Lesen Sie das Gedicht und ergänzen Sie die Wörter. Hören Sie dann zur Kontrolle.**

1.01

begegne • Mittagspause • nah • plaudern • Sachen • vergeht • verlasse • verstehen • Wetter

Ich muss morgens ganz früh raus
und (1) .... um sieben das Haus.
Im Treppenhaus treffe ich jeden Tag
einen Nachbarn, den ich sehr mag.
Wir (2) .... ein bisschen über dies und das:
„Mensch, hast du das gehört? Das ist ja krass!"

Dann muss ich aber ganz schnell los.
Die Zeit (3) .... so schnell, wie kommt das bloß?
Im Bus da sehe ich dieselben Leute,
so wie immer ist es auch heute.
Ich rede oft mit einer netten Frau
übers (4) .... – „Ach, der Himmel wieder so schön blau."

So, und jetzt bin ich auch schon da,
das Büro ist nun ganz (5) ....
Ich (6) .... auf dem Weg dahin
ganz oft auch meinem Kollegen Tim.
Wir reden über die Arbeit, das ist klar.
Das macht uns sogar Spaß, echt wahr!

Am Schreibtisch sitz ich dann ganz still,
weil ich auch gleich mal starten will.
In der (7) .... geh ich essen
und kann den Stress auch mal vergessen.
Mit den Kollegen rede ich über viele (8) .... ,
über die wir oft auch lachen.

Danach auf dem Weg nach Hause
mach ich im Café oft eine Pause,
denn dort sind meine Freunde, richtig.
Wir (9) .... uns sehr gut, das ist mir wichtig.
Ich treffe viele Leute jeden Tag.
Und das ist etwas, was ich wirklich mag.

b **Lesen Sie das Gedicht laut. Achten Sie auf Artikulation und Intonation.**

2 **Klick-Klack – Sprechen Sie zu zweit. Person A beginnt *(Klick)*, Person B reagiert *(Klack)*. Dann wechseln Sie.** oder **Hören Sie *(Klick)* und reagieren Sie *(Klack)*.**

1.02

Klick

1. Ich wusste gar nicht, dass du Mary kennst. Wo habt ihr euch denn kennengelernt?
2. Ich muss dir leider absagen. Aus unserem Treffen heute wird nichts.
3. Was ziehe ich nur zu dem Vorstellungsgespräch an?
4. Ich bin echt beeindruckt von Claas. Sein Workshop war wieder super!
5. Ich habe gestern übrigens Selina getroffen.
6. Konntest du dir schon ein Bild von der neuen Kollegin machen?
7. Warum hat Leo heute im Meeting wieder so komisch reagiert?
8. Mensch, ich bin gerade so richtig mit Frau Kottke zusammengestoßen und ihr sind alle Papiere runtergefallen.

Klack

A Stimmt. Er kann andere einfach gut motivieren.
B Sie hat mich mal nach dem Kurs angesprochen.
C Keine Ahnung! Ich weiß auch nicht, was mit ihm los ist.
D Oh nein, wie peinlich!
E Bist du ihr zufällig begegnet oder habt ihr euch verabredet?
F Ah, das trifft sich gut. Ich muss sowieso länger arbeiten.
G Ich weiß nicht, aber auf jeden Fall einen Anzug. Der erste Eindruck zählt.
H Nein, ich habe nur ganz kurz mit ihr gesprochen.

3 **Welches Wort passt nicht? Streichen Sie durch.**

1. der Kommilitone • die Bekannte • der Nachbar • die Vorgesetzte
2. sich unterhalten • versprechen • diskutieren • reden • quatschen
3. die Abmachung • die Verabredung • das Treffen • das Date
4. nett • genervt • freundlich • sympathisch • lieb
5. sich gut verstehen • jdn. sympathisch finden • ein gutes Verhältnis zu jdm. haben • sich arrangieren
6. das Verhalten • die Erfahrung • die Reaktion • das Benehmen

4 **Welche Wörter drücken das Gegenteil aus? Notieren Sie die Paare.**

~~sich begrüßen~~ • offen • vertraut • gemeinsam • lustig • duzen • humorlos • fremd • loben • ~~sich verabschieden~~ • verschlossen • siezen • allein • kritisieren

sich begrüßen – sich verabschieden

5 **Partygeplauder – Welches Verb passt? Unterstreichen Sie.**

Online Ü1

1. • Ich möchte dir unbedingt meine Schwester vorstellen | darstellen. Das ist also Valerie.
   ○ Hallo, ich bin Pina. Schön, dich kennenzulernen.
2. • Habt ihr euch schon miteinander bekannt getan | gemacht?
   ○ Das mussten wir gar nicht. Wir kennen uns schon lange.
3. • Hey, wie geht's?
   ○ Oh, hallo, ich habe dich fast nicht erkannt | gekannt. Tolle Frisur!
4. • Ich soll dich ganz herzlich von Matteo begrüßen | grüßen.
   ○ Das ist aber nett. Vielen Dank!
5. • Was macht eigentlich Alicja?
   ○ Keine Ahnung, sie hat sich schon ewig nicht mehr bei mir gemeldet | mitgeteilt.
6. • Wer ist denn der Typ, der dich gerade angelächelt | gelächelt hat?
   ○ Ach, das ist der Freund von Laura. Kennst du den gar nicht?

ANKOMMEN

1 a **An einem neuen Ort ankommen – Was passt zusammen? Ordnen Sie zu.**

1. alte Schulfreunde
2. sich ein neues Leben
3. ein Gespräch
4. sich wohl
5. sich in einer Stadt
6. große Überwindung
7. an einem Ort Fuß

A einleben
B aufbauen
C fühlen
D fassen
E beginnen
F kontaktieren
G kosten

b **Wählen Sie drei Ausdrücke aus 1a und schreiben Sie Sätze.**

2 a **Lesen Sie den folgenden Text und entscheiden Sie, welches Wort (a, b oder c) in die jeweilige Lücke passt.**

P

TIPP

In der Prüfung
Lesen Sie die Sätze mit den Lücken ganz genau und prüfen Sie, was in die Lücke passt. Achten Sie dabei auf den kompletten Satz. Lesen Sie am Ende noch einmal den ganzen Text und kontrollieren Sie Ihre Lösungen.

Liebe … / Lieber …,

schön, dass du nach Berlin ziehen willst. Das wird toll und du wirst eine Menge interessanter Menschen kennenlernen. Mach .....1..... keine Gedanken, es gibt wirklich so viele Möglichkeiten, nette Menschen zu treffen. .....2..... kennst du ja schon mich und das ist ein guter Anfang ☺. Gib mir einfach Bescheid, wenn du da bist, und dann mache ich dich gern auch mit meinen Freunden bekannt. Du könntest auch ein Online-Netzwerk für Neuankömmlinge nutzen und dort Leute kennenlernen, mit .....3..... du etwas unternehmen kannst. Oder du wirst Mitglied in einem Verein. Wenn man ein gemeinsames Hobby hat, hat man ja gleich ein Gesprächsthema und kann sich sofort .....4..... unterhalten.
Hast du eigentlich schon ein Zimmer oder eine Wohnung gefunden? Ich frage nur, weil in der anderen WG in unserem Haus nächsten Monat ein Zimmer frei wird. Eine Bewohnerin geht für zwei Semester in die USA, ...5..... ist das Zimmer nur für ein Jahr zu vermieten. Aber besser als nichts, oder? Das Zimmer ist ziemlich groß und hat einen Balkon. Die anderen beiden WG-Bewohner kenne ich auch, sie sind echt sympathisch, kochen gern und machen viel Sport. Das .....6..... doch zu dir passen, oder? .....7..... du Interesse hast, könnte ich dir die Kontaktdaten schicken. Unsere Hausgemeinschaft ist übrigens super. Wir kümmern uns gemeinsam .....8..... eine ältere Nachbarin im Haus und im Sommer grillen wir oft zusammen im Hof. Du würdest also automatisch ein paar Leute kennenlernen. Es ist überhaupt ein super Viertel, in dem ich hier lebe. Ich habe mich von Anfang an wohl gefühlt und kann mir schon gar nicht mehr .....9....., woanders zu wohnen. Aber vielleicht hast du ja schon etwas anderes gefunden, dann .....10..... ich gar nicht mehr so viel Werbung zu machen ☺. Melde dich einfach!

Liebe Grüße
Anna

1. a dich
   b dir
   c sich

2. a Außerdem
   b Wirklich
   c Zwar

3. a den
   b denen
   c die

4. a darüber
   b über
   c worüber

5. a denn
   b deshalb
   c sodass

6. a wird
   b wurde
   c würde

7. a Da
   b Falls
   c Ob

8. a für
   b mit
   c um

9. a denken
   b merken
   c vorstellen

10. a brauche
    b muss
    c will

b **Sie haben die Mail von Anna gelesen und antworten ihr mit einer Sprachnachricht. Sprechen Sie die Nachricht und gehen Sie dabei auf Annas Vorschläge ein.**

3

Online Ü 2

a ***Tekamolo*** **– Nummerieren Sie die Reihenfolge der Angaben.**

1. Letztes Jahr bin ich [2] nach Köln [1] wegen einer neuen Arbeitsstelle gezogen.
2. Ich dachte, ich könnte [ ] problemlos [ ] nach meinem Umzug neue Kontakte knüpfen.
3. Aber ich habe mich [ ] in Köln [ ] ziemlich einsam [ ] in der ersten Zeit gefühlt.
4. Dann habe ich mich entschlossen, mich [ ] in einem Verein [ ] ehrenamtlich zu engagieren.
5. Jetzt gebe ich [ ] jede Woche [ ] sehr motiviert Yoga-Kurse.
6. Außerdem gehe ich [ ] mit großer Begeisterung [ ] in einen Schachclub [ ] seit Kurzem .
7. Meine Kollegen und Kolleginnen habe ich [ ] auch besser [ ] in den letzten Monaten [ ] aufgrund von gemeinsamen Projekten kennengelernt.
8. Ich wohne [ ] in Köln [ ] richtig gern [ ] mittlerweile .

b **Schreiben Sie die Sätze und beginnen Sie mit dem Subjekt.**

1. nach Italien / gefahren / wegen der Geburtstagsfeier eines Freundes / Vittoria / ist / ganz spontan / letzte Woche / .
2. Anna / mit dem Rad / jeden Tag / zu ihrer neuen Arbeitsstelle / fährt / .
3. unbedingt / wegen seiner Freundin / Kaan / nach Bern / ziehen / wollte / im Mai / .
4. geht / Malte / in das Café an der Ecke / regelmäßig / seit einigen Monaten / .
5. in Wien / glücklich und zufrieden / lebt / Valentin / schon seit einiger Zeit / .

1. Vittoria ist …

> TIPP
> Oft gibt es mehrere Möglichkeiten, einen Satz zu bilden. Aber mit der Reihenfolge *tekamolo* und den Regeln zu den Ergänzungen bilden Sie immer korrekte Sätze.

c **Betonen Sie in den Sätzen in 3b die temporale Angabe und stellen Sie sie auf Position 1.**

4

An welcher Stelle im Satz stehen die Angaben oder Ergänzungen? Markieren Sie.

EINFACH ANKOMMEN – der Relocation-Service

1 Sie suchen seit Monaten verzweifelt ?	nach einer Wohnung
2 Wir finden schnell in einer guten Gegend.	die passende Wohnung
3 Unsere Mitarbeiter/innen sind Tag und Nacht persönlich da.	für alle Kunden und Kundinnen
4 Sie können jederzeit auch telefonisch erreichen.	uns
5 Wir kümmern uns von Anfang an professionell und kompetent.	um alle Formalitäten
6 Wir bieten seit Kurzem aufgrund des großen Interesses an.	auch Stadtführungen
7 Unsere Stadtführer/innen zeigen zu jeder Jahreszeit die schönsten Viertel der Stadt.	Ihnen
8 Wir organisieren jeden Monat in unseren Räumen.	eine Kennenlernparty
9 Unser Service garantiert von Anfang an ein sorgenfreies Leben in unserer wunderbaren Stadt.	Ihnen und Ihrer Familie

> TIPP
> **Kurz vor lang**
> Dativ- und Akkusativpronomen stehen immer vor den Angaben.

TYPISCH?

1 Online Ü3

Charaktereigenschaften – Wie heißt das Gegenteil? Ordnen Sie zu.

bescheiden • entspannt • kompromissbereit • zuverlässig • schüchtern • übermüdet

1. selbstbewusst ....
2. stur ....
3. gestresst ....
4. anspruchsvoll ....
5. ausgeschlafen ....
6. vergesslich ....

2

a **Ergänzen Sie die Redemittel. Was drücken sie aus: Ähnlichkeiten und Unterschiede erfragen (ÄU) oder Vorgehensweisen besprechen (V)? Notieren Sie.**

1. Wir s t ....t, dass wir unterschiedliche V o .... l l .... von Pünktlichkeit haben. *V*
2. Wie ist denn Ihre E i .... n g zum T h ....?
3. Für mich war es sehr u n .... w .... t, dass wir gleich mit dem Lernen begonnen haben.
4. Können wir es in Z u .... so machen, dass wir alle spätestens um fünf Minuten nach der verabredeten Zeit da sind?
5. Könnten wir uns d a .... e i .... e n, dass alle höchstens zehn Minuten zu spät kommen?

1.03 b **Flüssig sprechen – Hören Sie die Fragen und reagieren Sie mit den Sätzen aus 2a wie im Beispiel.**

Was stellen Sie fest?

Wir stellen fest, dass wir …

3 P

Lesen Sie zuerst die zehn Situationen (1–10) und dann die zwölf Info-Texte (A–L). Welcher Info-Text passt zu welcher Situation? Sie können jeden Info-Text nur einmal verwenden. Manchmal gibt es keine Lösung. Markieren Sie dann *x*.

1. Ein Kollege möchte eine Weiterbildung zum Thema *Vorurteile* besuchen.
2. Eine Freundin interessiert sich für historische Kunst aus Deutschland.
3. Sie möchten mit einem Bekannten ein gesellschaftskritisches Theaterstück sehen.
4. Ein Bekannter möchte sich über die Entstehung von Vorurteilen informieren.
5. Eine Bekannte schreibt in ihrer Freizeit Sketche und Kabarett-Stücke und möchte vor Publikum auftreten.
6. Die Tochter eines Kollegen möchte nach der Schule im Ausland arbeiten.
7. Ihr Nachbar hat gerade Abitur gemacht und möchte sich später beruflich mit Tätigkeiten im internationalen Umfeld befassen.
8. Sie möchten Informationen über einen Beruf, in dem man andere Menschen z.B. bei der Entscheidungsfindung unterstützt.
9. Ihr Freund hat zwei Wochen frei und sucht einen Job. Er würde gerne bei einem kulturellen Event mithelfen.
10. Sie müssen für Ihre Chefin Informationen über verschiedene Angebote zum Thema *Teambildung* zusammenstellen.

TIPP

In der Prüfung
Lesen Sie alle Situationen und markieren Sie wichtige Wörter. Überfliegen Sie dann die Info-Texte: Um welche Themen geht es? Notieren Sie die passende Situation. Wenn Sie nicht sicher sind, lesen Sie den Info-Text genauer und vergleichen Sie mit den Situationen.

Kuh-L-tur

Das Kuh-L-Tur-Festival ist ein 10-tägiges Musikfestival, das sich zu 100% über den Verkauf von Speisen und Getränken finanziert. Der Eintritt ist für alle frei und auch dieses Jahr dürfen wir wieder die Felder südlich von Krähenmühle nutzen. Hier treten lokale und internationale Musikgrößen auf und lassen die Weide wackeln. Du willst von Anfang an dabei sein? Dann hilf mit und unterstütze uns beim Auf- und Abbau der Stände und Bühnen und/oder beim Verkauf der internationalen Speisen und Getränke.

Lust bekommen? Melde dich über unsere Homepage Kuhlturfestival.de

A

DER ERSTE EINDRUCK

Drei Frauen begeben sich auf eine abenteuerliche Reise durch die verschiedensten Schichten ihrer Gesellschaft und treffen dabei auf eine reiche Dame, einen verwirrten Gärtner, einen undisziplinierten Polizisten und weitere seltsame Personen. Allen ist eines gemeinsam: Sie sind ganz anders, als man das im ersten Moment denkt.
Alle Personen des Stücks, egal ob Männer oder Frauen, werden von fünf männlichen Schauspielern dargestellt. Durch diesen „Trick“ wird das Spiel um die Bedeutung und Wirkung des ersten Eindrucks noch deutlicher inszeniert.

Karten nur an der Abendkasse

C

Typisch?! – Woher wissen wir das?

09:28 Min. // Verfügbar bis 17.04.2030

Deutsche sind immer pünktlich, Jungs spielen Fußball, Jugendliche sind respektlos – solche oder ähnliche Vorurteile haben bestimmt alle von uns schon einmal gehört. Aber wieso haben Menschen überhaupt Vorurteile? Das will die Filmemacherin Selena Gromer herausfinden. Sie stellt einer Gruppe von Schüler*innen ein kompliziertes und anspruchsvolles Rätsel. Ob sie es lösen werden?
Am Beispiel der Gruppe verstehen wir, wie diese vorschnellen Bilder im Kopf entstehen und was man dagegen tun kann.

Mehr Informationen zur Sendung

E

INTERKULTURELLE KOMMUNIKATION

Interkulturelle Kompetenz ist heute entscheidender denn je: in international tätigen Unternehmen oder Organisationen und in der Politik. Kommunikationskompetenz und eine fundierte fachliche Qualifikation sind der Schlüssel zum Erfolg. Ob als Führungskraft, als Projektleitung oder Experte – Kommunikation kann nur gelingen, wenn Sie über Ihren eigenen kulturellen Tellerrand hinaus denken können.
Im Master-Studiengang *Interkulturelle Kommunikation* erreichen Sie dieses Ziel mit dem Aufbau und der Vertiefung Ihrer interkulturellen Kompetenzen von den theoretischen Grundlagen bis hin zur praktischen Umsetzung.

B

BÜHNEN VOR DEM AUS?

Theater, Kinos und Kunstbühnen stecken in einer schweren Krise. Durch den Rückgang der Besucherzahlen geht es den Kulturschaffenden nicht nur finanziell schlecht, sie haben vor allem auch große Probleme, Personal zu finden. Denn fast alle freiberuflich in der Kunstbranche tätigen Mitarbeiter und Mitarbeiterinnen mussten sich andere Verdienstmöglichkeiten suchen. „Erfahrenes Personal ist fast nicht zu finden“, klagt nicht nur der Betreiber einer kleinen, aber renommierten Bühne für Kabarett und Satire in Berlin.

D

Unmotivierte MitarbeiterInnen?
Probleme bei Abstimmungen und/oder Gruppenaufgaben?
Wir helfen und geben Rat.

Wir bieten eine nützliche und klare Kurzübersicht über bewährte Methoden, mit deren Hilfe Sie das Wir-Gefühl in Ihrem Unternehmen (wieder) stärken können. Und natürlich finden Sie bei uns ausgewählte Links zu erfahrenen Coaches, die von uns getestete Seminare und Veranstaltungen anbieten und Ihrem Team wieder zu mehr Gemeinschaftssinn verhelfen. Besuchen Sie uns auf teamcoach.com

Wir freuen uns auf Sie!

F

Ein Besuch lohnt sich

Das Museum Fünf Kontinente in München, ehemals Staatliches Museum für Völkerkunde, wurde 1862 als erstes ethnologisches Museum in Deutschland gegründet. Innerhalb der vielfältigen Münchner Museumslandschaft bietet das Museum einen einzigartigen Zugang zum kulturellen Reichtum der Menschen in aller Welt. Wir laden Kinder und Erwachsene ein, die Vielfalt von Kulturen und der sie prägenden Menschen kennenzulernen. Wir ermutigen dazu, sich auf vielleicht fremd erscheinende Denkweisen einzulassen, Standpunkte zu überprüfen und Inspirationen und Anregungen in den eigenen Alltag mitzunehmen.

G

Mit Vorurteilen bewusst umgehen

In unserer bunten Gesellschaft leben Menschen verschiedener Nationalitäten mit unterschiedlichen Kulturen und Religionen, in den verschiedensten Lebensumständen und mit sehr unterschiedlichen Kompetenzen. Und wir alle haben – auch wenn wir das nicht möchten – immer wieder Schwierigkeiten im Umgang mit dem „Anders-Sein".

Ziele des Seminars: sich eigener Vorurteile bewusst werden und damit umgehen

Methoden:
- Wahrnehmungsübungen
- Übungen zum Thema Vorurteile
- kunstpädagogische Übungen

Kosten: 140 € inkl. 19 % USt.
Bei Rücktritt nach Anmeldeschluss werden 90 % des Betrages einbehalten.

I

FREIWILLIGENARBEIT IM NATURSCHUTZ – Projekte weltweit

Du hast Spaß an körperlicher Arbeit, bist gerne draußen und sprichst vielleicht mehrere Fremdsprachen? Dann hilf mit! Du benötigst für die Mitarbeit in unseren Projekten **keine beruflichen Vorkenntnisse**, aber du verfügst über handwerkliches Geschick, Interesse an Umwelt- und Naturschutz, Eigeninitiative und bist neugierig auf andere Kulturen.

K

Interessiert an vielfältigen Welten?

Auf unseren Touren durch Berlin kann jeder und jede die Vielfalt der Kulturen, ihre unterschiedlichen Traditionen, ihre kulinarischen Highlights und architektonischen sowie musikalischen Besonderheiten erleben.
Wir tauchen ein in die faszinierende Weite der kulturellen Vielfalt Berlins.

Haben Sie Lust, diese Reisen regelmäßig zu begleiten und dabei Geld zu verdienen? Reisen Sie für und mit uns um die Welt – direkt in Berlin!

Wir freuen uns darauf, Sie kennenzulernen!

H

AUSBILDUNG ZUM PROFESSIONAL COACH

Erweitern Sie Ihre Beratungskompetenz!

Beratung und Mediation im wirtschaftlichen Kontext erfordert ein umfassendes Leistungsspektrum.
In unserer Ausbildung erhalten Sie das erforderliche Know-how zur kompetenten Durchführung von Coachings mit Einzelpersonen, Teams oder Gruppen. Ausbildungsinhalte sind Wege aus der Entscheidungskrise, Konfliktbearbeitungen in Organisationen und die Anwendung von Coachingkompetenzen im beruflichen und persönlichen Alltag (Zeitmanagement, Berufswahl usw.).

Umfang der Ausbildung:
7 Module, 18 Ausbildungstage
+ 4 Tage Praxisgruppenarbeit

J

BÜHNE FREI

Jeden zweiten Freitag im Monat bieten wir im Rahmen des Programms *Bühne frei* unseren Saal kostenlos für kreative Veranstaltungen an. An diesen Abenden laden wir alle Künstler*innen (Solokünstler oder Gruppen) herzlich ein, ihre Werke zu präsentieren. Besonders willkommen sind Künstler*innen, die kritische oder satirische Stücke aufführen. Interessiert? Wir freuen uns über eine kurze Vita und ein Abstract zum Beitrag. Und wenn unsere Konzepte zusammenpassen, heißt es: Bühne frei!

L

FÜR DIE GESELLSCHAFT

1 **Was tun Sie für die Gesellschaft? – Hören Sie die Umfrage. Was passt zu wem? Kreuzen Sie an.**

1.04

	Person 1	Person 2	Person 3	Person 4
1. … engagiert sich in einem Verein.				
2. … unterstützt eine ältere Nachbarin.				
3. … würde sich gern in einem Projekt engagieren.				
4. … war früher bei der freiwilligen Feuerwehr.				
5. … sammelt regelmäßig Müll in der Natur.				
6. … hat keine Zeit, sich regelmäßig für etwas zu engagieren.				
7. … gibt Kindern Fußballtraining.				
8. … hat während des Studiums Kindern Nachhilfe gegeben.				

2 **Was passt zusammen? Ordnen Sie zu.**

1. Es gibt viele Leute, die sich für eine bessere Gesellschaft
2. Auch mit kleinen Projekten kann man die Gesellschaft positiv
3. Manche Probleme kann man nur mit kreativen Ideen
4. Ich finde es toll, wenn Menschen versuchen, mit gutem Beispiel
5. Das kann auch viele andere Leute zur Mitarbeit

A voranzugehen.
B motivieren.
C einsetzen.
D beeinflussen.
E angehen.

3 **Lesen Sie die Texte und ergänzen Sie die Wörter.**

Talente • Traum • Werkstätten • Chancen • Behinderung

Bewerbungen • Perspektiven • Hilfe • Bildungschancen

einsmehr – Das Inklusionshotel

Im Hotel *einsmehr* arbeiten Menschen mit und ohne (1) .... ganz selbstverständlich zusammen. Für den Verein *einsmehr* ist mit der Eröffnung ein (2) .... in Erfüllung gegangen. Ziel des Hotels ist es, Beschäftigungsmöglichkeiten für Menschen zu schaffen, die auf dem normalen Arbeitsmarkt meistens keine (3) .... haben. Menschen mit Behinderung werden oft in speziellen Einrichtungen betreut und arbeiten dort in (4) .... Jetzt können sie im Hotel *einsmehr* ihre (5) .... einbringen.

AELIUS – Das Förderwerk für benachteiligte Schüler*innen

Faire (6) .... für alle – das ist das Ziel von Aelius. Der Verein unterstützt Kinder und Jugendliche aus benachteiligten Familien mit Workshops, Beratung und Mentoringprogrammen. Die Jugendlichen erhalten (7) .... beim Schulabschluss, bei der Finanzierung eines Studiums oder bei (8) .... Der Verein bietet alles, um die Potenziale der Jugendlichen zu entfalten und ihnen (9) .... aufzuzeigen.

4 a **Verneinen Sie die Sätze und Fragen. Wo steht *nicht*? Markieren Sie.**

1. Die vorgestellten Projekte gefallen mir.
2. Findest du die Projekte interessant?
3. Ich habe den Artikel über die Projekte gelesen.
4. Wir bewerben uns bei dem Wettbewerb.
5. Unser Vereinsbüro ist in der Müllerstraße.

b **Das war nicht so toll ... – In den Sätzen steht *nicht* an der falschen Position. Korrigieren Sie.**

1. Gestern bin ich pünktlich zum Aktionstag im Seniorenheim nicht gekommen.
2. Dummerweise nicht habe ich meinen Wecker gehört.
3. Und deshalb habe ich auch die geplante U-Bahn bekommen nicht.
4. So bin nicht ich also rechtzeitig im Seniorenheim gewesen.
5. Leider nicht habe ich an das Werkzeug gedacht, das ich mitbringen sollte.
6. Deswegen nicht konnte ich die Gartenmöbel reparieren.
7. Ich nicht konnte auch beim Streichen helfen, weil es genug Pinsel nicht gab.
8. Die anderen Teilnehmenden waren mit meinem Beitrag zufrieden nicht.
9. Ich glaube, das nächste Mal gehe ich zum Aktionstag nicht.

> **TIPP**
> In Sätzen mit mehreren Angaben steht *nicht* meistens vor der modalen Angabe.
> *Vorgestern bin ich nicht rechtzeitig im Büro gewese*

1. *Gestern bin ich nicht pünktlich zum Aktionstag im Seniorenheim gekommen.*

c **Verneinen Sie die markierten Satzteile und ergänzen Sie den Satz mit *sondern*.**

1. Ich engagiere mich im Nachbarschaftsverein.
2. Ich engagiere mich im Nachbarschaftsverein.
3. Wir haben letzte Woche das Seniorenheim besucht.
4. Wir haben letzte Woche das Seniorenheim besucht.
5. Wir haben mit den Bewohnern und Bewohnerinnen gesungen.

1. *Nicht ich engagiere mich im Nachbarschaftsverein, sondern mein Freund.*

5 **Beantworten Sie die Fragen mit einer Verneinung.**

Online Ü 4

1. ● Hast du **schon einmal** in dem Hotel *einsmehr* übernachtet? ○ *Nein, noch nie.*
2. ● Hast du **schon** bei dem Verein angerufen? ○ ……
3. ● Ist dort heute **jemand** telefonisch erreichbar? ○ ……
4. ● Gibt es hier **irgendwo** einen Gemeinschaftsgarten? ○ ……
5. ● Bist du **noch** aktiv in dem Verein bei dir im Viertel? ○ ……
6. ● Kommst du **mit** deiner Freundin zu dem Treffen? ○ ……
7. ● Hat Ben **etwas** über das Projekt erzählt? ○ ……

6 [WORTBILDUNG] **Negationssilben – Welches Wort passt wo? Ergänzen Sie die Aussagen.**

menschenleer • arbeitslos • intolerant • Desinteresse • alkoholfrei

1. Als ich letztes Jahr eine Weile …… war, habe ich mich ehrenamtlich engagiert.
2. ● Macht Nils auch mit? ○ Nein, er hat sein …… ja deutlich gezeigt.
3. Die Getränke sollten bei dem Projektfest …… sein.
4. Trotz des schönen Wetters war es im Park gestern …… .
5. Ich kann es gar nicht leiden, wenn Menschen …… sind.

> **TIPP**
> Mit den Silben *un-, miss-, des-, in-, a-, -los, -leer* und *-frei* kann man eine Negation ausdrücken.

7 **Haben Sie sich schon einmal freiwillig engagiert? Wofür? Schreiben Sie einen kurzen Text und berichten Sie.** oder **Schreiben Sie einen Text über das Projekt, das Sie im Kursbuch, Aufgabe 5 vorgestellt haben.**

EINE SELTSAME BEGEGNUNG

1 **Überraschung ausdrücken – Was passt? Ordnen Sie zu.**

1. Ich traute meinen
2. Erstaunt sah ich
3. Ich stand mit offenem
4. Ich wusste nicht,
5. War das
6. Konnte es wirklich
7. Ich war völlig
8. Ich rieb
9. Damit hatte ich
10. Ich wunderte

A fassungslos.
B mich sehr.
C mir die Augen.
D Mund da.
E nicht gerechnet.
F Augen nicht.
G mich um.
H sein, dass …?
I was ich sagen sollte.
J wirklich möglich?

2 a **Von einem Film erzählen – Lesen Sie den Bericht und bringen Sie die Sätze in die richtige Reihenfolge.**

Online Ü 5

A Aber irgendwie mochte ich ihn dann doch. Mir hat auch sehr gut gefallen, wie die Studentin dargestellt wird, denn sie ist ganz anders, als man zuerst denkt.

B Der Film heißt „Contra" und darin geht es um einen arroganten Professor, der viele Vorurteile hat und sich den Studierenden gegenüber nicht korrekt verhält. Es gibt Beschwerden und der Professor bekommt eine letzte Chance, sich zu bewähren:

1 C Ich habe letzte Woche einen Film gesehen. Davon muss ich dir unbedingt erzählen.

D Und obwohl es um ein ernstes Thema geht, ist der Film eine Komödie und ich habe wirklich sehr viel gelacht. Ich finde, er lohnt sich, und ich kann den Film sehr empfehlen.

E Die ersten Stunden verlaufen dann auch gar nicht gut. Aber dann beginnen beide, voneinander zu lernen.

F Mich hat an dem Film besonders fasziniert, wie überzeugend die Schauspieler und Schauspielerinnen spielen. Man spürt richtig die Arroganz und Überheblichkeit des Professors.

G Er soll eine Studentin auf einen Rhetorik-Wettbewerb vorbereiten. Und es ist genau die Studentin, die er vor anderen Studierenden sehr unfreundlich behandelt hat, weil sie zu spät zu seiner Vorlesung gekommen ist.

1.05 b **Hören Sie den Bericht zur Kontrolle.**

1.05 c **Lesen Sie die Checkliste und hören Sie den Bericht noch einmal. Hat der Erzähler alle Tipps befolgt?**

CHECKLISTE FÜR DIE PRÜFUNG

- Bereiten Sie ein Thema vor, das Sie wirklich interessiert.
- Sagen Sie am Anfang, welches Thema Sie gewählt haben oder worum es geht.
- Verwenden Sie Konnektoren und Relativsätze und vermeiden Sie Wortwiederholungen.
- Lesen Sie nicht monoton ab und sprechen Sie nicht zu schnell.
- Sprechen Sie natürlich und deutlich.

SPRECHEN · SCHREIBEN · AUSSPRACHE

1 1.06

a [RICHTIG SPRECHEN] **Die direkte Anrede vermeiden – Lesen Sie den Dialog. Wie kann man die markierten Aussagen ohne direkte Ansprache ausdrücken? Ergänzen Sie die Varianten und hören Sie dann zur Kontrolle eine Möglichkeit.** oder **Hören Sie zuerst den Dialog und ergänzen Sie dann die Varianten.**

● Hallo, schön Sie zu sehen!	→ Hallo, schön, dass *wir uns* .... sehen!
○ Ach, hallo, ich freue mich auch. Wie geht es Ihnen?	→ .... ?
● Danke, gut. Und Ihnen?	→ Und .... ?
○ Danke, danke, alles gut. Ich mache gerade ein paar Besorgungen. Hätten Sie vielleicht Lust, einen Kaffee zu trinken?	→ .... vielleicht einen Kaffee trinken? / .... mit einem Kaffee?
● Ach, das ist ja nett, warum nicht? Gefällt Ihnen das Café „Strudel"?	→ .... das Café „Strudel" ganz nett. / .... ins Café „Strudel" gehen.
○ Ja, das ist eine gute Idee. Lassen Sie uns gerne dort hingehen.	→ Da .... auch gerne hin. → Da .... gerne hingehen.
● Prima. Wollen wir uns nicht einfach duzen?	
○ Ja, sehr gerne. Also, ich bin Marco.	
● Freut mich, ich bin Lena.	

b **Sprechen Sie den Dialog zu zweit in einer Variante ohne direkte Anrede.**

2 1.07

[RICHTIG SCHREIBEN] ***Sie* oder *sie*, *Ihr/Ihre* oder *ihr/ihre* – Hören Sie das Diktat und schreiben Sie die Mail.**

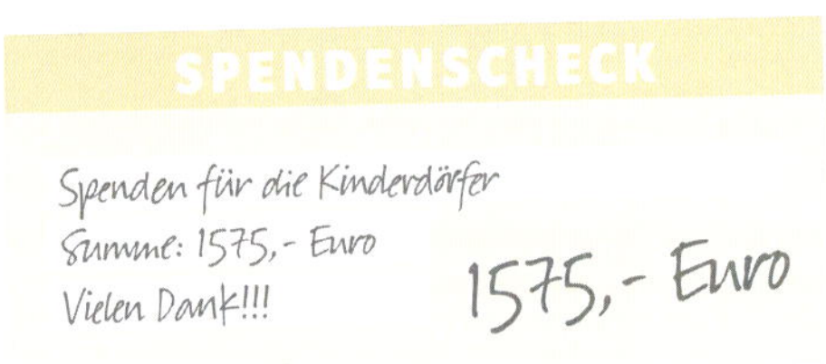

TIPP

Die Höflichkeitsform *Sie* und das entsprechende Pronomen *Ihr/e* und *Ihnen* schreibt man groß. Überlegen Sie also immer: Bezieht sich das Pronomen auf eine höflich angesprochene Person (→ Großschreibung) oder auf Dritte oder Sachen (→ Kleinschreibung).

3 1.08

a [AUSSPRACHE] **Emotionales Sprechen – Hören Sie die Sätze. Welche Emotionen hören Sie? Kreuzen Sie an.**

	Angst	Freude	Ärger	Erleichterung
1. Da bist du ja.				
2. Lasst uns jetzt anfangen.				
3. Das müssen wir alles lernen.				
4. Es ist erst sechs Uhr.				

1.08

b **Besprechen Sie Ihre Ergebnisse im Kurs und hören Sie noch einmal zur Kontrolle. Wie verändern sich die Stimme und das Sprechen bei welcher Emotion?**

lauter • leiser • höher • tiefer • langsamer • schneller

Freude: die Stimme wird höher und man spricht ...

c **Arbeiten Sie in Gruppen. Jede/r spricht die Aussagen aus 3a in verschiedenen Emotionen. Erkennen die anderen die Emotionen?**

B2.1 › 104

DAS KANN ICH NACH KAPITEL 1

	KB	ÜB
Tipps geben Ein Freund / Eine Freundin zieht in eine Stadt, in der er/sie noch niemanden kennt. Wie kann er/sie Kontakte knüpfen? Schreiben Sie ihm/ihr eine Nachricht.	M1 1a-d	
[M] **eine gemeinsame Vorgehensweise besprechen** In Ihrer Lerngruppe gibt es verschiedene Meinungen darüber, wie oft man sich pro Woche treffen soll. Tauschen Sie zu zweit Ihre Meinungen aus und finden Sie eine Lösung.	M2 3b	
über ein Projekt sprechen Erzählen Sie in 4 bis 5 Sätzen etwas über das Projekt *Aktion Hospital*.	M3 2a-c, 5	

Mit dem Projekt *Aktion Hospital* möchten die Bewohner und Bewohnerinnen von …

UND ICH KANN …

	KB	ÜB
Tipps bewerten und ergänzen.	M1 1b-c	
über eigene Erfahrungen sprechen.	1c	
mit einer Sprachnachricht auf eine E-Mail reagieren.		2b
über den Eindruck sprechen, den unbekannte Personen auf einen machen.	M2 1a	
Selbstauskünfte von verschiedenen Personen verstehen.	1b	
einen Podcast über Vorurteile verstehen.	2a-c	
passende Anzeigen für verschiedene Situationen finden.		3
unterschiedliche kulturelle Ansichten in einem Rollenspiel diskutieren.	3	
über gesellschaftliches Engagement sprechen.	M3 1a	
Informationen über einen Wettbewerb verstehen.	2a	
Informationen über soziales Engagement verstehen.	2b	1
über ein Projekt berichten.		7
einen literarischen Text verstehen.	M4 1b-c	
über eine seltsame Begegnung schreiben.	2	
[M] die Sprache in einem literarischen Text analysieren.	3a	
über für mich wichtige Bücher / Filme / Personen berichten.	4	
einen Bericht über einen Film verstehen.		2
die richtige Ansprache (*du* oder *Sie*) wählen oder anbieten.	K 1, 2	
Alternativen für eine direkte Ansprache verwenden.	3	1

MODUL 1 ANKOMMEN

vor|kommen (kommt vor, kam vor, ist vorgekommen) *(Das kommt mir komisch vor.)* ……………

Überwindung kosten ……………

sich ein|leben ……………

der Stammgast, -gäste ……………

sich mit etw. aus|kennen (kennt sich aus, kannte sich aus, hat sich ausgekannt) ……………

stehen|bleiben (bleibt stehen, blieb stehen, ist stehengeblieben) ……………

der/die Gleichgesinnte, -n ……………

halten (hält, hielt, hat gehalten) *(Das hält für immer.)* ……………

der Neuankömmling, -e ……………

hoch motiviert ……………

Fuß fassen *(Ich habe in der neuen Stadt schnell Fuß gefasst.)* ……………

dazu|gehören ……………

ein neues Leben auf|bauen ……………

MODUL 2 TYPISCH?

das Vorurteil, -e ……………

der erste Eindruck ……………

selbstbewusst ……………

schüchtern ……………

stur ……………

kompromissbereit ……………

anspruchsvoll ……………

bescheiden ……………

ausgeschlafen ……………

übermüdet ……………

vergesslich ……………

zuverlässig ……………

gut / schlecht verlaufen ……………

sauer sein ……………

gut gelaunt sein ……………

jdn. an etw. erinnern ……………

Wünsche / Kritik (klar und deutlich) äußern ……………

etw. erhalten *(eine Erinnerung erhalten)* ……………

jdn. überrumpeln ……………

jdn. (nicht) ernst nehmen ……………

MODUL 3 FÜR DIE GESELLSCHAFT

das Engagement (Sg.) ……………

der Zusammenhalt (Sg.) ……………

sich einsetzen für (+ Akk.) ……………

vorbildlich ……………

freiwillig ……………

mit gutem Beispiel voran|gehen (geht voran, ging voran, ist vorangegangen) ……………

lebenswert ……………

bei|tragen zu (+ Dat.) (trägt bei, trug bei, hat beigetragen) ……………

etw. voran|bringen (bringt voran, brachte voran, hat vorangebracht) ....

langfristig ....

wirken ....

die Zukunftsperspektive, -n ....

stärken (= stark machen) ....

die Leidenschaft, -en ....

beeinflussen ....

ein Problem an|gehen (geht an, ging an, ist angegangen) ....

stimmen für (+ Akk.) ....

Menschen mit Beeinträchtigungen ....

benachteiligt ....

MODUL 4 EINE SELTSAME BEGEGNUNG

die Begegnung, -en ....

seltsam (= komisch) ....

blinzeln ....

der Beutel, - ....

nicken ....

(hinter etw.) verschwinden (verschwindet, verschwand, ist verschwunden) ....

der Wohlstand (Sg.) ....

etwas auf|reißen (reißt auf, riss auf, hat aufgerissen) *(Ich reiße die Tür auf.)* ....

den Weg frei|geben (gibt frei, gab frei, hat freigegeben) ....

sich (un)geschickt an|stellen ....

das Verhalten (Sg.) ....

sich etw. (nicht) gut vorstellen können ....

unterhaltsam ....

ungewöhnlich ....

frech ....

eine Geschichte vor|tragen (trägt vor, trug vor, hat vorgetragen) ....

Weitere Wörter, die für mich wichtig sind

....

....

Notieren Sie Nomen, die zu den Adjektiven passen.

vorbildlich: *das Verhalten,* ....

frech: *die Antwort,* ....

selbstbewusst: ....

freiwillig: ....

lebenswert: ....

langfristig: ....

unterhaltsam: ....

2 AN DIE ARBEIT

WORTSCHATZ WIEDERHOLEN UND ERARBEITEN

1 a **Oliver sucht eine neue Stelle – Sehen Sie die Bilder an und ordnen Sie die Wörter zu. Ergänzen Sie auch eigene Wörter.**

das Vorstellungsgespräch
das Jobportal
die passende Kleidung
die Bewerbungsunterlagen (Pl.)
einen Arbeitsvertrag bekommen
recherchieren
die Vorbereitung
beraten
der Bewerber / die Bewerberin
die Stellenanzeige
der Personaler / die Personalerin
der Lebenslauf
das Anschreiben
einen guten Eindruck machen

1

2

3

4

5

b **Schreiben Sie eine Geschichte zu den Bildern.**

Mein Freund Oliver suchte dringend eine neue Stelle, deshalb ...

2 **Welche Wörter haben die gleiche oder eine ähnliche Bedeutung? Notieren Sie die Paare.**

~~das Unternehmen~~ • die Unterlagen (Pl.) • der Chef / die Chefin • die Bezahlung • der Job • die Kompetenz • unterzeichnen • die Chance • die Stelle • die Dokumente (Pl.) • die Möglichkeit • verfügen über • die Ware • das Produkt • unterschreiben • einsetzen • die Fähigkeit • ~~die Firma~~ • die Vergütung • besitzen • der/die Vorgesetzte • verwenden

das Unternehmen – die Firma

3 **Wie sollte eine ideale Mitarbeiterin / ein idealer Mitarbeiter sein? – Notieren Sie das Gegenteil.**

1. abweisend – *freundlich*
2. faul – ……………
3. launisch – ……………
4. egoistisch – ……………
5. ängstlich – ……………
6. verschlossen – ……………
7. kompliziert – ……………
8. erfolglos – ……………

4 **Klick-Klack – Sprechen Sie zu zweit. Person A beginnt *(Klick)*, Person B reagiert *(Klack)*. Dann wechseln Sie. oder Hören Sie *(Klick)* und reagieren Sie *(Klack)*.**

1.09

Klick

1. Bist du noch zufrieden mit deiner Stelle?
2. Ich konnte im Ausland viel Berufserfahrung sammeln.
3. In der Zeitung habe ich keine Stellenanzeige für mich gefunden.
4. Wer hat dir bei der Vorbereitung auf das Vorstellungsgespräch geholfen?
5. Ich glaube, jetzt habe ich alles für die Bewerbung: Anschreiben, Lebenslauf, Foto.
6. Woher kennst du denn die Firma?
7. Nächste Woche ist mein Vorstellungsgespräch und ich muss mich vorbereiten.
8. Wie lange hast du eine neue Stelle gesucht?

Klack

A Mein Bruder, der arbeitet in einer Personalabteilung und hat mich super beraten.
B Zum Glück nicht lang, so zwei Monate.
C Von einer Jobmesse. Die haben sich da echt gut präsentiert.
D Eigentlich schon. Ich bin in einem netten Team und habe spannende Aufgaben.
E Und was ist mit deinen Zeugnissen? Hast du die auch schon gescannt?
F Das kann ich mir vorstellen. Solche Erfahrungen sind super.
G Such doch lieber auf einem Jobportal im Internet.
H Ich kann dir ein gutes Buch mit Tipps leihen.

5 **Forum für den Berufseinstieg – Lesen Sie die Beiträge und ergänzen Sie die Wörter.**

anmelden • aufgeregt • begrüßt • digital • Erfahrungen • erhalten • gezeigt • Kenntnisse • Personalabteilung • Stelle • Urlaub • vorgestellt

Wie war dein erster Tag im neuen Job? Schreib uns, welche (1) .... du gemacht und welche Tipps du für den Jobantritt hast!

Also, ich war am ersten Tag total (2) .... Dann hat mich meine neue Chefin nett (3) .... und mir das ganze Team (4) .... Besonders ein Kollege war hilfsbereit und hat mir meinen Arbeitsplatz (5) .... und mir die wichtigsten Sachen erklärt. Ich war echt erstaunt, wie viel hier schon (6) .... abläuft – bei meiner alten (7) .... war das anders, da mussten wir noch viel mehr selbst machen. Mein Tipp? Einfach viel fragen und offen für alles sein.

Mein erster Arbeitstag war der 2. Januar und fast niemand war da. Ich musste mich am Empfang (8) .... , dann hat mich jemand aus der (9) .... abgeholt und mir die Firma gezeigt. Ich habe auch gleich meine Passwörter und meinen Laptop (10) .... und musste mich dann selbst etwas einarbeiten. Meine Fähigkeiten und (11) .... konnte ich dann in der nächsten Woche zeigen, als alle wieder aus dem (12) .... zurück waren. Tipp: Geduldig sein, das wird schon!

6 **Ordnen Sie die Oberbegriffe zu und notieren Sie für jede Kategorie ein weiteres Wort.**

Online Ü1

Besprechung • Qualifikationen • Personal • Eindruck

1. .... : das Gespräch – das Meeting – das Treffen – ....
2. .... : die Sprachkenntnisse – die Auslandserfahrung – die Fortbildung – ....
3. .... : der Mitarbeiter – die Angestellte – die Chefin – ....
4. .... : die Stimme – die Mimik – die Gestik – ....

JOBS FÜR MORGEN

1 a **Berufe im Wandel – Suchen Sie neun Verben im Rätsel. Ergänzen Sie dann die Sätze mit den Verben in der richtigen Form.**

V	A	U	F	H	A	L	T	E	N
E	I	N	S	T	E	L	L	E	N
R	X	F	Q	A	R	P	D	X	M
S	D	H	E	W	K	J	S	N	W
E	F	A	U	B	E	U	O	A	E
T	P	B	R	I	N	G	E	N	C
Z	N	E	E	Ö	N	A	I	P	H
E	Y	N	U	Q	E	B	M	A	S
N	Q	U	O	F	N	L	H	O	E
U	O	A	A	P	B	E	L	Z	L
D	A	R	S	T	E	L	L	E	N
I	O	J	W	Ä	H	L	E	N	I

1. Roboter können für den Menschen eine Konkurrenz *darstellen*.
2. Darum haben manche die Sorge, dass sie in ihrem Job ………… werden.
3. Die technische Entwicklung ………… laufend etwas Neues.
4. Weil sich dieser Wandel nicht ………… lässt, denken manche Personen darüber nach, in einen anderen Job zu ………… .
5. Der Mensch ist in der Lage, sich flexibel auf neue Situationen ………… .
6. Außerdem kann er Probleme auch in komplexen Situationen schnell ………… .
7. Auch mit zunehmender Technisierung kann man zwischen vielen Berufen …………, die auch in Zukunft noch sehr gute Chancen ………… .

b **Welches Wort passt nicht? Kreuzen Sie an.**

1. Digitale Geräte arbeiten
   autonom. automatisch.
   zufrieden. zuverlässig.
2. Menschen können komplexe Situationen
   wahrnehmen. verstehen.
   bewerten. beschäftigen.
3. Künstliche Intelligenz kann jederzeit
   improvisieren. reagieren.
   analysieren. lernen.
4. Roboter sind in vielen Arbeitsbereichen
   im Einsatz. eine Herstellung.
   eine Unterstützung. eine Hilfe.
5. Maschinen
   besitzen ersetzen
   haben verstehen
   keine Menschenkenntnis.

2 a **Was bedeuten die markierten Ausdrücke? Verbinden Sie.**

1. Man sollte das eigene Wissen laufend erweitern.
2. Der digitale Wandel ist nicht aufzuhalten.
3. Einige Berufe sind sehr gefragt.
4. Die Angst vor der technischen Entwicklung ist nicht immer unbegründet.
5. Menschen besitzen im Gegensatz zu Robotern Einfühlungsvermögen.

A … hat zum Teil verständliche Gründe.
B … werden besonders gebraucht.
C … kann nicht gestoppt werden.
D … haben die Fähigkeit, Situationen und Gefühle anderer Personen nachzuvollziehen.
E … immer etwas Neues dazulernen.

1.10 b **Flüssig sprechen – Hören Sie die Aussagen und antworten Sie mit den Alternativen aus 2a wie im Beispiel.** oder **Vergleichen Sie Ihre Lösungen aus 2a zu zweit. Sprechen Sie dann Mini-Dialoge mit den Aussagen aus 2a.**

Man sollte das eigene Wissen laufend erweitern.

Ah, du meinst, man sollte immer etwas Neues dazulernen.

B2.1 › 110

3 a **Arbeiten Sie zu zweit. Lesen Sie den Text *Die Geschichte der Digitalisierung* und markieren Sie wichtige Stichworte. Wenn Sie einzelne Wörter nicht verstehen, schlagen Sie sie im Wörterbuch nach.**

b **Verbinden Sie die Sätze 1 bis 10 und ändern Sie dafür die unterstrichenen Satzteile mit den Vorgaben rechts. Schreiben Sie die Sätze so, dass ein neuer Text entsteht.**

DIE GESCHICHTE DER DIGITALISIERUNG

Seit dem Jahr 2011 sprechen wir von der Digitalisierung der Arbeitswelt oder der Industrie 4.0. Aber was bedeutet dieser Begriff konkret?

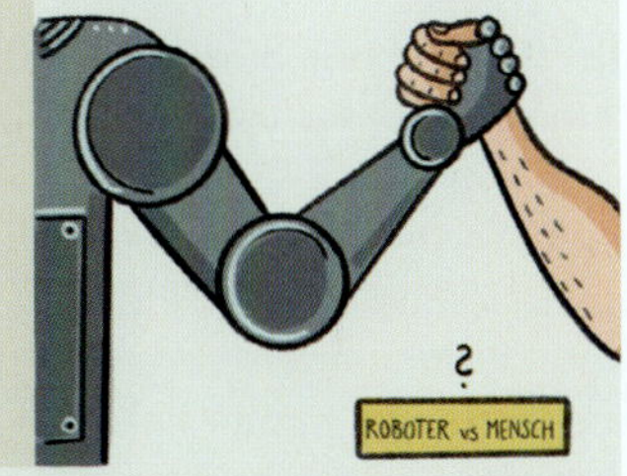

	Satz	Vorgabe
1.	Damit ist der intensive Einsatz digitaler Technologien in der Arbeitswelt gemeint. Dieser Einsatz digitaler Technologien verändert auch die Gesellschaft.	Relativpronomen + Relativsatz
2.	Doch was macht diesen digitalen Wandel überhaupt möglich? Welche Voraussetzungen braucht man für diese Veränderung?	*und* + *dafür*
3.	Einen ersten Computer entwickelte 1937 der deutsche Ingenieur Konrad Zuse. Das erste Modell von Konrad Zuse sah einer Rechenmaschine noch sehr ähnlich.	Possessivartikel
4.	Der Rechner war schneller als andere. Der Rechner verwendete eine neue Computersprache.	*weil* + Nebensatz / Demonstrativpronomen
5.	Man konnte den Rechner programmieren. Der Computer konnte Aufgaben mithilfe von Kombinationen aus den Zahlen 1 und 0 sehr schnell bearbeiten.	*seitdem* + Nebensatz / Personalpronomen
6.	Schon bald folgten weitere Geräte wie das Modell Z4. Der neue Computer rechnete ähnlich wie unsere PCs heute. Leider war dieser Rechner immer noch riesig.	*zwar – aber* / Personalpronomen
7.	Für den Aufbau des Rechners brauchte man viel Platz. Dieses Platzproblem änderte sich erst mit dem Einsatz von Transistoren.	*was* + Nebensatz
8.	Heute haben unsere schnellen kleinen Computer Mikrochips. Auf den Chips sitzen Milliarden von Transistoren.	*auf* + Relativpronomen + Relativsatz
9.	Digitale Geräte verbinden sich erst seit Ende der 90er-Jahre mit dem Internet. Im Internet entstanden in kurzer Zeit sehr komplexe Technologien wie z. B. Clouds.	*obwohl* + Nebensatz / *dort* + Hauptsatz

1. Damit ist der intensive Einsatz digitaler Technologien in der Arbeitswelt gemeint, der auch die Gesellschaft …

c **Verbinden Sie die Informationen und schreiben Sie je zwei Versionen (a und b).**

Online Ü 2

1. Computer – Arbeitswelt – verändern – begleiten – uns – auch in Zukunft
   a) Computer haben die Arbeitswelt verändert. Sie …
   b) Computer, die …, werden uns …
2. Roboter – übernehmen – Arbeitsplätze – arbeiten – effektiver – als Menschen
   a) Roboter übernehmen Arbeitsplätze, an …
   b) Roboter, die …, arbeiten effektiver als Menschen.
3. viele Betriebe – gut vernetzt – Datenschutz – spielt eine große Rolle
   a) Datenschutz spielt für viele Betriebe, die …, eine große Rolle.
   b) Viele Betriebe sind gut vernetzt. Für …

1a) Computer haben die Arbeitswelt verändert. Sie werden uns auch in Zukunft begleiten.

4 a **Lesen Sie die Meldung aus einem Radio-Beitrag und ergänzen Sie den Text durch die Sätze A bis F. Hören Sie dann den Text zur Kontrolle.** oder **Hören Sie erst die Meldung und ordnen Sie dann A bis F zu.**

1.11

DIGITAL = OPTIMAL? ENTWICKLUNGEN AUF DEM DEUTSCHEN ARBEITSMARKT

Die Digitalisierung verändert die Arbeitswelt. Als Folge lassen sich vier Entwicklungen beobachten:

C Das betrifft nicht nur Bürotätigkeiten, sondern auch das Handwerk, die Landwirtschaft oder die Industrie.

Um dieses Wissen zu erwerben, nehmen immer mehr Erwerbstätige an Weiterbildungen teil.

Aufgaben werden anders verteilt und das Arbeiten im Homeoffice wird immer beliebter.

Besonders viele neue und kreative Firmenideen findet man dabei im Bereich der Dienstleistungen.

Wird sich also alles ändern?
Laut zahlreicher Studien lautet die Antwort: Nein. Denn der digitale Wandel ist bereits für viele Mitarbeiterinnen und Mitarbeiter ganz normaler Alltag. Hierbei zeigen sich die meisten Berufstätigen offen für die neuen Entwicklungen und sind dafür bereits gut qualifiziert.

Zum Beispiel eine leichtere Arbeit, mehr Karrierechancen oder eine interessantere Tätigkeit.

A Und schließlich entstehen als vierte Folge neue Geschäftsmodelle.
B Weiter werden zusätzliche Qualifikationen in den Berufen immer wichtiger.
C Zuerst fällt die zunehmende Technisierung von Arbeitsplätzen auf.
D Abschließend kann man festhalten, dass sich der Arbeitsmarkt zwar verändert, aber auch neue Chancen bringt.
E Zusätzlich gibt es auch Änderungen bei der Arbeitsorganisation.
F Außerdem erhoffen sich fast 40 % der Erwerbstätigen eine positive Entwicklung für ihren Arbeitsalltag.

TIPP

Abfolgen und Aufzählungen strukturieren
Wörter wie *zuerst, zunächst, dann, danach, außerdem, zusätzlich, weiter(hin), schließlich* oder *abschließend* strukturieren Informationen in Texten. Beim Schreiben helfen sie, Abfolgen oder Aufzählungen logisch aufzubauen.

b **Lesen Sie den Tipp und markieren Sie in 4a Wörter, die die Informationen im Text strukturieren.**

5 a **Arbeiten 4.0 – Sehen Sie das Schaubild an und lesen Sie die Informationen A bis H. Was passt zu welcher Phase? Tragen Sie A bis H in die Felder ein.**

A die ersten Roboter werden entwickelt
B Elektrizität verändert Produktion stark
C Arbeitsprozesse sind sehr schnell und gut vernetzt
D erste große Fabriken entstehen
E arbeiten ohne Strom
F Computer beginnen, Produktion zu steuern
G schwere körperliche Arbeit
H Mensch und Technik arbeiten eng zusammen

Die Entwicklung der Arbeit

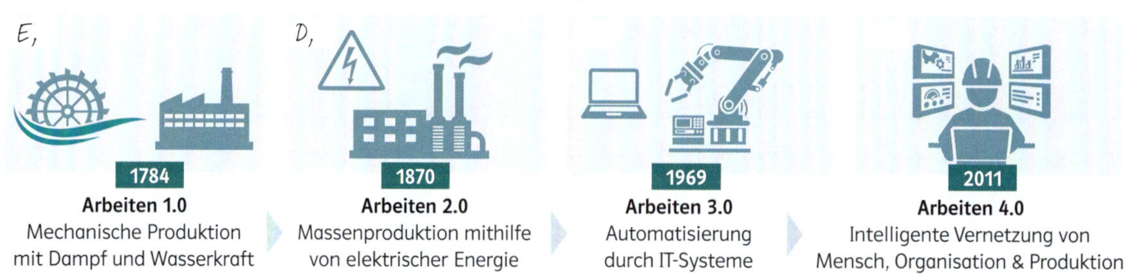

b **Schreiben Sie einen kurzen Text zur Entwicklung der Arbeit. Achten Sie darauf, die Sätze lesefreundlich zu verbinden. Strukturieren Sie auch die Abfolge der Informationen.**

Zuerst hat man in der Produktion nur mit Dampf und Wasserkraft gearbeitet. Strom gab es noch nicht …

SIE SUCHEN MICH!

1 a **Ein Anschreiben – Welches Verb passt? Unterstreichen Sie.**

1. An dieser Stelle reizen | passen mich die unterschiedlichen Aufgaben.
2. Von meiner Mitarbeit denke | erhoffe ich mir eine neue Orientierung in meinem Beruf.
3. Ich möchte mich beruflich verändern | verwandeln.
4. Daher nutze ich die Chance, mich bei Ihnen einzustellen | vorzustellen.
5. Von meinen Fähigkeiten überzeuge | zeige ich Sie gerne in einem persönlichen Gespräch.

Online Ü 3

b **Lesen Sie die Stellenanzeige und das Bewerbungsschreiben von Leyla Amin. Ergänzen Sie die passenden Satzteile.**

1. zahlreiche Kenntnisse und Fähigkeiten
2. seit meiner Ausbildung ✓
3. verspreche ich mir
4. Dank meiner Berufserfahrung als
5. jederzeit kontaktieren
6. meine Mitarbeit anbieten
7. im Ausland bewiesen
8. Ich bin daher hoch motiviert
9. in internationalen Kontexten vorbereitet

DAS MOBILE KLASSENZIMMER

sucht

engagierte Koordinator:innen (m/w/d) für Bildungsprojekte im Ausland

Sie sind fit in Fremdsprachen? Sie organisieren gerne und möchten Kinder und Jugendliche in Krisengebieten fördern? Dann kommen Sie zu uns. Wir, das mobile Klassenzimmer, sind eine Hilfsorganisation, die Bildung in Krisengebiete bringt.

Leyla Amin | Waldstraße 66, 49090 Osnabrück | +49 178 121776548 | l.Amin@web.de

Das Mobile Klassenzimmer
z. Hd. Herrn Chevalier
Kurt-Schumacher-Straße 17
65197 Wiesbaden

Osnabrück, 14.05.20…

Bewerbung als Mitarbeiterin beim Mobilen Klassenzimmer
Ihr Stellenangebot auf bildung-jobs.eu vom 07.05.20…

Sehr geehrter Herr Chevalier,

2 arbeite ich engagiert mit Menschen aus verschiedenen Ländern und Kulturen. Ich habe dabei ___ erworben, mit denen ich Ihr Projekt aktiv unterstützen kann. Bildung ist eine wichtige Basis für ein friedliches Zusammenleben, für Toleranz und Freiheit in einer Gesellschaft. ___, durch meine Arbeit in Ihrer Organisation etwas zur Bildung aller Menschen beizutragen. Deshalb bewerbe ich mich heute bei Ihnen.

___ Fremdsprachensekretärin in mehreren Unternehmen weiß ich, was es bedeutet, Projekte zu planen, zu strukturieren und zu realisieren. Meine Fähigkeiten in diesem Bereich habe ich bereits sowohl im Inland als auch ___.

Da ich mehrere Sprachen auf hohem Niveau beherrsche und gerne mit Menschen unterschiedlicher Herkunft zusammenarbeite, bin ich gut auf die Herausforderungen ___. Von meiner Tätigkeit in Ihrer Organisation ___, mein Wissen und meine Erfahrungen im internationalen Arbeitsumfeld zu erweitern. Darüber hinaus möchte ich in Zukunft bei Projekten mitarbeiten, in denen sich Menschen gemeinsam global und auch sozial engagieren.

Ich kann Ihnen ab dem 01. Oktober ___.

Ich freue mich auf ein persönliches Gespräch. Sollten Sie Fragen haben oder weitere Informationen benötigen, können Sie mich gern ___.

Mit freundlichen Grüßen

Leyla Amin

2 a **Eine neue Herausforderung – Hören Sie den Anfang des Gesprächs zwischen Leyla und ihrem Freund Max. Was macht Leyla gerade? Welche Probleme gibt es? Notieren Sie.**

1.12

b **Da fehlt doch noch etwas! – Lesen Sie den Lebenslauf. Hören Sie dann das weitere Gespräch und ergänzen Sie die Lücken.**

1.13

Leyla Amin
Waldstraße 66, 49090 Osnabrück
+49 178 121776548 | l.amin@web.de

Persönliche Daten
geboren: 17.3.1996
(1) ....: deutsch

Berufserfahrung

seit 08/2019	*Babylonia 4.0: Übersetzungen und Dolmetschen*, Osnabrück Leitung Übersetzungsteam, Organisation und Auftragsbearbeitung
01/2018 – 06/2019	*Fair und Fruchtig* – Ökologischer Obst- und Gemüsehandel, Hamburg Koordination beim Aufbau von Bio-Plantagen vor Ort (Südamerika)
11/2015 – 12/2017	*Messebau Global GmbH*, Bremen Betreuung internationaler Firmen, Koordination Messe-Präsentationen
(2)	*Oberschule Oldenburg*, Oldenburg Praktikum Sekretariat, Mitarbeit mehrsprachige Projekttage

Abschlüsse

10/2013 – 07/2015	Ausbildung und Abschluss als staatlich anerkannte Fremdsprachensekretärin (Note: sehr gut), *Justus-Liebig-Schule*, Bremen
2013	(3) .... (Note: 1,6), *Oberschule Oldenburg*, Oldenburg

Weiterbildungen
09/2019 – 12/2019 Weiterbildung Projektmanagement / Interkulturelle Kommunikation

(4) ....
Deutsch / Arabisch Muttersprachen
Englisch C1, verhandlungssicher
Spanisch B2/C1, fortgeschrittene Kenntnisse

EDV-Kenntnisse
MS Office Word, Excel, Power Point, routiniert und (5) ....
Zoom / MS Teams Basiskenntnisse

Ehrenamtliches Engagement
Internationaler Jugendclub Am Markt (Osnabrück), Schülerhilfe Miteinander (Osnabrück)

Osnabrück, 14.05.20…

TIPP

Berufserfahrungen angeben
Nennen Sie zuerst den Zeitraum, dann die Firma und den Ort, wo die Firma ist bzw. wo Sie für die Firma gearbeitet haben. Geben Sie dann in Stichworten Ihre wichtigsten Aufgaben an.

c **Schreiben Sie Ihren Lebenslauf.**

d **Erstellen Sie ein Video für Ihre Bewerbung. Nutzen Sie Formulierungen aus Ihrem Anschreiben und Informationen aus Ihrem Lebenslauf. Beschreiben Sie folgende Aspekte und denken Sie auch an eine Begrüßung und an einen Schluss.**

Wer sind Sie? • Warum interessiert Sie die Stelle? • Was qualifiziert Sie für die Stelle? • Was erwarten Sie von Ihrer neuen Stelle? • Ab wann können Sie beginnen?

TIPP

Bewerbung mit Video
- Wählen Sie einen ruhigen und aufgeräumten Raum für die Aufnahme.
- Beginnen Sie mit einer Einleitung, in der Sie das Interesse für sich selbst wecken.
- Nennen Sie Ihre wichtigsten Erfahrungen / Qualifikationen, die für die Stelle wichtig sind.
- Denken Sie an einen freundlichen Abschluss und bedanken Sie sich.

ARBEITEN OHNE FÜHRUNGSKRAFT

1 **Rund um die Arbeit – Finden Sie die Wörter und ergänzen Sie die Sätze.**

ABRANCHELKARRIEREFÜTHIERARCHIETÄLOH
VERANTWORTUNGAKERGEBNISADMSTELLERP
ZUSTÄNDIGKEITENHUFÜHRUNGSKRÄFTEMIHL

1. Für Besprechungen in der Arbeit ist es wünschenswert, dass man gemeinsam zu einem .... kommt.
2. Wenn man gut arbeitet und erfolgreich ist, dann kann man .... machen.
3. In den meisten Unternehmen möchten die .... die Entscheidungen treffen.
4. Ohne .... zu arbeiten, ist oft typisch für Start-up-Unternehmen.
5. Einen Fachbereich oder einen Geschäftszweig nennt man auch ....
6. Die Projektleitung trägt die volle .... für ihr Projekt.
7. Mein Kollege hat eine neue .... in Wismar gefunden und zieht bald um.
8. Wichtig für die Zusammenarbeit ist, dass alle ihre .... genau kennen.

2 a **An einer Diskussion teilnehmen – Wie heißen die Redemittel? Verbinden Sie.**

1. Soweit ich das	A verstehen, aber so einfach ist das nicht.
2. Ich könnte mir	B andere Erfahrungen gemacht.
3. Ich kann Ihre Einstellung	C scheint, ist es leider nicht.
4. Einerseits ist das richtig,	D vorstellen, dass das nicht so wichtig ist.
5. So einfach, wie es	E beurteilen kann, ist das richtig.
6. Ganz im Gegenteil, ich habe da	F andererseits gilt das nicht für alle.

Online Ü 4 b **Reagieren Sie auf die Aussagen. Stimmen Sie der Meinung teilweise zu oder widersprechen Sie. Verwenden Sie die Redemittel aus 2c im Kursbuch.**

1. Soweit ich das beurteilen kann, gibt es nur wenig gute Führungskräfte.
   Ich sehe das ganz anders. Viele ...
2. Meiner Erfahrung nach sind Aufgaben in einem Team nie gleich verteilt.
   ....
3. Ich habe den Eindruck, dass flache Hierarchien schon in vielen Firmen existieren.
   ....
4. Ich könnte mir vorstellen, dass viele gern mehr Verantwortung übernehmen würden.
   ....
5. Ich denke, im Team arbeiten macht immer Spaß.
   ....

1.14 c **Flüssig sprechen – Hören Sie die Aussagen und sprechen Sie Ihre Antworten laut.**

3 a **Bedingungen ausdrücken – Schreiben Sie Sätze mit unterschiedlichen Konnektoren. Die Vorgaben rechts helfen.**

1. Ich werde eine neue Stelle suchen, …
2. Ich beschwere mich bei der Personalabteilung, …
3. Meine Aufgaben erledige ich besser, …
4. Die Arbeit macht mir mehr Spaß, …
5. Ich bin zufriedener, …

allein entscheiden • Überstunden machen • keine Unterstützung bekommen • mehr Geld verdienen • neuen Laptop erhalten • eine neue Herausforderung annehmen • an einer Fortbildung teilnehmen • …

1. *Ich werde eine neue Stelle suchen, falls ich noch mehr Überstunden machen muss.*

b **Schreiben Sie die Sätze aus 3a ohne Konnektor.**

1. *Muss ich noch mehr Überstunden machen, …*

c **Formulieren Sie die Ausdrücke mit *wenn*-Sätzen oder mit *bei*.**

Online Ü 5

1. bei der Einführung von neuen Ideen = *wenn man neue Ideen einführt*
2. bei der Zusammenarbeit im Team = ……
3. bei den Besprechungen von Projekten = ……
4. beim Verteilen der Aufgaben = ……
5. wenn es Probleme gibt = ……
6. wenn man mit den Kunden spricht = ……
7. wenn man ein Projekt abschließt = ……
8. wenn man an Dokumenten arbeitet = ……

TIPP

Bei der Verwendung von *bei* statt *wenn/falls/sofern* können sich auch andere Formen ändern, z. B. der Artikel. Oder man muss andere Wörter verwenden.
Wenn man Ideen einführt … →
Bei der Einführung von Ideen …

d **Verbinden Sie die Sätze und verwenden Sie die Angaben in Klammern.**

1. Die Mitarbeitenden müssen mehr arbeiten. Die Firma hat zu wenig Personal. (wenn)
   Wenn die Firma
2. Im Team gibt es Konflikte. Man kann Unterstützung bekommen. (bei)
   ……
3. Das Team findet weiterhin keine Lösung. Ein externer Coach wird beauftragt. (sofern)
   ……
4. Die Kunden sind begeistert. Wir finden eine kreative Lösung. (wenn)
   ……
5. Man bucht einen Besprechungsraum. Man sollte auf die technische Ausstattung achten. (bei)
   ……
6. Die Besprechung meiner Kollegin hört früher auf. Sie unterstützt uns bei der Organisation. (falls)
   ……

B2.1 › 116

EIN VORSTELLUNGSGESPRÄCH

1 a **Wie ist das bei Ihnen? – Lesen und hören Sie die Minidialoge. Notieren Sie dann Ihre eigene Reaktion auf die Fragen. Verwenden Sie die Redemittel aus Aufgabe 2c im Kursbuch.**

1.15

1. ● Bei uns duzen sich immer gleich alle, egal welche Position man in der Firma hat. Ist das bei euch auch so?
   ○ Nein, das empfindet man als unhöflich. Man siezt sich, wenn man sich nicht näher kennt.
2. ● Man sollte viel Blickkontakt haben während eines Gesprächs. Und bei euch?
   ○ So ungefähr ist das auch bei uns, denn so zeigt man Interesse.
3. ● Die Kleidung spielt bei einem Vorstellungsgespräch eine große Rolle. Ist das bei euch ähnlich?
   ○ Also, in manchen Branchen vielleicht nicht, aber normalerweise ist das auch bei uns so.
4. ● Viel zu lächeln ist bei so einem Gespräch nicht üblich. Ist das bei euch auch so?
   ○ Nein, das ist ganz anders. Nicht zu lächeln macht einen unfreundlichen Eindruck und könnte missverstanden werden.

1.16 b **Hören Sie die Fragen in 1a und sprechen Sie Ihre Reaktion laut.**

2 **Weitere Redemittel für ein Vorstellungsgespräch – Wie heißen die Wörter richtig? Schreiben Sie.**

1. In diesem Bereich möchte ich VÄRSTERKT .... tätig werden.
2. In meinem Team versuchen immer alle, so viel wie möglich zu LIESTEN ....
3. Oft brauche ich für die Planung länger, aber ich kann das später wieder HNOLEAUF ....
4. Das wäre eine perfekte KONIMBATION .... meiner Kenntnisse und Interessen.
5. Ich möchte gern die Firma bestmöglich VETTREREN ....
6. Als Feedback habe ich oft gehört, dass ich andere BIGEESTERN .... kann.
7. Manchmal bin ich schnell FRIESTRURT ....
8. Aber ich kenne gute Strategien, wie ich mich wieder MOVITIEREN .... kann.

3 a [WORTBILDUNG] **Nomen mit *-ung*. Wie heißen die Nomen zu den Verben? Notieren Sie und ergänzen Sie fünf weitere Nomen mit *-ung*, die Sie kennen.**

einrichten • ausbilden • erfahren • entwickeln • nutzen

TIPP

Mit *-ung* können aus vielen Verben Nomen gebildet werden. Sie sind feminin und bilden den Plural mit *-en*.
bewerben – die Bewerbung, -en
Manchmal fällt bei der Bildung ein *e* weg:
entwickeln – die Entwicklung

b **Markieren Sie die Verben. Formulieren Sie dann Antworten mit Nomen auf *-ung*.**

1. Hast du dich schon auf die Stelle beworben?
2. Bist du auch immer so aufgeregt vor einem Gespräch?
3. Bereitest du dich allein auf das Gespräch vor?
4. Kannst du alle Fragen beantworten?
5. Lässt du dich für das Gespräch beraten?

Ja, ich habe die Bewerbung schon abgeschickt.

SPRECHEN · SCHREIBEN · AUSSPRACHE

1 a [RICHTIG SPRECHEN] **Im Vorstellungsgespräch – Ordnen Sie den Dialog. Vergleichen Sie dann zu zweit und hören Sie zur Kontrolle.**

1.17

A

1. Guten Morgen, Herr Laue. Haben Sie den Weg zu uns gut gefunden?
2. Sehr schön. Möchten Sie hier Platz nehmen?
3. Sehr gerne, Herr Laue. Vielleicht beginnen wir dann auch gleich mit der ersten Frage: Was reizt Sie an einer Tätigkeit als Informatiker bei uns?
4. Das freut uns zu hören. Was qualifiziert Sie für die Mitarbeit bei uns?
5. Wir sind ein Unternehmen, das weltweit tätig ist. Könnten Sie sich auch vorstellen, für eine Weile im Ausland zu arbeiten?

B

A Ihre Firma ist im Bereich der regenerativen Energien sehr bekannt. Diese Energien sind die Zukunft. Deshalb hat mich die Stelle sofort interessiert.

B Natürlich. Ich war bereits mehrfach beruflich im Ausland und ich habe sehr gerne und auch erfolgreich in internationalen Teams gearbeitet.

C Ja, gerne. Ich möchte mich auch herzlich für die Einladung zum Gespräch bedanken.

D Guten Morgen. Ja, danke. Ich hatte ja eine sehr gute Beschreibung von Ihnen bekommen. Das hat perfekt funktioniert.

E Sie haben geschrieben, dass Sie bei der Entwicklung von Datenbanken und Software Unterstützung suchen. Ich habe darin mehrjährige Erfahrung.

b **Schreiben Sie zu zweit einen Dialog wie in 1a. Verändern Sie dabei die markierten Stellen. Üben Sie Ihren Dialog, bis Sie ihn flüssig sprechen können. Achten Sie auch auf die Intonation. Spielen Sie den Dialog dann laut vor.**

2 [RICHTIG SCHREIBEN] **Sätze aus einem Bewerbungsschreiben – Bringen Sie die Satzteile in die richtige Reihenfolge.**

1. Ihr Unternehmen — für Innovation und Qualität / in der Technik-Branche / ist / bekannt / seit Jahren / .
2. Nach Abschluss — war / drei Jahre / im Marien-Klinikum / meiner Ausbildung / ich / tätig / .
3. Ich möchte — beruflich verändern / mich / in der nächsten Zeit / .
4. Von der Tätigkeit — ich / in Ihrer Firma / interessante Entwicklungsmöglichkeiten / erhoffe / mir / .
5. Mit der Tätigkeit — beginnen / kann / ab August / als Medizintechniker / ich / .

3 a [AUSSPRACHE] **Komplexe Lautfolgen *(s-st/sch/sp/s/ch/z)* – Wie spricht man diese Wörter aus? Hören Sie und markieren Sie, wo ein neues Wort beginnt.**

1.18

1. die Zukunfts|chancen
2. die Kommunikationsstärke
3. der Führungsstil
4. das Bewerbungsschreiben
5. verhandlungssicher
6. die Unternehmenszentrale

1.19 b **Hören Sie die Wörter langsam gesprochen und sprechen Sie nach. Achten Sie auf die Silben. Sprechen Sie sie noch einmal. Erst langsam, dann immer schneller.**

1.20 c **Lesen Sie die Wörter leise. Hören Sie sie dann langsam gesprochen und danach normal gesprochen. Sprechen Sie erst langsam mit, dann schneller.**

die Geschäftsstelle • das Zeiterfassungssystem • selbstständig • die Gesprächsstrategie • der Gesprächsstil • die Verwaltungschefin • das Verhandlungsziel

B2.1 › 118

DAS KANN ICH NACH KAPITEL 2

	😊	🙂	😐	🙁	KB	ÜB
einen lesefreundlichen Text schreiben Verbinden Sie die Sätze. 1. Unsere Firma sucht neue Mitarbeiter/innen. Die Mitarbeiter/innen sollen schon Berufserfahrung haben. 2. Wir nehmen an einer Jobmesse teil. Zu dieser Jobmesse kommen viele potentielle Bewerber/innen. 3. Viele Bewerber/innen fragen: Haben sie gute Karrierechancen?					M1 3b–c	3, 4, 5
an einer Diskussion teilnehmen Was ist Ihre Meinung zu den Aussagen? Reagieren Sie. Äußern Sie sich einmal vorsichtig, stimmen Sie einmal zu und widersprechen Sie einmal. Mit Teamarbeit erreicht man schneller ein Ergebnis. Die Führungskraft soll alles entscheiden. Was denken Sie? Kann man ohne Hierarchie arbeiten?					M3 2c–d	2a–c
telefonisch eine Nachricht hinterlassen Sie rufen Herrn Sörensen an, aber leider erreichen Sie nur seine Kollegin. Was sagen Sie? Tut mir leid, Herr Sörensen kommt heute nicht mehr ins Büro. Kann ich ihm etwas ausrichten?					K 1a	

UND ICH KANN ...

	😊	🙂	😐	🙁	KB	ÜB
darüber sprechen, welche Berufe es in Zukunft geben wird.					M1 1	
einen Podcast über *Berufe der Zukunft* verstehen und darüber sprechen.					2	
einen Sachtext verstehen.						3a
eine Stellenanzeige verstehen.					M2 1	
ein Anschreiben für eine Bewerbung schreiben.					3	
einem Gespräch zu einem Lebenslauf Informationen entnehmen.						2a-b
einen Lebenslauf schreiben.						2c
ein Video für eine Bewerbung erstellen.						2d
über die Rolle von Führungskräften sprechen.					M3 1	
einen Artikel mit Pro/Contra-Meinungen verstehen.					2a	
eine kurze Zusammenfassung zu einem Text schreiben.					2b	
einer anderen Person über einen Text berichten.					2b	
anderen teilweise zustimmen oder widersprechen.						2
Tipps für ein Vorstellungsgespräch verstehen.					M4 2a–b	
über Unterschiede in Vorstellungsgesprächen sprechen.						1
[M] Ähnlichkeiten nennen, auf Missverständnisse hinweisen.					2c	
Vorstellungsgespräche verstehen und führen.					3a–d	
telefonisch Kontakt aufnehmen, Informationen erfragen und Nachrichten hinterlassen.					K 1b, 2	

MODUL 1 JOBS FÜR MORGEN

der Wandel (Sg.) ....

das Einfühlungsvermögen (Sg.) ....

die Menschenkenntnis (Sg.) ....

unerwartet (= überraschend) ....

verfügen über (+ Akk.) (= besitzen/haben) ....

komplex ....

die Justiz (Sg.) ....

das Ingenieurwesen (Sg.) ....

der Versand (Sg.) ....

brennen für (+ Akk.) (brennt, brannte, hat gebrannt) (= begeistert sein von + Dat.) ....

die Perspektive, -n *(gute Perspektiven haben)* ....

das Kriterium, Kriterien ....

MODUL 2 SIE SUCHEN MICH!

etw. beherrschen *(eine Sprache beherrschen)* ....

die Kundschaft (Sg.) ....

die Bereicherung (Sg.) *(eine Bereicherung für das Team sein)* ....

die Verstärkung (Sg.) ....

das Aufgabengebiet, -e ....

die Koordination (Sg.) ....

die Teamfähigkeit (Sg.) ....

vielseitig ....

kompetent ....

die Vergütung, -en (= die Bezahlung) ....

unbefristet ....

tätig sein in/bei (+ Dat.) ....

eigenverantwortlich ....

verhandlungssicher ....

sich erhoffen von (+ Dat.) ....

die Stärke, -n ....

reizen an (+ Akk.) *(An dem Angebot reizen mich die neuen Aufgaben.)* ....

sich versprechen von (+ Dat.) (verspricht, versprach, hat versprochen) *(Von dem Job verspreche ich mir weniger Stress.)* ....

MODUL 3 ARBEITEN OHNE FÜHRUNGSKRAFT

die Führungskraft, "-e ....

die Hierachie, -n ....

ermöglichen ....

das Konzept, -e ....

seit geraumer Zeit (= seit einiger Zeit) ....

kontrovers *(kontroverse Meinungen)* ....

die Identifikation, -en ....

reizvoll *(Das klingt reizvoll.)* ....

der Ehrgeiz (Sg.) ....

der Aspekt, -e ....

die Branche, -n ....

der Überblick, -e *(den Überblick haben)* ....

ein|binden (bindet ein, band ein, hat eingebunden) *(einen Mitarbeiter einbinden)* ....

jdn. zwingen (zwingt, zwang, hat gezwungen) *(Niemand sollte gezwungen werden.)* ....

beurteilen *(Soweit ich das beurteilen kann.)* ....

MODUL 4 EIN VORSTELLUNGSGESPRÄCH

die Nebensache (Sg.) *(Das ist Nebensache.)* ....

die Körperhaltung, -en ....

unzulässig ....

die Religionszuge-hörigkeit, -en ....

die Schwangerschaft, -en ....

wahrheitsgemäß ....

der Freizeitausgleich (Sg.) ....

der Bedarf (Sg.) *(bei Bedarf)* ....

im Vorfeld *(sich im Vorfeld Zeit nehmen)* ....

der Händedruck, "-e ....

aufrecht *(aufrecht sitzen)* ....

das Gegenüber (Sg.) ....

verschränken *(die Arme verschränken)* ....

der Hintergrund, "-e ....

das Missverständnis, -se ....

empfinden (empfindet, empfand, hat empfunden) ....

vermeiden (vermeidet, vermied, hat vermieden) *(Das sollte man vermeiden.)* ....

Weitere Wörter, die für mich wichtig sind

....

....

Wortfamilien – Bilden Sie so viele Wörter wie möglich zu den Wortstämmen.

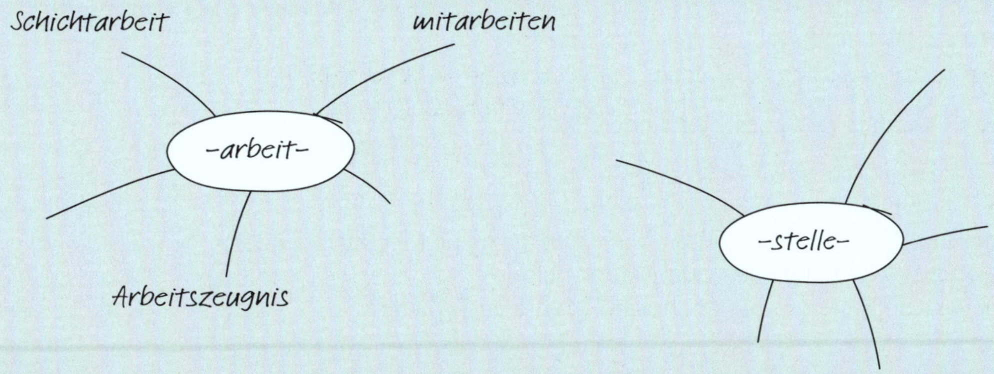

3 ALLES IM WANDEL

WORTSCHATZ WIEDERHOLEN UND ERARBEITEN

1 a **Wie heißt das Gegenteil? Notieren Sie.**

1. steigen – ....
2. positiv – ....
3. (sich) verbessern – ....
4. zunehmen – ....
5. hoch – ....
6. mehr – ....

b **Sehen Sie die Grafiken an und ergänzen Sie die Sätze mit Wörtern aus 1a. Achten Sie auf die richtige Form.**

Online Ü1

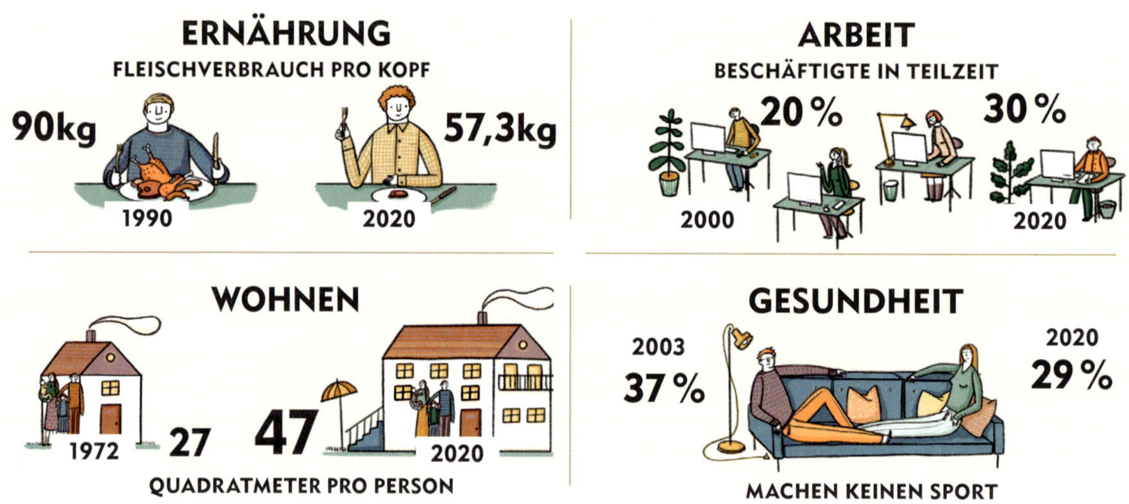

1. Der Fleischverbrauch ist in den letzten Jahren stark ....
2. Der Anteil der Beschäftigten in Teilzeit hat im Vergleich zu 2000 ....
3. Heute steht den Menschen im Durchschnitt .... Wohnraum zur Verfügung als früher.
4. Heutzutage ist der Anteil derjenigen, die keinen Sport machen, ... als früher.

c **Wählen Sie eine Grafik aus 1b und begründen Sie, warum sich Ihrer Meinung nach die Zahlen verändert haben. Schreiben Sie fünf Sätze.**

Die Veränderungen kann man mit … erklären. / Eine Erklärung für diesen Trend könnte sein, dass … / Ich denke, das liegt an …

2 **Veränderungen – Welches Verb passt? Verbinden Sie.**

1. Ich will in diesem Jahr auf jeden Fall meine Ernährung
2. Meine Freundin hat nie Zeit. Ich finde, sie sollte ihre Arbeitszeit
3. Nächstes Jahr wird sich unsere Firma breiter aufstellen und ihr Produktangebot
4. Ich habe gerade so viel zu tun, denn wir werden bald
5. Ich glaube, Toms Begeisterung für den neuen Job wird auch wieder

A nachlassen.
B umziehen.
C erweitern.
D umstellen.
E reduzieren.

3 Wie heißen die Nomen? Notieren Sie.

1. Die technische **LUNENTWICKG** *Entwicklung* .... sorgt in allen Bereichen für Veränderung.
2. Durch die Digitalisierung ist in der Arbeitswelt viel im **BRUCHUM** ....
3. Durch den **DELWAN** .... ist es möglich, zeitlich und örtlich flexibler zu arbeiten.
4. Für viele Unternehmen war die Corona-Pandemie ein **PUNKTWENDE** ....
   Plötzlich war zum Beispiel das Arbeiten im Homeoffice für sehr viele Menschen möglich.
5. Der technische **SCHFORTRITT** .... sorgt aber auch dafür, dass viele Berufe nicht mehr gefragt sind.
6. Auf der anderen Seite gibt es viele neue Berufe, die jetzt im **ENDTR** .... liegen, wie zum Beispiel Social-Media-Manager/in.

4 Welches Verb passt? Kreuzen Sie an. Manchmal passen auch beide Verben.

1. ● Willst du eigentlich immer noch die Stelle ☐ wechseln? ☐ ändern?
   ○ Nein, ich habe es mir anders überlegt. Ich bleibe doch hier.
2. ● Hier sind so viele Leute. Ich kann die Präsentation gar nicht sehen.
   ○ Ich kann von hier gut sehen. Sollen wir den Platz ☐ verändern? ☐ tauschen?
   Ich bin ja ein bisschen größer.
3. ● In unserer Firma hat sich wirklich viel ☐ verändert. ☐ geändert.
   ○ Das ist doch gut, oder?
4. ● Sag mal, wie haben sich eigentlich die Zahlen im Bereich Verkehr ☐ entwickelt? ☐ gewechselt?
   ○ Da hat sich nicht viel getan. Die meisten fahren immer noch mit dem Auto zur Arbeit.
5. ● Ich hätte nicht gedacht, dass sich durch die neue Geschäftsleitung so viel ändert.
   ○ Ja, jetzt müssen wir uns alle ☐ umstellen. ☐ wandeln.
6. ● Die Computer sind echt alt. Wir müssen sie mal ☐ ersetzen. ☐ austauschen.
   ○ Stimmt, aber erst, wenn wir uns das finanziell leisten können.

5 Klick-Klack – Sprechen Sie zu zweit. Person A beginnt *(Klick)*, Person B reagiert *(Klack)*. Dann wechseln Sie. oder Hören Sie *(Klick)* und reagieren Sie *(Klack)*.

1.21

Klick

1. Ben hat schon wieder abgesagt. Manche Dinge ändern sich wirklich nie.
2. Clara ist so unzufrieden mit allem.
3. Willst du eigentlich immer noch ins Ausland gehen?
4. Ich glaube, ich will meinem Leben eine neue Richtung geben.
5. Der neue Job bietet mir so viele Perspektiven, das ist echt motivierend!
6. Du hast in der Wohnung aber viel erneuert. Das sieht toll aus!
7. Die Chefin hat übrigens das Projekt genehmigt.
8. Das Viertel hat sich aber sehr gewandelt.

Klack

A Aha, und wie? Willst du dir einen neuen Job suchen?
B Dann kommt jetzt endlich Bewegung in die Sache und wir können anfangen!
C Super, dann war der Wechsel in die andere Firma ja genau richtig.
D Ja, toll, oder? Endlich gibt es hier mehr Grünflächen.
E Sie muss mal eine Veränderung wagen, dann geht es ihr auch besser.
F Danke! Ich habe dringend etwas Veränderung gebraucht.
G Na klar, diesen Traum will ich unbedingt verwirklichen.
H Wir müssen echt mal mit ihm reden.

NEUE VERKEHRSKONZEPTE

1 **Was bedeuten die Wörter und Ausdrücke? Ordnen Sie zu.**

1. öffentliche Verkehrsmittel
2. verkehrsberuhigte Zonen
3. schadstoffarm
4. die Höchstgeschwindigkeit
5. der Pendler / die Pendlerin
6. Carsharing

A gibt an, wie schnell Autos maximal fahren dürfen
B ein Auto wird von mehreren Personen genutzt
C Busse, Bahnen etc., die jede/r nutzen kann
D Bereiche, in denen Fahrzeuge langsam fahren müssen
E umweltschonend
F eine Person, die aus beruflichen Gründen zwischen zwei Orten hin- und herfährt

2 **Lesen Sie noch einmal die Texte im Kursbuch Aufgabe 2a. Zu welcher Stadt (Barcelona, Zürich oder Essen) passen die Aussagen? Notieren Sie B, Z oder E.**

1. Die Stadt hat schon früh entschieden, die öffentlichen Verkehrsmittel auszubauen.
2. In einigen Wohnvierteln fahren kaum noch Autos.
3. Viele Menschen würden Bus und Bahn nutzen, wenn sie dafür nicht bezahlen müssten.
4. Waren dürfen nur zu bestimmten Uhrzeiten geliefert werden.
5. Die meisten Pendler und Pendlerinnen fahren mit Bus und Bahn zur Arbeit.
6. Viele junge Menschen können sich vorstellen, ein Auto mit anderen zu teilen.

3 a **Die eigene Meinung ausdrücken und etwas hervorheben – Lesen Sie die Meinungen im Forum und markieren Sie die Redemittel.**

Leandro: Unsere Städte sind voll mit Autos, überall gibt es Stau, Lärm und Abgase. Ich halte es deshalb für besonders wichtig, die Nutzung von öffentlichen Verkehrsmitteln günstig oder sogar kostenlos anzubieten. In der Essener Umfrage sieht man, dass dann viele Menschen auf das eigene Auto verzichten würden. In manchen Städten gibt es das ja bereits. Ich könnte mir allerdings vorstellen, dass viele Städte und Gemeinden das nicht finanzieren können.

Isabella: Das Konzept der Stadt Barcelona begeistert mich richtig. Da kann man sehen, dass Verkehrsreduzierung auch in Großstädten möglich ist. Ein wesentlicher Punkt dabei ist, dass die Lebensqualität durch das neue Verkehrskonzept steigt. Die Bewohner und Bewohnerinnen können ihr Viertel ganz anders nutzen und die Ruhe genießen. Das Gute daran ist auch, dass die Kinder viel mehr Platz zum Spielen haben.

Selim: Aus meiner Sicht hat die Stadt Zürich alles richtig gemacht. Besonders interessant finde ich, dass die Stadt schon in den 70er-Jahren erkannt hat, wie wichtig öffentliche Verkehrsmittel sind. In dieser Zeit haben andere Städte die Straßen für den Autoverkehr ausgebaut. Auch dass Parkplätze teuer und selten sind, halte ich für wirksam. Dann fahren automatisch weniger Leute mit dem Auto in die Stadt. Auf der anderen Seite kann ich Menschen gut verstehen, die lieber mit dem Auto fahren, weil man einfach unabhängiger ist und spontan irgendwohin fahren kann.

b **Und was denken Sie? Schreiben Sie einen Forumsbeitrag wie in 3a.**

4

a **Partizip I als Adjektiv – Schreiben Sie wie im Beispiel.**

1. die Kosten, die steigen → *die steigenden Kosten*
2. der Verkehr, der zunimmt → ....
3. der Bus, der steht → ....
4. Autos, die hupen → ....
5. der Motor, der läuft → ....

b **Partizip II als Adjektiv – Schreiben Sie wie im Beispiel.**

1. die Idee, die realisiert wurde → *die realisierte Idee*
2. die Bäume, die gewachsen sind → ....
3. das Café, das neu eröffnet wurde → ....
4. der Radweg, der verbreitert wurde → ....
5. die Lebensqualität, die verbessert wurde → ....

TIPP

Das Partizip II als Adjektiv hat normalerweise eine passivische Bedeutung. Ausnahme: einige Verben, die das Perfekt mit *sein* bilden: *der angekommene Zug → der Zug, der angekommen ist* → aktivische Bedeutung

5

Partizip I oder II – Was ist richtig? Unterstreichen Sie.

Online Ü2

IDEEN FÜR DIE VERKEHRSWENDE

Wo man auch hinblickt, überall Autos, Autos, Autos. Verschiedene Städte möchten dagegen etwas tun. Ein von der Stadt Köln (1) entwickeltes | entwickelndes Verkehrskonzept sieht unter anderem vor, dass viele Parkplätze in der Innenstadt wegfallen. Die (2) gewinnenden | gewonnenen freien Flächen sollen dann zum Beispiel für Fahrradstellplätze genutzt werden. Für Radfahrer und Radfahrerinnen soll die Stadt attraktiver werden und die neu (3) bauenden | gebauten Radwege sollen das Radfahren sicherer machen. In München wird das (4) bestehende | bestandene Verkehrsnetz weiter ausgebaut. (5) Verbessernde | Verbesserte Verbindungen sollen für mehr Fahrgäste in Bus und Bahn sorgen. Ein viel (6) diskutierendes | diskutiertes Thema ist, ob eine Seilbahn in der Stadt den Verkehr entlasten kann. Auch für außerhalb der Stadt (7) lebende | gelebte Menschen sollen öffentliche Verkehrsmittel attraktiver werden. In der Stadt Ulm dürfen Autos nur noch 30 km/h fahren. Durch die (8) reduzierende | reduzierte Geschwindigkeit nehmen Lärm und Luftverschmutzung ab. Außerdem können alle Ulmer und Ulmerinnen samstags kostenlos mit Bus und Straßenbahn fahren.

6

Unfall am Baldeplatz – Bilden Sie das erweiterte Partizip und ergänzen Sie den Text wie im Beispiel.

Studentin, die bei dem Unfall leicht verletzt wurde • Personen, die an der Haltestelle warten • Notarzt, der von Passanten gerufen wurde • Sachschaden, der bei dem Unfall entstanden ist • ~~Autofahrer, der aus der Clemensstraße kam~~

Gestern Nachmittag ereignete sich am Baldeplatz ein Unfall. Ein (1) *aus der Clemensstraße kommender Autofahrer* übersah beim Abbiegen eine 20-jährige Radfahrerin. Die (2) *bei dem Unfall leicht* .... wurde ins Krankenhaus gebracht. Der (3) .... konnte bei dem Autofahrer keine Verletzungen feststellen. Die zum Unfallzeitpunkt (4) .... werden gebeten, sich bei der Polizei zu melden. Der (5) .... wird auf 5000 Euro geschätzt.

POLITISCH AKTIV

1 Politik in Deutschland – Welches Wort passt wo? Ergänzen Sie.

Bundestag • Regierung • Partei • Staatsangehörigkeit • Bundeskanzler/in • Stimmen

In Deutschland findet alle vier Jahre die Bundestagswahl statt. Zur Wahl dürfen alle Personen gehen, die die deutsche (1) ………………………… haben und mindestens 18 Jahre alt sind. Bei der Wahl hat man zwei (2) ………………… . Mit der ersten entscheiden die Wähler und Wählerinnen, wer als Abgeordnete/r in den (3) ………………… kommen soll. Mit der zweiten wird die (4) ………………… gewählt. Um Sitze im Bundestag zu bekommen, muss eine Partei mindestens fünf Prozent aller Stimmen erhalten. Die Partei mit den meisten Stimmen stellt im Normalfall den/die (5) ………………… , der/die dann vom Bundestag gewählt wird. Hat keine Partei über 50 Prozent der Stimmen erhalten, kommt es zu einer Koalition, also zu einem Zusammenschluss mit anderen Parteien. Die Koalition bildet dann gemeinsam die (6) ………………… .

2 Welches Verb passt? Notieren Sie.

Online Ü3

demonstrieren • teilnehmen • interessieren • wählen • unterschreiben • aufbringen • engagieren • achten • denken

1. an einer Demonstration …………………
2. sich ehrenamtlich …………………
3. auf bewussten Konsum …………………
4. eine Petition …………………
5. an die nächsten Generationen …………………
6. sich für Politik …………………
7. eine Partei …………………
8. gegen den Klimawandel …………………
9. Verständnis für etwas …………………

3 Diskutieren – Wählen Sie die passenden Redemittel und formulieren Sie die Sätze um.

Es ist auch eine Möglichkeit, … • Was ich noch sagen wollte: … • Ich persönlich … • Wie Bascha gesagt hat, finde ich auch, …

1. Ich sehe das so ähnlich wie Bascha. Es ist wichtig, zur Wahl zu gehen.
2. Also bei mir ist das so: Ich engagiere mich in einem Verein.
3. Man könnte auch Mitglied in einer Partei werden.
4. Dazu fällt mir noch ein, dass auch Politikunterricht in der Schule wichtig ist.

B2.1 › 126

WIR MÜSSEN ETWAS ÄNDERN

1

a Das neue Büro – Hören Sie das Gespräch. Welche Aussagen sind richtig? Kreuzen Sie an.

1.22

1. Im zukünftigen Büro gibt es genug Arbeitsplätze für alle. ☐
2. Die Kollegen und Kolleginnen dürfen nicht mehr als zwei Tage im Homeoffice arbeiten. ☐
3. Feste Bürozeiten sind für alle langfristig planbar. ☐
4. Die Bürotage sollen Ende der Woche in den Plan eingetragen werden. ☐
5. Bei dringenden Terminen sollen flexible Absprachen helfen. ☐

b Hören Sie das Gespräch noch einmal und ergänzen Sie die Redemittel.

1.22

1. Könnten wir .... die Tage festlegen, an denen man kommt?
2. Ich habe da ...., ob man das so genau planen kann.
3. Das sehe ich .... wie Herr Pinotti.
4. Es .... mir ein, dass eine starre Regelung keine gute Lösung ist.
5. Einen Wochenplan finde ich einen ....
6. Wir .... sicher alle davon ...., wenn wir uns generell an den Wochenplan halten.

1.23

c Flüssig sprechen – Lesen Sie die Redemittel aus dem Kursbuch Aufgabe 1b. Hören Sie dann fünf Verbesserungsvorschläge und reagieren Sie darauf. Äußern Sie Ihre Zustimmung oder Ablehnung.

2

Was könnte helfen? – Formulieren Sie Lösungsvorschläge mit den Ausdrücken oder mit eigenen Ideen.

sofort jdn. einstellen • ~~Telefonkabinen nutzen~~ • neue Geräte anschaffen • sich in der Kantine treffen • Rücksicht auf die anderen nehmen

1. zu laute Telefonate?
2. mehrere Personen im Büro?
3. Arbeitsbelastung zu hoch?
4. fehlende Besprechungsräume?
5. Technik im schlechten Zustand?

1. Die Angestellten sollten die Telefonkabinen nutzen.

3

a Gründe ausdrücken – Was passt? Kreuzen Sie an.

1. Die Firma zieht in ein neues Gebäude, ☐ aus diesem Grund ☐ denn ☐ weil viele im Homeoffice arbeiten.
2. Das Gebäude ist ☐ aus ☐ aufgrund ☐ dank der hohen Mietkosten am Stadtrand.
3. Die Mitarbeitenden freuen sich. Dort gibt es ☐ aus diesem Grund ☐ wegen ☐ nämlich einen schönen Park.
4. Außerdem verbessert sich ☐ aufgrund ☐ denn ☐ nämlich des Umzugs die Raumsituation für alle.
5. Die Fahrt dorthin dauert ☐ aus ☐ dank ☐ nämlich der guten Verkehrsanbindung nicht lang.
6. Der Umzug findet im Sommer statt, ☐ aus diesem Grund ☐ da ☐ denn dann sind viele im Urlaub.

b Was passt? Ordnen Sie zu.

1. Aufgrund der Mieterhöhung musste die Firma
2. Wegen der veränderten Raumsituation
3. Kai möchte allein in einem Büro arbeiten, weil
4. Anna gefällt es gut im Büro, denn
5. Dank des erfahrenen Teams
6. Aus Freude über den Erfolg hat die Chefin

A ist der Auftrag schon erledigt.
B sie hat ein tolles Team.
C in ein kleineres Gebäude umziehen.
D das Team zum Essen eingeladen.
E beantragen viele Homeoffice.
F er sich im Teambüro nicht konzentrieren kann.

c Formulieren Sie die Sätze aus 3b neu und verwenden Sie die angegebene Form.

Online Ü 4

1. aufgrund → da
2. wegen → denn
3. weil → aus diesem Grund
4. denn → dank
5. dank → weil
6. aus → da

1. Die Firma musste in ein kleineres Gebäude umziehen, da die Miete erhöht wurde.

d Wo steht *nämlich* in Begründungen? Markieren Sie die Position im Satz.

1. Frederico war gestern im Homeoffice.
   Er musste an vielen Online-Besprechungen teilnehmen.
2. Er hat bis spät gearbeitet.
   Er sollte einen Auftrag für den Kunden fertigstellen.
3. Vom neuen Auftrag war Frederico nicht begeistert.
   Beim letzten Projekt hat er viele Überstunden gemacht.
4. Frederico nimmt an einer Schulung teil.
   Er möchte ein anderes Programm verwenden.
5. Seine Chefin möchte ihn besser unterstützen.
   Er hat ihr von den Problemen erzählt.

TIPP

Nämlich steht bei Begründungen meisten auf Position 3. Wenn au Position 3 ein Pronome steht, steht *nämlich* direkt dahinter.

e Schreiben Sie Antworten und formulieren Sie die Begründungen unterschiedlich (Konnektoren, Präpositionen, Wendungen).

krank sein • technische Probleme haben • frei haben • verabredet sein • sich gut auskennen • weiterbilden wollen • neues Programm nicht verstehen • …

1. Warum hast du mir die Mail nicht schon gestern weitergeleitet?
2. Weswegen möchtest du die Besprechung nicht online durchführen?
3. Wieso bist du gestern schon so früh nach Hause gegangen?
4. Weshalb hast du den Termin so kurzfristig verschoben?
5. Warum arbeitest du gern mit dem Kollegen zusammen?
6. Aus welchem Grund hast du dich für einen Sprachkurs entschieden?
7. Weswegen hast du die Kollegin um Hilfe gebeten?

1. Ich hatte frei. Aus diesem Grund habe ich die Mail erst heute gelesen.

TIPP

Für das Fragewort *warum* gibt es einige Synonyme: *wieso, weswegen, weshalb, aus diesem Grund.*

4 a Einen formellen Brief schreiben – Welche Funktion haben die Redemittel? Kreuzen Sie an.

	um Verständnis bitten	Verständnis zeigen	Vorschlag machen
1. Natürlich verstehe ich …			
2. Hoffentlich können Sie nachvollziehen, dass …			
3. Könnten Sie sich vorstellen, dass …?			
4. Daher werden Sie verstehen können, dass ….			
5. Daher möchte ich vorschlagen, dass …			
6. … ist für mich gut nachvollziehbar.			
7. Da ich … kenne, habe ich volles Verständnis für …			
8. Eine Möglichkeit wäre meiner Meinung nach …			
9. Deshalb möchte ich um Verständnis dafür bitten, dass …			

b Lesen Sie die E-Mail und formulieren Sie die markierten Sätze mit den Redemitteln aus 4a um.

Sehr geehrte Frau Fuchs,

wie Sie mir gestern mitgeteilt haben, können Sie meinen Urlaubsantrag nicht genehmigen. An dem genannten Termin findet jedoch die Hochzeit meiner Schwester statt. (1) Deshalb möchte ich um Verständnis bitten, dass ich trotz der aktuellen Arbeitslage die beiden Tage Urlaub nehmen möchte.
(2) Mir ist bekannt, dass der Auftrag der Firma ABC dringlich ist. (3) Daher möchte ich vorschlagen, dass ich dieses Wochenende ausnahmsweise arbeiten werde und dafür Ende des Monats freinehmen kann. Wären Sie mit diesem Vorgehen einverstanden?
Ich hoffe, dass wir so eine gute Lösung für beide Seiten finden können.

Mit freundlichen Grüßen
Camillo Marino

5 a [WORTBILDUNG] Vorsilbe *ver-* – Wie heißen die Verben? Notieren Sie.

1. etwas besser machen: *verbessern*
2. etwas größer machen: *vergrößern*
3. etwas kleiner machen: ....
4. etwas einfacher machen: ....
5. etwas deutlicher machen: ....
6. etwas kürzer machen: ....
7. etwas länger machen: ....
8. etwas schöner machen: ....

TIPP
Viele Verben, die mit einem Adjektiv und der Vorsilbe *ver-* gebildet werden, drücken eine Veränderung aus.

b Wählen Sie vier Verben aus Aufgabe 5a und bilden Sie Sätze.

WIE FLEXIBEL IST DER MENSCH?

1 a **Markieren Sie die Wörter und ergänzen Sie dann die Sätze mit den Wörtern in der richtigen Form.**

VRTGEWÖHNENMÜCHSCHÄTZENZLRIHJZURÜCKDREHENDGSLASFREIWILLIGABCTUHWVERMISSENBP
IGNORIERENGRTMEWÖVERPASSENURMKYTZNERVENRLCFLEXIBELÖKAEINRICHTENNWTURTZUNÖST

1. Ich wünschte, ich könnte die Zeit .... und wieder bei euch sein. Ich .... euch so. 😢

2. Über den Sportverein habe ich gleich nette Leute kennengelernt und unternehme viel mit ihnen – so .... ich auch hier keine tollen Events. 🤡

3. Ich brauche noch etwas Zeit, um mich an die neue Umgebung zu .... Aber mein Zimmer ist schon toll ...., da werde ich mich sicher bald einleben.

4. Das neue Jobangebot habe ich einfach .... Ich ziehe doch nicht .... in eine andere Stadt!

5. Natürlich gibt es Routinen in meiner Arbeit, die mich auch manchmal .... Aber ich weiß es zu ...., dass ich viele spannende Projekte betreuen darf.

6. Ich weiß noch nicht, wo ich jetzt nach dem Studium hinziehe. Ich bin da eigentlich ....

b **Lesen Sie die Aussagen in 1a noch einmal. Zu welchem Typ im Kursbuch Aufgabe 1b passen sie?**

Typ ★	Typ ●	Typ ■	Typ ▲
1	....	....	....

2 **Welche Begriffe und Beschreibungen haben eine ähnliche Bedeutung? Ordnen Sie zu.**

auf den Kopf stellen • betroffen sein • dementsprechend • eingangs • experimentieren • festhalten • gelassen • geschehen • umgehen mit • die Scheidung • etw. scheuen • unausweichlich

1. passieren – ....
2. entspannt – ....
3. zu Beginn – ....
4. ausprobieren – ....
5. folglich – ....
6. durcheinander bringen – ....
7. nicht vermeidbar – ....
8. feststellen – ....
9. Trennung nach der Ehe – ....
10. zu tun haben mit – ....
11. zurechtkommen – ....
12. etw. aus dem Weg gehen – ....

3 **a Sie lesen in einer Zeitschrift einen Artikel über Jobwechsel. Welche Sätze passen in die Lücken? Zwei Sätze passen nicht.**

P

Beispiel: 0 Dies ist das Ergebnis einer neuen Studie.

A ☐ Ein fester Arbeitsbeginn ist also im Gegensatz zu früher nicht mehr unattraktiv.
B ☐ Denn man möchte in der Arbeit eine angenehme Zeit verbringen.
C ☐ So wird der Wechsel auf eine andere Stelle attraktiv.
D ☐ Dank dieser können nämlich Karrierechancen steigen.
E ☐ Es ist eben zentral, dass man vom Job gut leben kann.
F ☐ Es würden auch Überstunden in Kauf genommen werden.
G ☐ Aber nicht nur die Zeit am Arbeitsort selbst spielt eine Rolle.
H ☐ Die Befürwortung dieser neuen Arbeitsform ist in den letzten Jahren gestiegen.

TIPP

In der Prüfung
Lesen Sie den Textabschnitt vor und nach der Lücke genau. Achten Sie auf Textverweise und inhaltliche Anschlüsse. Sie haben eine Lösung gefunden: Lesen Sie die Textstelle noch einmal und überprüfen Sie Ihre Wahl.

Jobwechsel – welche Faktoren sind entscheidend?

Die Mehrheit der Beschäftigten sind laut einer Umfrage mit ihrem aktuellen Job zufrieden, dennoch sind immerhin gut 30 Prozent grundsätzlich wechselbereit. **(0)**. In dieser Studie wurde untersucht, was einen neuen Job für die Wechselwilligen überhaupt interessant macht. Wie nicht anders zu erwarten, steht ein attraktives Gehalt an erster Stelle. **(1)** Dicht gefolgt wird der Geld-Faktor von zwei menschlichen Faktoren – ein gutes Verhältnis unter Kollegen und Kolleginnen sowie zu den Vorgesetzten. **(2)** Und dabei spielen eben die Menschen eine wichtige Rolle, mit denen man so viele Stunden täglich zusammenarbeitet. **(3)** So ist die Fahrtdauer zur Arbeit für immerhin 67 % wichtig – sie wünschen sich einen kurzen Arbeitsweg. Ebenso wäre für mehr als die Hälfte der Befragten auch eine flexible Arbeitszeit entscheidend bei einem Jobwechsel. **(4)** Außerdem wollen die Befragten keine monotonen oder langweiligen Aufgaben übernehmen, sondern suchen die Herausforderung. Dass dies beides auch mehr Stress und Belastung mit sich bringt, wird dabei wohl manchmal vergessen. Viele Menschen setzen aber auch, wie 39 % der Befragten angaben, auf gute Weiterbildungsmöglichkeiten. **(5)** Ein Drittel der Befragten bestätigt, dass gute Aufstiegsmöglichkeiten für sie bei einem Jobwechsel relevant sind. Ebenfalls rund ein Drittel gibt an, dass sie die Möglichkeit zum Homeoffice haben möchten. **(6)** Schließlich hat man dies in der Pandemie kennen und schätzen gelernt. Für den Fall, dass man tatsächlich die Stelle wechselt, muss man nur noch den Arbeitgeber finden, der alles oder zumindest vieles davon bietet.

Online Ü 5 **b Lesen Sie den Artikel in 3a noch einmal. Fassen Sie den Text in fünf Sätzen zusammen und ergänzen Sie eigene Beispiele.**

c Tauschen Sie Ihre Zusammenfassung mit einem Partner / einer Partnerin und sprechen Sie über die Texte.

Was hat Ihnen gut gefallen? Wie finden Sie die Beispiele? Was könnte besser sein?

SCHREIBEN · AUSSPRACHE

1 a [RICHTIG SCHREIBEN] **Eine Grafik beschreiben – Sehen Sie die Grafik an und lesen Sie die Beschreibung. Markieren Sie dann Redemittel, um eine Grafik zu beschreiben.**

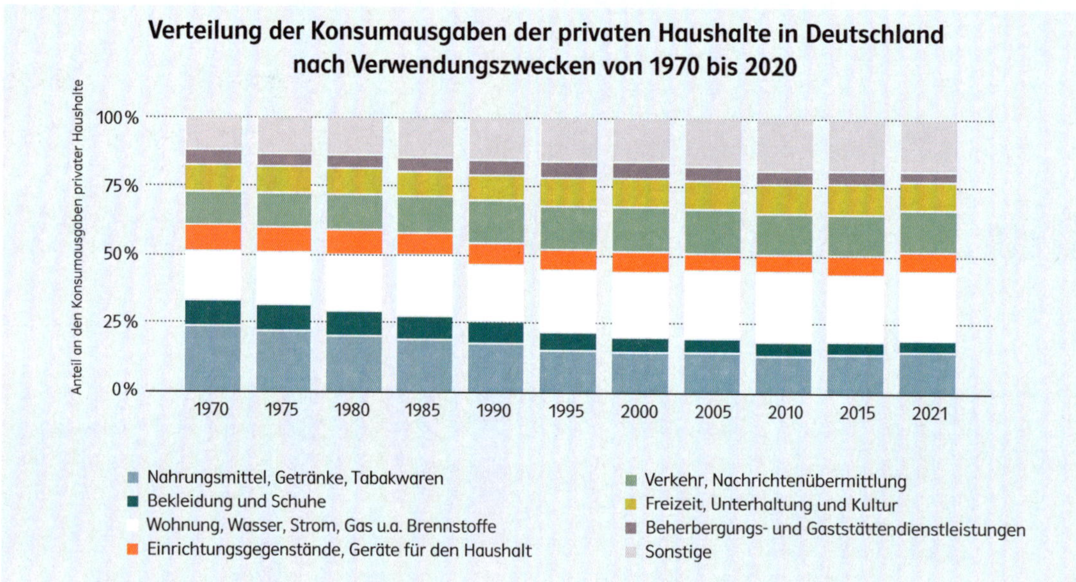

In der Grafik geht es um die Konsumausgaben der privaten Haushalte von 1970 bis 2020. Unten, in Blau, kann man sehen, dass die Ausgaben für Lebensmittel von 25 % auf 15 % zurückgegangen sind. Eine abnehmende Tendenz gibt es auch bei Bekleidung und Schuhen. Im Gegensatz dazu sieht man in der Mitte, dass die Ausgaben rund um das Wohnen deutlich angestiegen sind, von knapp 20 % auf über 25 %. Neben Wohnen verzeichnen nur die Ausgaben für „Sonstiges" einen Anstieg.
Man kann an der Grafik gut erkennen, dass es in den fünfzig Jahren von 1970 bis 2020 bei den Konsumausgaben nur kleine Veränderungen gab. Die angegebenen Zahlen lassen vermuten, dass die weitere Entwicklung ähnlich verlaufen wird.

b **Beschreiben Sie eine Grafik aus dem Kursbuch Kapitel 3, Kommunikation in Alltag und Beruf. Schreiben Sie einen Text und verwenden Sie auch die markierten Redemittel aus 1a.**

2 a [AUSSPRACHE] **Auslautverhärtung *d/t*, *b/p* und *g/k* – Welchen Laut hören Sie? Kreuzen Sie an.**

1.24

1.			2.			3.		
gelacht	t	d	schreiben	p	b	Weg	k	g
lachend	t	d	schrieb	p	b	Wegstrecke	k	g
lachende	t	d	Schreibstift	p	b	wegen	k	g
Freund	t	d	Urlaub	p	b	Vorschlag	k	g
Freundschaft	t	d	Urlaubszeit	p	b	vorschlagen	k	g

TIPP
Man spricht d/b/g am Wort- oder Silbenende und vor mehreren Konsonanten wie t/p/k.

1.25 b **Hören Sie die Sätze und sprechen Sie nach.**

1. Die Kundin gratuliert dem Mitarbeiter zu dem überzeugenden Vorschlag.
2. Im Herbst habe ich am Abend oft Briefe an meine Freunde geschrieben.
3. Wegen des Urlaubs bin ich ab Montag nicht im Büro.

DAS KANN ICH NACH KAPITEL 3

		KB	ÜB
innovative Verkehrskonzepte vorstellen Berichten Sie einem Freund / einer Freundin von innovativen Verkehrskonzepten und welche Ideen Sie sich für Ihre Stadt wünschen würden.		M1 4	
1.26 **ein Gespräch unter Kollegen / Kolleginnen verstehen** Hören Sie das Gespräch und notieren Sie: Was ist das Problem und wie lösen die Personen es?		M3	1a–b
Gründe ausdrücken Warum machen Sie das (nicht)? Notieren Sie Ihre Antworten. ein Haustier besitzen • sich vegetarisch ernähren • mit dem Fahrrad fahren • Lebensmittel auf dem Markt einkaufen		M3 2c–d	3e

UND ICH KANN ...

		KB	ÜB
Informationen aus verschiedenen Quellen verstehen.		M1 2a–b	2
[M] einen Cartoon oder eine Werbung erklären.		2c	
über Verkehrskonzepte diskutieren.		2d	
Forumsbeiträge über Verkehrskonzepte verstehen und schreiben.			3
politische Einstellungen und Haltungen verstehen.		M2 1a–b, 2b	
über das eigene Verhalten sprechen.		3a	
einen Forumsbeitrag zum Thema *Politik und Mitbestimmung* schreiben.		3b	
einen Informationstext über das politische System in Deutschland verstehen.			1
Verbesserungsvorschläge verstehen und machen.		M3 1a, 2a	
Zweifel, Zustimmung und Ablehnung äußern.		1b	1c
eine E-Mail an eine/n Vorgesetzte/n schreiben.		3	4
einen Persönlichkeitstest machen.		M4 1	
einen Vortrag zum Thema *Veränderungen* verstehen.		2b–c	
[M] den Inhalt eines Vortrags wiedergeben.		3	
einen Artikel über Jobwechsel verstehen.			3a
eine Zusammenfassung schreiben.			3b
Veränderungen in Arbeit und Beruf beschreiben.		K 2	
eine Grafikbeschreibung verstehen und schreiben.			1

MODUL 1 NEUE VERKEHRSKONZEPTE

verkehrsberuhigt ....

die Zone, -n *(verkehrsberuhigte Zonen)* ....

schadstoffarm ....

im Stau stehen ....

plaudern ....

um|leiten ....

fest|legen *(zu festgelegten Zeiten)* ....

die Höchstgeschwindigkeit, -en ....

ein voller Erfolg sein ....

aufeinander ab|stimmen ....

der Spitzenwert, -e ....

befürworten ....

die Besorgung, -en *(kleinere Besorgungen)* ....

MODUL 2 POLITISCH AKTIV

der/die Abgeordnete, -n ....

der Bundestag (Sg.) ....

der Bundeskanzler, - die Bundeskanzlerin, -nen ....

die Partei, -en ....

die Regierung, -en ....

die Demokratie ....

zur Wahl gehen (= wählen) ....

die Stimme, -n ....

bewirken ....

sich ein|setzen für (+ Akk.) ....

sich ehrenamtlich engagieren ....

überein|stimmen ....

das Weltgeschehen (Sg.) ....

Einfluss haben auf (+ Akk.) ....

(kein) Verständnis auf|bringen für (+ Akk.) ....

die Aufforderung, -en ....

weiter|leiten ....

etw. bringen *(Bringt das etwas?)* ....

benachteiligt ....

MODUL 3 WIR MÜSSEN ETWAS ÄNDERN

von etwas profitieren *(Wir würden davon profitieren, wenn …)* ....

ein|leuchten *(Das leuchtet mir ein.)* ....

einer Meinung sein *(Da bin ich deiner Meinung.)* ....

der Kompromiss, -e ....

der Zweifel, - ....

die Ablehnung, -en ....

etw. nach|vollziehen (vollzieht nach, vollzog nach, hat nachvollzogen) ....

die Belastung, -en ....

der Zustand, "-e ....

anonym	überlastet sein ....
an|schaffen	befristet ....
die Rücksichtnahme, -n *(aus Rücksichtnahme)*	entlasten ....
frieren (friert, fror, hat gefroren)	die Kundenbetreuung (Sg.) ....

MODUL 4 WIE FLEXIBEL IST DER MENSCH?

die Persönlichkeit, -en	kündigen *(die Stelle kündigen)* ....
ignorieren	konfrontiert sein mit (+ Dat.) ....
sich gewöhnen an (+ Akk.) *(Daran muss ich mich erst gewöhnen.)*	leicht fallen *(Veränderungen fallen ihr leicht.)* ....
verpassen	der Wandel (Sg.) ....
enthusiastisch	(keine) Probleme bereiten ....
beliebig *(beliebig oft)*	sich wehren gegen (+ Akk) ....
zu schätzen wissen *(Ich weiß das zu schätzen.)*	anschaulich *(etwas anschaulich erklären)* ....
gründen *(eine Firma gründen)*	

Weitere Wörter, die für mich wichtig sind

....

....

Wie kann man es noch sagen? Suchen Sie passende Wörter oder Ausdrücke im Lernwortschatz.

1. sich locker unterhalten – ....
2. sehr erfolgreich sein – ....
3. sich ohne Bezahlung für etwas einsetzen – ....
4. etwas oder jemanden nicht verstehen können – ....
5. etwas kaufen – ....
6. nicht beachten – ....
7. die Veränderung – ....

4 LASS UNS REDEN

WORTSCHATZ WIEDERHOLEN UND ERARBEITEN

1 a **Wörter für die Kommunikation – Lesen Sie die Umschreibungen und notieren Sie die Verben im Rätsel.**

1		P			S		N	T		E		E		
2				B			I				E			
3							U				M		E	N
4					L									
5					C		W			G				
6					F				T					
7	T			S										
8							T		O					

1. ein Produkt / Thema vorstellen
2. von einem Ereignis erzählen
3. Gegenteil von *widersprechen*
4. negativ über jemanden sprechen (umgangssprachlich)
5. nichts sagen
6. sehr leise sprechen
7. jemanden aufbauen, der gerade traurig ist
8. die einen fragen, die anderen …

Lösung: ....

b **Wählen Sie Anfang A oder B und schreiben Sie die Geschichte weiter. Verwenden Sie vier Verben aus 1a.**

A Als ich gestern zur Arbeit kam, berichtete unsere Praktikantin, dass …
B Heute Morgen habe ich meinen Nachbarn Herrn Wagner im Treppenhaus getroffen. Er kennt alle Neuigkeiten und …

c **Tauschen Sie Ihre Geschichte mit einem Partner / einer Partnerin. Lesen Sie die Geschichte und korrigieren Sie sie.**

2 **Wie heißen die Nomen? Ergänzen Sie auch Artikel und Plural.**

1. fragen *die Frage, -n*
2. lügen ....
3. widersprechen ....
4. mitteilen ....
5. protestieren ....
6. schreien ....
7. erlauben ....
8. sich entschuldigen ....
9. sprechen ....
10. hinweisen ....

B2.1 › 136

3 **Klick-Klack – Sprechen Sie zu zweit. Person A beginnt *(Klick)*, Person B reagiert *(Klack)*. Dann wechseln Sie. oder Hören Sie *(Klick)* und reagieren Sie *(Klack)*.**

1.27

Klick

1. Frau Sommer hat mir erzählt, dass sich die Schmidts von nebenan scheiden lassen!
2. Morgen müssen wir bis um 20 Uhr arbeiten, weil der Auftrag fertig werden muss.
3. Kann ich morgen zur Party von Kaja gehen? Bitte!
4. Ich habe die Diskussion wirklich satt! Das bringt doch nichts.
5. Und? Wie war dein Treffen mit Anton? Erzähl mal!
6. Entschuldige, wenn ich dich unterbreche, aber ich wollte dazu sagen …

Klack

A Okay, aber um Mitternacht bist du zu Hause. Und keine weitere Diskussion.
B Ich will mich auch nicht mehr mit dir streiten.
C Ich glaube, wir müssen ansprechen, dass wir endlich mehr Personal brauchen.
D Gleich, lass mich bitte erst ausreden.
E Nett, aber anstrengend. Der Mann redet wirklich wie ein Wasserfall.
F Das ist doch nur ein blödes Gerücht! Die beiden verstehen sich super!

4 **Welches Verb passt? Unterstreichen Sie.**

Online Ü1

Sehr geehrte Frau Müller-Fahani,

ich freue mich, dass wir das Problem zwischen unseren Abteilungen (1) erklären | klären konnten. Nach unserem Gespräch möchte ich Ihnen einen Vorschlag (2) machen | abmachen: In regelmäßigen Treffen könnten wir über mögliche Missverständnisse (3) ansprechen | sprechen. Außerdem könnten wir dann auch Ideen für unsere zukünftige Kooperation (4) versammeln | sammeln. Die Ergebnisse können wir anschließend mit allen Mitarbeiter*innen (5) mitteilen | teilen und sie (6) auffordern | fordern, in ihren Teams Vorschläge für weitere Schritte zu (7) besprechen | sprechen. Was denken Sie? Über Details würde ich mich gerne bei einem weiteren Treffen mit Ihnen (8) austauschen | tauschen. Ich (9) bedanke | danke Ihnen für eine kurze Rückmeldung.

Mit freundlichen Grüßen
Hauke Zimbel

5 **Chat-Nachrichten rund um die Uni – Ergänzen Sie die passenden Nomen. Kontrollieren Sie dann mit den vorgegebenen Nomen unten. oder Ergänzen Sie mit den vorgegebenen Nomen unten.**

A
lara: Konntest du nach der (1) V............ mit Professor Greber sprechen?
dennis: Ja, er ist echt nett. Und hatte für meine Sorgen wirklich viel (2) V............ .

B
sassi: Hunger? Mensa?
lara: 👍 Sag (3) B............, wenn du losgehst.

C
dennis: Wann ist die erste (4) B............ für unser Projekt? 😅
sassi: Gibt noch keinen Termin. Mach mal zwei (5) V............ .

D
sassi: Lernen mit Marie ist nervig. Sie ist so negativ. 😤
lara: Stimmt … immer nur (6) B............ über ihre Profs.

Vorschläge • Beschwerden • Bescheid • Vorlesung • Verständnis • Besprechung

ONLINE KOMMUNIZIEREN

1 a **Online-Meetings – Welche Aussagen passen zu welchem Begriff? Ordnen Sie zu.**

1. der Blickkontakt
2. keine Anfahrt
3. technische Probleme
4. persönliche Kontakte
5. die optische Wirkung
6. die Körpersprache

A Man lernt die Kollegen und Kolleginnen auf jeden Fall besser kennen, wenn man sie auch mal auf dem Gang oder in der Kaffeeküche trifft.

B Ich finde es super, dass ich nicht mehr für eine Besprechung in eine andere Filiale fahren muss.

C Weil man sich ständig selbst sieht, kontrolliert man auch andauernd sein eigenes Aussehen vor der Kamera.

D Ich finde es komisch, dass man sich im Gespräch nicht in die Augen sehen kann.

E Nervig ist, wenn die Internetverbindung nicht gut ist oder irgendetwas mit dem Programm nicht funktioniert.

F Viele Gesprächssignale, die man sonst über Gestik und Mimik bekommt, fehlen bei der Online-Kommunikation.

b **Welches Verb passt nicht? Streichen Sie durch.**

1. eine Situation	einschätzen	beurteilen	messen	erklären
2. eine persönliche Beziehung	pflegen	steigern	aufbauen	verbessern
3. die Kamera	einschalten	einstellen	anleiten	anmachen
4. Tipps	bilden	sammeln	geben	zusammenstellen
5. ein Tutorial	erstellen	nutzen	gründen	online stellen
6. sich auf der Webseite	einloggen	registrieren	anmelden	teilnehmen

2 **Irreale Vergleiche – Was passt? Kreuzen Sie an.**

1. ● Du siehst aus, als ob / als du krank wärst.
   ○ Nein, nein, mir geht es gut! Ich war nur den ganzen Tag in Meetings und bin total müde.
2. ● Es scheint so, als wenn / als hättest du ein Problem. Ist alles in Ordnung?
   ○ Ja, alles okay. Wie kommst du darauf?
3. ● Gibt es sonst noch etwas? Frau Simka, Sie machen den Eindruck, als wenn / als Sie noch etwas sagen wollten.
   ○ Ja, das stimmt. Ich wollte noch darauf hinweisen, dass die Konferenz heute Nachmittag abgesagt wurde.
4. ● Herr Müller, Sie wirken so, als ob / als wären Sie mit dem Ergebnis des Meetings nicht zufrieden.
   ○ Nein, es ist alles in Ordnung.

3 a **Im Team – Ergänzen Sie die Verben im Konjunktiv II ohne *würde*.**

1. Mein Kollege Luis tut immer so, als ob er so viel arbeiten .... (müssen). Dabei geht er immer schon um 14 Uhr nach Hause.
2. Meine Kollegin Frieda verhält sich oft so, als wenn sie alles .... (wissen). Das finde ich ein bisschen nervig.
3. Frau Pohlmann vergisst oft etwas. Aber dann benimmt sie sich so, als .... (sein) andere daran schuld.
4. Herr Barnes ist häufig zu spät im Büro. Aber er tut so, als wenn er immer pünktlich .... (kommen).
5. Ein anderer Kollege schafft oft nicht alles. Aber er verhält sich so, als ob er keine Hilfe .... (brauchen).
6. Und die Kollegin aus dem Marketing hat ständig neue Ideen für Aktionen. Und das hört sich dann immer so an, als .... (gehen) das alles ohne Probleme.

Online Ü 2 b **Ergänzen Sie die irrealen Vergleichssätze mit den Ausdrücken.** oder **Ergänzen Sie die Sätze frei.**

mich nicht kennen • schon Wochenende sein • eine Erkältung haben • schlechte Laune haben • eine Pause brauchen • meine Vorgesetzte sein

1. Heute kommt es mir so vor, als ob ....
2. Manchmal verhält sich meine Kollegin so, als ....
3. Ich habe das Gefühl, als wenn ....
4. Du hörst dich so an, als ob ....
5. Miro sieht so aus, als ....
6. Herr Patzke tut immer so, als wenn ....

c **Formulieren Sie passende Sätze zu den Bildern. Verwenden Sie *als ob / als wenn / als*.**

A

B

C

D

4 **Wie finden Sie Online-Meetings? – Schreiben Sie Ihre Meinung und berichten Sie über eigene Erfahrungen.**

Online-Meetings ermöglichen vielen Leuten von zu Hause aus zu arbeiten. So spart man viel Zeit. Ich arbeite ...

VIELE SPRACHEN

1 a **Verschiedene Sprachen – Welches Wort passt wo? Ergänzen Sie.**

Wortschatz • Umfeld • Hochsprache • Generation • Informationen • Branchen • Gestik • Begriffe • ~~Behörden~~

1. In der Amtssprache kommunizieren *Behörden*............ . Offizielle Bescheide und Schreiben von Ämtern sind in diesem Sprachstil formuliert.
2. Die Umgangssprache wird hauptsächlich im privaten und informellen .... gesprochen und geschrieben. Dabei sind auch unvollständige Sätze und Varianten in der Wortposition ganz normal.
3. Die Standardsprache wird auch .... genannt. Sie wird in allen formellen Kontexten verwendet.
4. Die Fachsprache nutzt man in bestimmten .... und Fachgebieten. Typisch ist, dass viele Fachwörter und spezielle .... verwendet werden, die in der Alltagssprache eher ungebräuchlich sind.
5. Die Jugendsprache ist die Sprache der jungen .... Typisch ist der kreative .... Die Jugendsprache verändert sich sehr schnell.
6. Die Gebärdensprache ist eine visuell wahrnehmbare Sprache, also eine Sprache, die über .... und Mimik funktioniert.
7. Leichte Sprache ist stark vereinfacht und deshalb leicht verständlich. Durch Texte in Leichter Sprache bekommen mehr Menschen Zugang zu wichtigen ....

b **Wählen Sie drei Begriffe und erklären Sie sie in eigenen Worten.**

der Sprachstil • informell • die Variante • ungebräuchlich • zeitweise • verschwinden

2 a **Lesen Sie den Text im Kursbuch noch einmal. Zu welchem Textabschnitt passen die Aussagen? Notieren Sie A (Leicht gesagt), B (Mit den Händen sprechen) oder C (Aber was ist, wenn man nicht sehen kann?) für die Textabschnitte im Kursbuch.**

1. Wer nicht sehen kann, muss alle wichtigen Schreiben in Blindenschrift erhalten.
2. Ein Screenreader hilft beim Verstehen von Webseiten.
3. Nur die wichtigsten Informationen werden genannt.
4. Mimik, Gestik und Hände übermitteln die Informationen.
5. Wichtige Informationen werden mit einfachen Wörtern und Sätzen formuliert.
6. Je nach Land und Region gibt es Unterschiede in den Gebärden.
7. Texte werden in großer Schrift geschrieben und optisch klar gestaltet.
8. Bei Behördengesprächen muss auf Wunsch ein/e Dolmetscher/in hinzukommen.

B2.1 › 140

b Markieren Sie die Verben in der Wortschlange und ergänzen Sie die Ausdrücke.

VEREINFACHENWMTTEILHABENKRVGESTALTENUVKGEKOMMUNIZIERENUANERKENNENNEINSETZENKTM

1. am gesellschaftlichen Leben ....
2. komplizierte Texte ....
3. Seiten übersichtlich ....
4. eine Sprache offiziell ....
5. Mimik und Gestik ....
6. mit Behörden ....

3 a Meinungen zum Text – Wie heißen die Redemittel? Notieren Sie.

1. (Mich / überrascht / hat / wirklich)
   Mich hat wirklich überrascht ...., dass die Gebärdensprache erst 2002 offiziell anerkannt wurde.
2. (Ich / habe / gemacht / mir / Gedanken / nie / darüber)
   ...., wie es Menschen geht, für die es schwierig ist, Verträge und ähnliches zu verstehen.
3. (Besonders / fand / ich / interessant)
   ...., dass es auch Literaturklassiker in Leichter Sprache gibt.
4. (Durch / Text / geworden / ist / klar / den / mir)
   ...., wie wichtig barrierefreie Kommunikation ist.
5. (Erstaunt / darüber / ich / war)
   ...., dass es in der Gebärdensprache auch Dialekte gibt.
6. (Tatsächlich / mich / neu / war / für)
   ...., dass es in bestimmten Situationen einen rechtlichen Anspruch auf einen Dolmetscher / eine Dolmetscherin gibt.

b Wählen Sie drei Redemittel aus 3a und schreiben Sie eigene Sätze zum Text aus dem Kursbuch.

4 Sie hören jetzt fünf kurze Texte. Dazu sollen Sie fünf Aufgaben lösen. Sie hören diese Ansagen nur einmal. Entscheiden Sie beim Hören, ob die Aussagen 1-5 richtig oder falsch sind.

P
1.28
Online Ü 3

1. Menschen mit körperlichen Behinderungen können die Messe kostenlos besuchen.	richtig	falsch
2. Das Fest im Bürgerzentrum findet bei jedem Wetter statt.	richtig	falsch
3. Wer ins Einwohnermeldeamt gehen will, muss sich im Internet anmelden.	richtig	falsch
4. Alle Kinder bekommen heute im Freizeitpark eine Überraschung.	richtig	falsch
5. Wegen technischer Probleme sind die Mitarbeiter und Mitarbeiterinnen gerade nicht erreichbar.	richtig	falsch

TIPP

In der Prüfung
Lesen Sie zuerst die Aussagen und markieren Sie wichtige Informationen (Wer? Was? Wann? Wo? …). So können Sie die wichtigen Stellen im Hörtext leichter heraushören.

MUH, MIAU, WAU-WAU…

1 a **Tierisch witzig – Sehen Sie die Cartoons an. Was könnte in den leeren Sprechblasen stehen? Ergänzen Sie.**

A

B

b **Vergleichen Sie Ihre Lösungen in Gruppen. Welche Dialoge sind am lustigsten?**

2 **Ausdrücke rund um Sprache – Ergänzen Sie die Verben.**

1. Kommandos mit Tieren TRIERENAIN ……………………
2. etwas Unbekanntes ELNSCHLENTÜSS ……………………
3. Informationen an andere WEIGETERBEN ……………………
4. sich an speziellen Lauten ERNENKEN ……………………
5. Hunger oder Gefahr SIGSIENALIREN ……………………
6. auf eine Frage GIEREAREN ……………………

3 a **Haustiere – Lesen Sie die Dialoge und unterstreichen Sie die korrekte Form von *ein-* oder *kein-*.**

A ● Wie war's in der Hundeschule?
○ Interessant. Ich habe viel über Hunde gelernt. Zuerst musste ich nämlich mit einem | einen trainieren, den ich gar nicht kannte.

B ● Du reitest doch. Hast du ein eigenes Pferd?
○ Leider nein, aber ich habe mir immer eins | einen gewünscht.

C ● Oh, sieh mal, die Hamster. Als Kind hatte ich auch einen | einem.
○ Ist das wirklich so ein tolles Haustier? Mit eins | einem, das in der Nacht aktiv ist, kann doch niemand etwas anfangen.

D ● Können deine Papageien sprechen?
○ Nein. Und in unserer Familie hat auch keine | keiner Zeit oder Lust, mit den Vögeln das Sprechen zu trainieren.

E ● Der Hund von unserem Nachbarn tut mir leid. Der bellt den ganzen Tag und keinen | keiner interessiert das.
○ Das ist aber nicht okay. Da muss doch einem | einer mal etwas sagen.

F ● Meine Töchter wollten unbedingt eine Katze haben.
○ Und? Lebt ihr jetzt mit eine | einer zusammen?
● Ja, beide Töchter sind happy, aber keine | keinen putzt das Katzenklo.

Online Ü 4

b Tierfreunde – Lesen Sie die Beiträge im Forum und ergänzen Sie das passende Pronomen.

~~einer~~ • irgendwen • jemand • jemanden • keiner • man • niemand

Kasha: Kann mir mal (1) *einer* von euch sagen, warum mein Hund nicht auf mich hört.

Fiffi: Komm mal in unsere Hundeschule. Wir haben da (2) .... gefunden, der weiß, wie (3) .... mit Hunden kommunizieren muss.

Lora: Hilfe! Kann sich (4) .... um meinen Papagei kümmern, wenn ich im Urlaub bin?

Joshy: Hi. Wenn (5) .... Zeit hat, kannst du ihn ja auch in eine Tierpension bringen.

Paul: Meinem Pferd geht es schlecht. Aber (6) .... im Stall weiß, was es hat.

Diana: Da solltest du aber auch nicht (7) .... fragen, sondern einen Tierarzt.

4 a Sagen Sie es allgemeiner – Lesen Sie die Aussagen 1 bis 6. Bilden Sie das passende Pronomen für die unterstrichenen Satzteile und schreiben Sie die Sätze mit *irgend-* oder *nirgend-* neu.

-jemanden • ~~-wann~~ • -wohin • -wer • -etwas • -wo

1. In Zukunft können wir die Tiere vielleicht besser verstehen.
2. Aber schon heute muss sich der Mensch um die Probleme der Tiere kümmern.
3. Viele Tierarten haben zum Beispiel an keinem Platz optimale Lebensbedingungen.
4. Andere Arten können bald in keine Region mehr ausweichen, um zu überleben.
5. Wir müssen Aktionen, Veranstaltungen und so weiter für den Tierschutz planen.
6. Leider wird es immer den einen oder anderen Menschen geben, den der Tierschutz nicht interessiert.

1. Irgendwann können wir die Tiere vielleicht besser verstehen.

> **TIPP**
> *irgend-* und *nirgend-* können vor Fragewörtern oder vor Indefinitpronomen (ein, jemand) stehen. Sie sind unkonkret (*irgendwo* → an einem unbestimmten Ort). *nirgend-* verneint das (*nirgendwo* → an gar keinem Ort).

1.29

b Flüssig sprechen – Miesepeter! Sprechen Sie zu zweit. oder Hören Sie die Fragen und antworten Sie. Achten Sie auf die Intonation.

1. Möchtest du irgendwann mal eine Kreuzfahrt machen?
2. Kennst du jemanden, der Tiere besonders mag?
3. Wollen wir am Wochenende irgendwo hinfahren?
4. Vertraust du jemandem, den du nicht kennst?
5. Willst du etwas essen?
6. Hast du vor irgendwem Angst?

A Nein, vor niemandem. Warum?
B Ich? Nein, niemals!
C Ich? Nein, keinem!
D Nein, nichts. Danke.
E Nein, ich mag nirgendwo hin.
F Nein! Niemanden.

5 Lesen Sie die beiden Gedichte und geben Sie jedem einen Titel. Schreiben Sie dann ein eigenes Gedicht und verwenden Sie so viele Indefinitpronomen wie möglich.

....

nirgends
kenne ich
jemanden oder irgendwen
in der Stadt
einsam

....

irgendwann
trifft man
eine, einen, eins
und ist nicht
allein

KLARTEXT REDEN

1 a **Lesen Sie die Satzanfänge 1 bis 8 und den Text. Markieren Sie im Text passende Informationen zu den Satzanfängen.**

1. Konflikte findet man …
2. Es gibt Konflikte, wenn …
3. Konflikte sind nicht immer gleich: In privaten Beziehungen …
4. Maßnahmen für eine positive Konfliktlösung sind: …
5. Zu Auseinandersetzungen kann es aber kommen, wenn man …
6. Die Gesprächspartner*innen zeigen dann bald Reaktionen wie …
7. Wer kritische Äußerungen immer mit *Du* beginnt, der …
8. Abschließend kann man sagen, dass man mit diesen Strategien …

Hoppla … ein Konflikt

Konflikte möchte niemand haben und trotzdem gibt es sie überall: in der Familie, bei der Arbeit, unter Freundinnen und Freunden oder in der Nachbarschaft. Sie entstehen, wenn unterschiedliche Ziele, Interessen oder Bedürfnisse aufeinanderstoßen. Das ist eigentlich ganz alltäglich und ein fester Bestandteil des menschlichen Zusammenlebens. Man kann verschiedene Arten von Konflikten beobachten: So sind sie zum Beispiel in privaten Beziehungen emotionaler als bei der Arbeit. Dort muss man sich beispielsweise damit auseinandersetzen, dass es unterschiedliche Ziele im Team gibt. In jedem Fall können sie den Menschen das Leben schwer machen.

Ein Konflikt muss aber nicht zwangsläufig im Streit enden. Es kommt darauf an, wie man damit umgeht. Wenn die Gesprächspartner*innen sich fragen, welche Interessen und Bedürfnisse sie haben, ist das positiv. Um einen Konflikt lösen zu können, müssen alle Beteiligten bereit sein, sich die Ansichten der anderen anzuhören und über Meinungen zu diskutieren. Die Gesprächspartner*innen sollten nach einem gemeinsamen Weg oder einer Lösung suchen, mit der alle zufrieden sind oder die alle akzeptieren können. Selbst, wenn das nicht sofort funktioniert, heißt das nicht, dass das Problem überhaupt nicht behoben werden kann. Manchmal braucht es etwas Zeit, um Schritt für Schritt kleine Änderungen umzusetzen.

Wer allerdings nur die eigene Meinung für richtig hält und keinen Kompromiss akzeptieren kann, der braucht nicht lange auf unschöne Reaktionen wie negative Äußerungen oder Desinteresse anderer zu warten.

Ein Konflikt entsteht oft durch Aussagen, die mit *Du* beginnen. Die Person spricht nicht über sich, sondern beginnt mit kritischen Äußerungen über den Konfliktpartner oder die Konfliktpartnerin. „Du hast immer/nie/schon wieder …“. Vermeiden Sie also möglichst solche aggressiv wirkenden Aussagen. So leben Sie zwar nicht konfliktfrei, aber können manche Meinungsverschiedenheiten lösen, bevor sie zum echten Konflikt werden.

b **Fassen Sie mithilfe der Satzanfänge und Ihrer Markierungen die wichtigsten Aussagen aus dem Text schriftlich zusammen.**

In dem Text geht es um das Thema …

2 [WORTBILDUNG] **Adverbien mit *-einander*. Was passt wo? Ordnen Sie zu.**

Online Ü 5

übereinander • miteinander • voneinander • umeinander • aneinander • aufeinander

1. Wir müssen wirklich .... reden und den Konflikt aus der Welt schaffen.
2. Obwohl meine Freundin und ich oft streiten, können wir uns immer .... verlassen.
3. Meine Kollegen beschweren sich oft .... Das nervt manchmal.
4. Unsere neue Mitbewohnerin ist nett. Aber wir müssen uns erst noch .... gewöhnen.
5. Wir können viel .... lernen, wenn wir offen dafür sind.
6. Auch wenn es manchmal Konflikte gibt, sollte man sich innerhalb der Familie immer .... kümmert.

TIPP

Präposition + *einander*
Verben mit Präpositionen, die im Plural stehen, können das Pronomen mit *-einander* bilden:
Wir sprechen miteinander.
Was erwartet ihr voneinander?

3 **Lesen Sie die Aussagen. Formulieren Sie zu jeder Aussage Ich-Botschaften wie im Beispiel.**

1. Aha, jetzt lernst du mit Mazood. Gestern wolltest du noch unbedingt mit mir lernen.
2. Du hast immer noch nicht saubergemacht. Das nervt!
3. Gib mir endlich mal die 20 Euro zurück, die ich dir geliehen habe.
4. Andauernd machst du Lärm. Kannst du nicht mal leiser sein?
5. Du bist so unzuverlässig. Du bist schon wieder 20 Minuten zu spät.
6. Pass doch auf! Jetzt hast du schon wieder etwas kaputtgemacht!
7. Du willst nicht verreisen? Aber du hast es mir versprochen!

1. Ich würde mir wünschen, dass du Bescheid sagst, dass wir doch nicht zusammen lernen.
2. Es würde mir gut gefallen, wenn ...

4 a **Ergänzen Sie die Lücken und hören Sie die Dialoge dann zur Kontrolle.**

1.30

bin gestresst, wenn • Das finde ich jetzt • Für mich ist es • hast recht • weiß, dass du • würde mir wünschen

A
- ● Hallo! Na, was wollen wir heute kochen?
- ○ Keine Ahnung, du hast leider vergessen, einzukaufen. Und du bist dran.
- ● Oh, ja ... du (1) ...., aber für mich ist das mit der vielen Arbeit schwierig.
- ○ Ich arbeite doch auch und ich (2) ...., dass wir uns den Haushalt teilen.
- ● Ich (3) .... hier gerade viel mehr machst als ich. Aber im Büro ist diese Woche wirklich viel zu tun.
- ○ Na gut, dann hast du hoffentlich nächste Woche wieder mehr Zeit.
- ● Gut, dann bestellen wir jetzt was. Pizza? Sushi?

B
- ● Hi Clara, ich warte auf dich.
- ○ Sorry, ich kann heute nichts für unser Referat machen.
- ● Ich habe auch wenig Zeit und ich (4) .... ich alles allein machen muss.
- ○ (5) .... nicht ganz fair. Ich kann nur heute nichts dafür machen.
- ● (6) .... aber wichtig, dass wir keine Zeit verlieren. Wir haben nur noch ein paar Tage bis zum Referat.
- ○ Okay, okay, ich mache heute Abend weiter und wir können uns dann morgen treffen.

1.31

b **Sprechen Sie die Dialoge zu zweit.** oder **Hören Sie eine Rolle und reagieren Sie. Achten Sie auf die Aussprache, Sprechpausen, Freundlichkeit und auf die Intonation.**

SCHREIBEN · AUSSPRACHE

1 a [RICHTIG SCHREIBEN] **Lesen Sie die E-Mails. Zu welcher Mail passen die Aussagen? Kreuzen Sie an.**

Hallo Maja,

hier die Präsentation von Herrn Bianchi. Das nächste Meeting ist jetzt übrigens für nächsten Freitag um 11 geplant. Gib doch mal schnell Bescheid, ob der Termin für dich okay ist. Und kannst du mir noch den aktuellen Marketing-Bericht schicken? Danke schon mal! Bin übrigens heute noch bis 3 im Büro, dann 2 Tage Urlaub 🙂!

LG Alex

A

Liebe Frau Nilsson,

im Anhang sende ich Ihnen die Präsentation von Herrn Bianchi. Das nächste Meeting ist für kommenden Freitag, den 24.06. um 11 Uhr geplant. Geben Sie mir doch bitte Bescheid, ob der Termin für Sie in Ordnung ist. Und könnten Sie mir bitte den aktuellen Marketing-Bericht schicken? Vielen Dank im Voraus!
Ich bin heute noch bis 15 Uhr zu erreichen und die folgenden zwei Tage im Urlaub.

Beste Grüße
Alexander Durand

B

	E-Mail A	E-Mail B
1. Empfänger und Absender haben ein freundschaftliches Verhältnis.		
2. Es könnte auch eine Mail an die Vorgesetzte sein.		
3. Die Mail ist formell und höflich formuliert.		
4. Die Mail ist in der Umgangssprache geschrieben.		
5. In der Mail werden verkürzte Sätze verwendet.		
6. In der Mail werden Uhrzeiten ausgeschrieben und Daten genannt.		

b **Eine formelle E-Mail schreiben – Formulieren Sie die E-Mail ähnlich wie in 1a, E-Mail B um.**

Hallo Luca,

hier noch die Rechnung von Frau Helmer. Das nächste Online-Meeting ist am Montag um 9. Passt das für dich? Dann gib uns doch bis morgen Bescheid. Und schick mir bitte das Angebot von der Firma Lose, ja? Bin übrigens morgen nicht im Büro. 🙂

LG Mia

2 1.32 a [AUSSPRACHE] **Interjektionen – Hören und lesen Sie die Dialoge. Welche Gefühle drücken die markierten Wörter hier aus? Ordnen Sie zu.**

A jdm. ist ein Missgeschick passiert • B resigniert sein • C nicht begeistert sein • D erleichtert sein • E Mitgefühl haben • F sich an etwas erinnern

TIPP
Mit kleinen Wörtern wie *tja, oje, na ja* etc. kann man Gefühle ausdrücken. Meistens verwendet man sie in der informellen Sprache.

1. ● Wie war die Präsentation?
   ○ Na ja.
2. ● Milena hat sich krankgemeldet.
   ○ Oje. Was hat sie denn?
3. ● Hast du den Bericht schon geschrieben?
   ○ Ups, das habe ich total vergessen.
4. ● Das Meeting wurde verschoben.
   ○ Puh, da bin ich froh.
5. ● Wir sehen uns ja morgen in dem Meeting.
   ○ Ach ja, stimmt.
6. ● Das Projekt wurde leider abgelehnt.
   ○ Tja, da kann man nichts machen. Schade!

1.32 b **Hören Sie die Dialoge noch einmal und sprechen Sie mit.**

DAS KANN ICH NACH KAPITEL 4

	😊	🙂	😐	🙁	KB	ÜB
irreale Vergleiche formulieren Schreiben Sie die Sätze zu Ende. Ich fühle mich heute so, als ob … Du siehst aus, als wenn … Marek klingt gerade so, als …					M1 3	3b
Informationen zusammenfassen Fassen Sie die wichtigen Informationen aus dem Text im Kursbuch, Modul 2 zusammen.					M2 3 M3 2c M4	 1b
in Konfliktsituationen kommunizieren Sie wollen, dass sich Dinge ändern. Sagen Sie einer anderen Person, was Sie sich von ihr wünschen. sich regelmäßiger melden • häufiger treffen • mehr Interesse zeigen • besser zuhören					M4 4b	

UND ICH KANN …

	😊	🙂	😐	🙁	KB	ÜB
über Vor- und Nachteile von Online-Meetings sprechen.					M1 1	
einen Podcast und ein Gespräch über Online-Kommunikation verstehen.					2a–b	1a
Tipps zu Online-Meetings sammeln.					2c	
ein Video-Tutorial erstellen und Feedback zu Video-Tutorials geben.					4	
die eigene Meinung zu Online-Meetings formulieren.						4
über verschiedene Sprachen / Sprachtypen sprechen und diese erklären.					M2 1	1
einen längeren Text über barrierefreie Kommunikation verstehen.					2b	2a
sagen, was neu für mich war und was ich besonders interessant finde.					2c	
kurze Meldungen oder Durchsagen verstehen.						4
über die Kommunikation bei Tieren sprechen.					M3 1	1
einen Text zu Forschungsansätzen verstehen.					2a–b	
einen Fantasiedialog oder eine Zeitungsmeldung schreiben.					4	
ein Gedicht verstehen und schreiben.						5
eine Konfliktsituation verstehen und Ideen zur Verbesserung der Situation sammeln.					M4 1	
einen Text über Konflikte verstehen.						1
Hinweise aus einem Radiobeitrag mit einer Kommunikations-wissenschaftlerin verstehen.					2	
[M] über den Umgang mit kritischen Themen im eigenen Land sprechen.					3	
lebendiger sprechen.					K 1–2	
formelle E-Mails schreiben.						1

MODUL 1 ONLINE KOMMUNIZIEREN

die Konferenz, -en ....

die Besprechung, -en ....

starren ....

die Körpersprache ....

etw. einschätzen ....

mühsam ....

zu Wort kommen ....

sich ein|loggen ....

der Blickkontakt ....

persönliche Beziehungen/Kontakte ....

das Spiegelbild, -er ....

optisch ....

die Wirkung ....

MODUL 2 VIELE SPRACHEN

die Fachsprache, -n ....

die Gebärdensprache, -n ....

die Umgangssprache, -n ....

die Standardsprache, -n ....

die Leichte Sprache ....

die Amtssprache, -n ....

die Jugendsprache, -n ....

teil|haben an (+ Dat.) ....

zugänglich ....

etwas an|erkennen ....

gehörlos ....

einen rechtlichen Anspruch haben auf (+ Akk.) ....

sich aus|drücken ....

das Bedürfnis, -se ....

barrierefrei ....

übersichtlich ....

MODUL 3 MUH, MIAU, WAU-WAU ...

sich etw. fragen *(Ich frage mich, warum wir streiten.)* ....

das Kommando, -s ....

bestreiten (bestreitet, bestritt, hat bestritten) ....

vermutlich ....

tierisch ....

basieren auf (+ Akk.) ....

verbal – nonverbal ....

erstaunlich ....

untereinander ....

etw. entschlüsseln (= versuchen, etwas zu verstehen) ....

elementar ....

Informationen weiter|geben (gibt weiter, gab weiter, hat weitergegeben) ....

etw. signalisieren ....

von jdm. / etw. droht Gefahr ....

sich nähern ....

etw. differenzieren ....

der Laut, -e ....

eine Auffassung vertreten ....

sich erkennen ....

zu|ordnen ....

MODUL 4 KLARTEXT REDEN

schief|gehen (geht schief, ging schief, ist schief gegangen) ....

der Vorwurf, "-e ....

motzen (umgs.) ....

etw. in Ordnung finden ....

jdn. kritisieren ....

locker mit etw. umgehen ....

das Resultat, -e ....

vor|kommen (kommt vor, kam vor, ist vorgekommen) ....

formulieren ....

die Sachlichkeit (Sg.) ....

ein Signal geben ....

jdn./etw. aus|nutzen ....

Verabredungen ein|halten (hält ein, hielt ein, hat eingehalten) ....

etw. nach|vollziehen (vollzieht nach, vollzog nach, hat nachvollzogen) ....

ungerecht ....

Weitere Wörter, die für mich wichtig sind

....

....

Erstellen Sie eine Mindmap zum Thema Kommunikation.

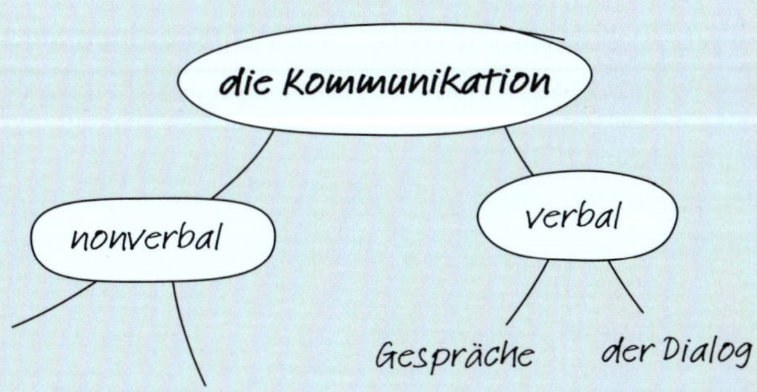

5 TECHNIK GUT, ALLES GUT?

WORTSCHATZ WIEDERHOLEN UND ERARBEITEN

1 a Escape! – Ergänzen Sie die Geschichte. Die Geheimschrift hilft.

◩ ◑ ◧ ▽ ◪ ◫ ◁ ◭ ● ▶ △ ◇ ◀ ▼ ⊙ ★ ⊗ ⊡ ■ ☆ ◆ ≎ ◐ ▲ ⦶

\+ + + + + + + + + + + + SCHWARZ WIE DIE NACHT! + + + + + + + + + + + + + + +

Sie hatte gerade eine schwere Kiste mit Lebensmitteln in den Händen, als plötzlich das Licht ausging. „Ach, diese blöde (1) ■ich◪rung! Springt ständig raus … Da muss mal ein (2) T◪chnik◪r kommen“, dachte sie. Sie stellte den Karton ab und tastete sich vorsichtig zum Sicherungskasten. Sie fühlte alle (3) ■ch◩lt◪r nacheinander ab, alle waren oben. An der Sicherung lag es also nicht. Schnell wurde ihr klar, dass es ein (4) ■trom◩u■f◩ll war. Dann sah sie zwei Schatten in ihrem Garten! Was jetzt? Sie wollte ins Nachbarhaus zu ihrem Bruder, aber die (5) ◩utomati■ch◪ Tür ließ sich ohne Strom nicht öffnen. (6) Blöd◪ (7) T◪chnik! Aber die Garage, ja, das müsste gehen. Vom Flur aus konnte sie in die Garage und da war die alte Seitentür … die war nur mit einem alten (8) Z◩hl◪n■chlo■■ gesichert. Aber wie war noch mal der (9) Cod◪?

Finden Sie den Code für das Schloss?

Wie oft kommt der Buchstabe S in den Lösungswörtern 1 bis 9 im Text vor? Lösungszahl 1: _***

b Immer diese Technik – Bilden Sie aus den Wortteilen Verben und ordnen Sie zu.

Online Ü 1

ange • auf • bunden • ein • frei • geben • ~~in~~ • laden • schalten • schlossen • stalliert • ver

I ● Hast du die neue Software schon *in*..?
○ Klar, das hab ich gestern schon gemacht.

II. ● Mein Computer ist so langsam!
○ Wahrscheinlich musst du Speicherplatz ....

III. ● Mein Akku ist leer. Wo kann ich denn mein Handy ....?
○ Hier ist eine Steckdose.

IV. ● Hast du den Beamer schon ....?
○ Ja, das Kabel ist schon eingesteckt. Er müsste funktionieren.

V. ● Wir hören dich nicht, du musst dein Mikro ....
○ Oh, Entschuldigung!

VI. ● Ich habe ein Problem, mein Tablet ist nicht mit dem WLAN ....
○ Hast du das Passwort eingegeben?

I. = 11, II. = 9; III. = 8; IV. = 13, V. = ..., VI. = ...,
Lösungszahl 2: VI. = *_**

c Welches Wort passt nicht? Streichen Sie durch.

I. einen Computer	hochfahren • updaten • konfigurieren • runterfahren • uploaden
II. Daten	sichern • waschen • pflegen • speichern • hochladen
III. technische Innovationen	nutzen • fordern • fürchten • schätzen • schonen
IV. eine Entwicklung	fördern • unterstützen • stürzen • voranbringen • ablehnen
V. eine Störung	anheben • beheben • melden • verursachen • auslösen

I. = 5, II.= 2, III. = 5, IV. = 3, V. = ...
Lösungszahl 3: I. + II. – III. + IV. – V.=

****_***

d Wie heißen die Gegenstände? Ordnen Sie zu.

der Adapter • die Steckdose • das Verlängerungskabel • der Router

1. ....
2. ....
3. ....
4. ....

1. = S, 2. = V, 3 = ..., 4 = ...
Lösungszahl 4: 19, 22, 18, ...

*****_**

e Mit Ihrer Hilfe konnte die Person aus der Geschichte in 1a die Tür öffnen. Wie geht die Geschichte weiter? Schreiben Sie ein Ende zur Geschichte.

Sie haben den Zahlencode gefunden? Nutzen Sie Klett-Augmented, scannen Sie diese Seite und geben Sie den Code ein. Lesen Sie das Ende der Geschichte und vergleichen Sie mit Ihrer Geschichte.

_ _ _ _

2 Klick-Klack – Sprechen Sie zu zweit. Person A beginnt *(Klick)*, Person B reagiert *(Klack)*. Dann wechseln Sie. oder **Hören Sie *(Klick)* und reagieren Sie *(Klack)*.**

1.33

Klick

1. Hast du das neue Spiel schon ausprobiert?!
2. Ich bin neulich mit einem fahrerlosen Bus gefahren.
3. Mein Bruder hat im Vorstellungsgespräch vor Aufregung vergessen, sein Handy auszuschalten!
4. Meinst du auch, dass man die vielen Umweltprobleme mit Technik lösen kann?
5. Hast du schon das neue Tablet von Galactofix?
6. Ich bin gerade unterwegs. Könntest du mir bitte eine Datei schicken?

Klack

A Also, ich finde eher, dass die ganze Technik das Problem ist!
B Ne, ich brauche nicht ständig die neueste Technik.
C Nein, irgendwie lädt das auf meinem Handy nicht.
D Oh nein, hat es geklingelt?
E Tut mir leid, ich habe leider auch gerade keinen Zugriff auf die Dateien.
F Echt? Wo war das denn?

B2.1 › 151

TÜCKEN DER TECHNIK

1 **Welches Wort passt? Ergänzen Sie.**

Warnsystem • Barrierefreiheit • Verkehrssicherheit • Rollstuhl • Betriebsstörung • Zugänglichkeit

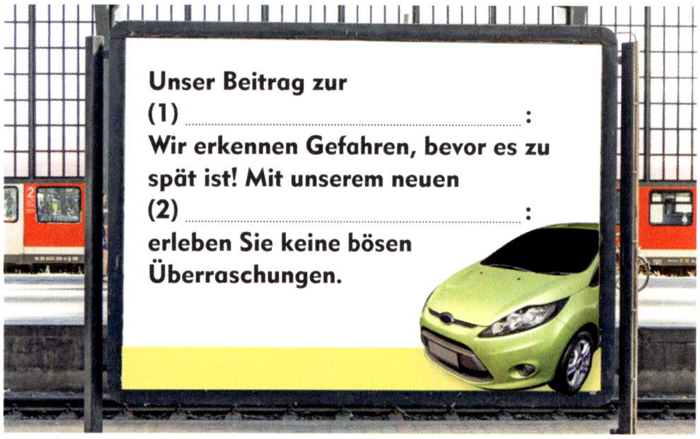

Ausbau aller S-Bahn-Stationen – JETZT!

Immer noch gibt es in unserer Stadt viele S-Bahn-Stationen, an denen die Gleise nur über Treppen zu erreichen sind. Das muss sich ändern! Wir fordern (3) .... für alle Haltestellen. Egal, ob für Eltern mit kleinen Kindern oder für Menschen im (4) ....: Die einfache und unkomplizierte (5) .... zu den Gleisen muss für alle gewährleistet sein!

+ + + Aufgrund einer (6) .... kommt es zu Verspätungen von bis zu 10 Minuten. Wir danken für Ihr Verständnis. + + +

TIPP

Mit den Endungen *-heit*, *-keit* und *-(i)tät* werden aus Adjektiven feminine Nomen gebildet.
Aus Adjektiven mit der Endung *-ig*, *-lich*, *-bar* und *-sa*[m] bildet man das Nomen meistens mit der Endung *-ke*[it].
Bei Adjektiven, die aus anderen Sprachen stammen, bildet man das Nomen oft mit der Endung *-(i)tät*:
attraktiv → die Attraktivität

2 a [WORTBILDUNG] **Nomen mit *-heit*, *-keit* und *-(i)tät* aus Adjektiven. Wie heißen die Nomen?**

1. heiter	*die Heiterkeit*	6. realisierbar	....
2. beweglich	....	7. funktional	....
3. zuverlässig	....	8. frei	....
4. speziell	....	9. komplex	....
5. sicher	....	10. sparsam	....

b **Wählen Sie drei Nomen mit verschiedenen Endungen aus 2a und schreiben Sie je einen Satz.**

3 **Flüssig sprechen – Arbeiten Sie zu zweit und sprechen Sie wie im Beispiel.** oder **Hören Sie die Sätze und reagieren Sie wie im Beispiel.**

1.34

1. Ich finde es wirklich ärgerlich, wenn ich warten muss.
2. Es regt mich auf, wenn etwas nicht funktioniert.
3. Meiner Meinung nach darf es nicht passieren, dass man beim Fahren abgelenkt wird.
4. Ich habe oft ein Problem mit defekten Fahrstühlen.
5. Ich verstehe nicht, warum die Haltestellen immer noch nicht renoviert wurden.
6. Es kann doch nicht sein, dass nicht alle ohne Probleme einsteigen können.

Damit habe ich auch oft ein Problem. • Das verstehe ich auch nicht. • Das finde ich auch wirklich ärgerlich. • Das ist auch meine Meinung. • Das regt mich auch auf. • Ich denke auch, dass das nicht sein darf.

Ich finde es wirklich ärgerlich, wenn ich warten muss.

Das finde ich auch wirklich ärgerlich.

4 a **Das Wort *es* – Ergänzen Sie *es*, wo nötig.**

1. ● Kommst du .... endlich? Wir müssen .... los!
   ○ Wie spät ist .... denn?
   ● .... ist schon halb acht.
2. ● Sag mal, regnet .... heute noch?
   ○ Meine App sagt ...., dass .... heute nicht mehr regnet.
3. ● Nervt .... dich auch so, wenn du am Morgen die U-Bahn verpasst?
   ○ Eigentlich nicht. .... ist doch egal, die nächste Bahn kommt ja gleich.

b **Auf welches Wort oder welchen Satzteil bezieht sich *es*? Markieren Sie.**

1. Ich fahre nicht gerne mit diesem Auto. Es hat zu viel nervige Technik.
2. Es ärgert mich wirklich, dass ich mich für dieses Auto entschieden habe.
3. Es stört mich einfach, wenn immer irgendetwas blinkt oder piept.
4. Am Außenspiegel kommt immer ein Leuchtsignal, wenn mich jemand überholt. Ich habe lange gar nicht verstanden, wann und warum es leuchtet.
5. Ich finde es wichtig, sich nicht zu sehr auf die Technik zu verlassen. Was, wenn das Signal mal ausfällt und dann ein Unfall passiert?
6. Es ist doch immer wieder interessant, worauf man achten sollte, bevor man eine größere Anschaffung macht, wie z. B. ein Auto.

c **In diesem Text fehlt sieben Mal das Wort *es*. Markieren Sie.**

Online Ü 2

In manchen Situationen fehlt den Leuten an Verständnis für Menschen im Rollstuhl. Oft geht einfach nur um kleine Hilfen. Die meisten Leute meinen nicht böse. Sie denken nur nicht mit. Oder sie glauben, dass nicht wichtig ist zu helfen. Sie denken, dass gleich jemand anders kommt und hilft. Manchmal helfen die Leute nicht, weil sie eilig haben oder unsicher sind. Dabei geht oft nur um zwei Minuten. Wer unsicher ist, sollte einfach nachfragen, ob er etwas tun kann. Dann klappt auch mit der unkomplizierten Hilfe.

SPIEL UND ERNST

1 Gamification – Ordnen Sie die Verben den Ausdrücken zu.

abweichen • aufpassen • dienen • behalten • erhalten • gut auskennen • antreten • umsetzen

1. gegen andere ....
2. eine Belohnung ....
3. sich mit etwas ....
4. die Kontrolle ....
5. von den Gewohnheiten ....
6. auf etwas ....
7. mit wenig Geld Ideen ....
8. als Anreiz ....

2 Reagieren Sie auf die Fragen und verwenden Sie die Redemittel aus dem Kursbuch Aufgabe 3.

1. Wie kann man denn mit einer App die Motivation steigern?
2. Welche Arten von Feedback kennst du?
3. Kennst du auch Nachteile von Gamification?
4. Wie kann man Fortschritte erreichen?

3 Wie kann man es anders sagen? Lesen Sie die Redemittel und schreiben Sie jeweils zwei Alternativen.

Online Ü 3

1. Was haltet ihr denn davon? Ich .... da einen ....
   Ich stelle mir das ....
2. Können wir das so festhalten? Habe .... das so .... ?
   Also wenn .... zusammenfasse: …
3. Was würdet ihr vorschlagen? .... ihr .... Idee, wie …?
   Wie .... euch das .... vor?

4 **a** Lesen Sie zuerst die zehn Überschriften. Lesen Sie dann die fünf Texte und entscheiden Sie, welche Überschrift (a – j) am besten zu welchem Text (1 – 5) passt.

P

a **GEWINNSTEIGERUNG DANK ZUFRIEDENEM PERSONAL**
b Die Internetnutzung nimmt ab
c NEUE KUNDEN GEWINNEN DURCH INNOVATIVE AKTION
d **POTENZIAL VON GAMIFICATION IM UNTERRICHT**
e **Internet bleibt an der Spitze**
f *Ganz Österreich mit einer neuen App erkunden*
g *Nutzungsverhalten von jungen Menschen im Netz*
h **Gamification bringt Vorteile für Firmen und Angestellte**
i Gesundheitliche Schäden durch Online-Sucht
j BESSERE NOTEN IN COMPUTERKLASSEN

TIPP
In der Prüfung
Wählen Sie zuerst die Überschriften und Texte, die thematisch zusammenpassen. Lesen Sie dann genau und entscheiden Sie, welche Überschrift passt. Vorsicht: Einige Überschriften sind ähnlich. Markieren Sie die Unterschiede denn nur eine Überschrift passt

B2.1 › 154

1 Seit über 30 Jahren gibt es das World Wide Web und in dieser Zeit hat es sich zur beliebtesten Freizeitbeschäftigung der Deutschen entwickelt. Fast 97 Prozent geben an, das Internet regelmäßig zu nutzen – und ein Abwärtstrend ist nicht zu erkennen. Die Gründe für diese Beliebtheit sind u.a. Unterhaltung, Ablenkung, Information und ständige Verfügbarkeit. Auch andere mediale Freizeitbeschäftigungen wie Fernsehen, Musik hören, Smartphone-Nutzung oder einfach Telefonieren erfreuen sich großer Beliebtheit.
Neben der Mediennutzung geht mehr als die Hälfte der Befragten in ihrer Freizeit spazieren oder hält sich in der Natur auf. Außerdem spielen auch soziale Aktivitäten wie Freunde treffen oder etwas mit dem Partner/der Partnerin oder der Familie unternehmen eine wichtige Rolle.

2 In der Arbeitswelt ist Gamification mittlerweile schon angekommen, in der Welt des schulischen Lernens wird sie noch wenig genutzt. Das liegt wohl daran, dass dieser Trend als schädlich für Kinder eingeschätzt wird – dabei werden jedoch die positiven Aspekte übersehen. Denn Games können die Kreativität fördern, für Erholung sorgen oder sogar soziale Beziehungen schaffen. Bisher nutzt man beim schulischen Lernen zwar digitale Lernplattformen, aber nicht die unterschiedlichen Möglichkeiten von Gamification. Das bedeutet jedoch nicht, dass Gamification das klassische Lernen ersetzen soll. Sie kann dieses aber sinnvoll ergänzen, um so für alle Lerntypen passende Lernumgebungen zu schaffen.

3 Das Internet ist im Leben der unter 30-jährigen nicht mehr wegzudenken, denn laut einer diesjährigen Umfrage sind sie alle regelmäßig im Internet unterwegs. Mit Abstand am beliebtesten ist dabei der Austausch von (Kurz-)Nachrichten, gefolgt vom Video- und Medienkonsum und anderen Aktivitäten wie Surfen, Online-Spielen oder auch der Informationssuche.
Bei Jugendlichen unter 18 Jahren nehmen die Eltern noch Einfluss auf Zeit und Nutzung, um sie vor Gefahren aus dem Netz zu schützen und den Konsum zu begrenzen.
Mit über sechs Stunden täglich, die die 14- bis 29-Jährigen online verbringen, ist die Nutzungsdauer in dieser Altersgruppe dennoch hoch. Von vielen Medizinern wird dieses Verhalten kritisch gesehen.

4 *Mit der neuen Bergtour-App aus Österreich beginnt der Urlaub nicht erst am Urlaubsort, sondern schon zu Hause virtuell. Das kostenlose mobile Game bietet tolle Grafiken, dynamisches Wetter und verschiedene abwechslungsreiche Touren in fünf österreichischen Urlaubsregionen. So können Freunde, Kolleginnen oder auch Familienmitglieder in einen Wettkampf treten und gleichzeitig diese Urlaubsregionen besser kennenlernen. Die Marketing-Agentur erhofft sich mit dem Angebot, neue Zielgruppen anzusprechen und die Konkurrenz abzuhängen. Beim diesjährigen Launchen der App kann man in den ersten Monaten nicht nur Pokale erhalten und die Vorfreude steigern, sondern auch einen Kurzurlaub gewinnen.*

5 Zahlreiche Unternehmen aus der Produktionsbranche stehen vor dem gleichen Problem: Bei überwiegend monotoner Tätigkeit bleibt die Motivation und Leistung der Mitarbeiter und Mitarbeiterinnen nicht beständig hoch. Eine Abhilfe bieten hier Gamification-Elemente, die in den Arbeitsalltag integriert werden. So können Arbeitszufriedenheit und Mitarbeitermotivation um bis zu ein Drittel gesteigert werden, außerdem kommt es weniger oft zu Fehlern. Idealerweise beziehen sich die Gamification-Elemente auf die eigene Firma, um die Mitarbeitenden emotional anzusprechen und die Firmenbindung zu erhöhen. Auf diese Weise können die Unternehmen auch Ideen zur Verbesserung der firmeninternen Prozesse erhalten.

b **Arbeiten Sie zu zweit. Wählen Sie den Text, den Sie am interessantesten finden. Lesen Sie ihn noch einmal genau und berichten Sie dann Ihrem Partner / Ihrer Partnerin.**

AUTONOMES FAHREN

1 Rund ums Auto – Ordnen Sie die Wörter zu.

Online Ü 4

die Bremse	das Navi
das Lenkrad	die Hupe
der Scheibenwischer	die Kupplung
die Handbremse	das Pedal
der Spiegel	die Schaltung
die Lüftung	der Sicherheitsgurt

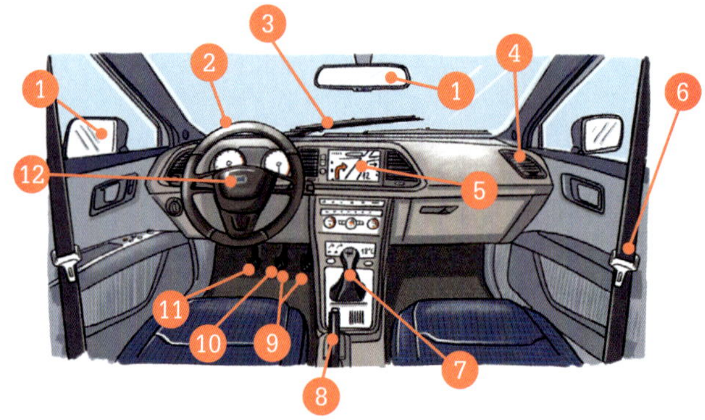

2 Welche Ausdrücke haben die gleiche oder eine ähnliche Bedeutung? Ordnen Sie zu.

1. etwas in den Wagen integrieren
2. Hindernisse erkennen
3. rechtliche Fragestellungen klären
4. unvermeidbar
5. vor Herausforderungen stehen
6. beschleunigen
7. eingreifen
8. keine zeitliche Einschränkung
9. auf etwas verzichten
10. die Anschaffung

A eine schwierige Aufgabe vor sich haben
B der Kauf
C etwas aufgeben
D sich einmischen
E juristisch überprüfen
F etwas nicht verhindern können
G etwas einbauen
H merken, wenn etwas den Weg behindert
I schneller werden
J ohne Begrenzung der Zeit

3 a **Ein Auto wird bestellt – Schreiben Sie die Sätze im Passiv. Achten Sie auf die Zeitform.**

1. Gestern .... beim Autohändler ein neues Auto .... (bestellen)
2. Die Bestellung .... sofort an den Autokonzern .... (weitergeben)
3. Das Auto .... momentan nicht .... (liefern können)

4. Dieses Modell .... im nächsten Monat .... (produzieren)
5. Die Kundin .... schon über die Verzögerung .... (informieren)
6. Aufgrund der Wartezeit .... ihr ein Preisrabatt .... (geben)

b **Formulieren Sie die Sätze im Passiv. Verwenden Sie *von*, *durch* oder *mit*.**

1. Das Kundenverhalten beeinflusst die Entwicklung der E-Mobilität. (durch)
2. Die technischen Verbesserungen haben den Benzinverbrauch stark reduziert. (durch)
3. Die neue Software kann die Fahrsicherheit verbessern. (mit)
4. Die Verkaufsleiterin hat eine tolle Marketingaktion gestartet. (von)
5. Die vielen Berichte steigerten die Beliebtheit von E-Autos. (durch)
6. Viele Familien kaufen die umweltschonenderen Autos. (von)

1. Die Entwicklung der E-Mobilität wird durch das Kundenverhalten beeinflusst.

TIPP

Angabe des Agens in Passiv-Sätzen mit *von*, *durch* und *mit*
- Bei Personen meist: ***von* + Dativ**
  Das Auto wird von vielen Kunden bestellt.
- bei Ereignissen, Vorgängen oder Dingen: ***durch* + Akkusativ**
  Reifen werden durch die Hitze star beansprucht.
- für Instrumente: ***mit* + Dativ**
  Der Abstand wird mit einem Sensc kontrolliert.

B2.1 › 156

c Vorbereitung auf die Automesse – Schreiben Sie die Sätze und verwenden Sie Passiv mit Modalverb und die angegebene Zeitform. Beginnen Sie mit den markierten Wörtern.

1. die Werbematerialien / für die Automesse / rechtzeitig / abschicken müssen (Präteritum)
2. für das Team / die Eintrittskarten / schon / reservieren können (Präteritum)
3. die Kunden und Kundinnen / über die neuen E-Autos / informieren wollen (Präsens)
4. für die Messe / die Präsentation / noch / überarbeiten sollen (Präsens)
5. die Buchung der Hotelzimmer / nicht / vergessen dürfen (Präteritum)
6. für den Messebeginn / alles / bis Montag / vorbereiten müssen (Präsens)

1. Die Werbematerialien für die Automesse mussten rechtzeitig abgeschickt werden.

4

a Passiversatzformen – Welche Alternative ist korrekt? Markieren Sie das passende Modalverb und ergänzen Sie die Passivform.

1. Die Produktion lässt sich durch Roboter effizienter gestalten.

   Die Produktion ☐ kann ☐ soll durch Roboter effizienter ....
2. Nicht alle Mitarbeitende sind unersetzlich.

   Nicht alle Mitarbeitenden ☐ sollen ☐ können ....
3. Die Geräte sind zu kontrollieren.

   Die Geräte ☐ können ☐ müssen ....
4. Höhere Verkaufszahlen sind kaum erreichbar.

   Höhere Verkaufszahlen ☐ können ☐ müssen kaum ....

b Formulieren Sie Antworten im Passiv.

1. Lässt sich das auch online erledigen?
2. Sind die Buchungen übertragbar?
3. Ist bei der Fahrt etwas zu beachten?
4. Ist der kleine Mietwagen noch buchbar?
5. Kann man mit Karte bezahlen?
6. Lässt sich das später noch stornieren?

Ja, das kann auch online erledigt werden.

c Formulieren Sie die Nebensätze im Passiv mit den angegebenen Passiversatzformen.

1. Vor dem Urlaub hat ein Kollege uns geschrieben, was noch erledigt werden muss. (*sein* + *zu* + Infinitiv)

   ..., *was noch zu erledigen ist.*
2. In einem Monat ist Automesse, für die Einladungen verschickt werden müssen. (*sein* + *zu* + Infinitiv)

   ..., *für die* ....
3. Wir sollen uns erkundigen, ob dort Getränke serviert werden können. (*man*)

   ..., *ob* ....
4. Die Druckerei schickt uns die Info, wann die Poster geliefert werden können. (*sein* + Adjektiv mit *-bar*)

   ..., *wann* ....
5. Ich verstehe nicht, warum das alles nicht früher vorbereitet werden kann. (*sich lassen* + Infinitiv)

   ..., *warum* ....

INNOVATION IST GEFRAGT!

1 Themen, die die Welt bewegen – Lösen Sie das Kreuzworträtsel.

Waagerecht:
1 ▸ D _ R _ _
2 ▸ G _ E T _ _ H _ _ S C _ _ _ _ Z _
3 ▸ D I _ _ T _ _ _ _ _ _ R U _ _
4 ▸ L _ F _ V E _ _ _ _ M _ _ _ _ N _
5 ▸ A R _ E _ S T _ _ _ _ N
6 ▸ P A _ D _ _ _ E
7 ▸ A _ _ U _

Senkrecht:
8 ▾ R _ H S _ _ F _
9 ▾ H U _ _ _ R S N _ T
10 ▾ K L _ _ _ _ _ N _ E _

1. Ein Zustand, in dem Flüssigkeit zum Trinken und zur Pflanzenbewässerung fehlt.
2. Das permanente Eis in den Bergen schmilzt.
3. Immer mehr Aufgaben werden von Softwareprogrammen erledigt.
4. Wenn die Luft nicht sauber ist, spricht man von …
5. Viele Tierarten wird es in Zukunft nicht mehr geben, das nennt man …
6. Eine Krankheit, die die ganze Welt betrifft.
7. Wer nicht genug Geld hat, ist von … betroffen.
8. Natürliches Material, aus dem etwas hergestellt werden kann.
9. Wenn es nicht genug zu essen gibt, spricht man von …
10. Die Wetterverhältnisse und Temperaturen auf der Welt ändern sich.

2

a **Was passt zusammen? Verbinden Sie.**

1. an Bedeutung	A sehen
2. der Gesundheit	B gewinnen
3. etwas im Sinn	C klingen
4. Handlungsbedarf	D schaden
5. wie ein Märchen	E haben

b **Umweltschutz – Ergänzen Sie die Zusammenfassung des Textes A aus dem Kursbuch.**

Europas • ~~Firma~~ • gesünderes • künstliche • Luft • Pflanze • sauber • Temperatur • verbessern • Ziel

Eine (1) *Firma* .... aus Brandenburg hat eine Idee: Ihr (2) .... ist es, die Luft in Städten zu (3) .... Die Lösung der Firma sind (4) .... Bäume aus Moos, die CityTrees. Moos ist eine unkomplizierte (5) .... , die CO_2 in Sauerstoff umwandelt, so die Luft filtert und (6) .... macht. Aber Moos reinigt nicht nur die (7) .... , es kühlt auch die (8) .... in der Umgebung und sorgt so an heißen Tagen für ein (9) .... Klima. Den CityTree findet man inzwischen in vielen Städten (10) ....

C Umweltnutzung – Ergänzen Sie die Aussagen zum Text B im Kursbuch.

Schutz der Tiere • Pflanzen auf engem Raum übereinander • automatisch versorgt • Reduzierung von Verpackungsmüll • Nahrungsmittel genutzt werden • mit LED-Licht beleuchtet • Indoor-Farming in Supermärkten an • Plastik aufzulösen • weniger Lebensmittel in der Mülltonne landen

1. Verbrauchern in Deutschland sind bei Landwirtschaft und Ernährung drei Punkte besonders wichtig: …
2. Zwei Forschern ist es gelungen, mit Mikroorganismen …
3. Die entstandenen Proteine können dann als Basis für …
4. Beim sogenannten Indoor Farming wachsen …
5. Die Pflanzen werden …
6. Ein Unternehmen aus Berlin bietet …

1. Schutz der Tiere, Reduzierung von Verpackungsmüll und dass weniger …

3 **Flüssig sprechen – Argumente abwägen. Arbeiten Sie zu zweit und sprechen Sie wie im Beispiel.** oder **Hören Sie die Sätze und reagieren Sie wie im Beispiel.**

1.35

Online Ü 5

Klimaschutz sollte das wichtigste Thema unserer Zeit sein!

1. Ich finde Indoor-Farming toll.
2. Die Idee, Plastik zu zersetzen, ist gut.
3. Man darf Müll nicht in der Natur wegwerfen.
4. Ich finde diese künstlichen Bäume nicht hilfreich.
5. Ich kaufe nur noch vegane Produkte.

A Am Anfang war ich von der Idee begeistert, inzwischen bin ich aber auch der Meinung, dass ich kein Plastik essen will.
B Auf der einen Seite klingt es überzeugend, auf der anderen Seite denke ich, dass normaler Salat besser schmeckt.
C Ich bin der Meinung, dass es davon abhängt, wie die Luftqualität ist.
D Ich finde es zwar gut, dass du die Tiere schützen willst, aber ist das gesund für dich?
E Obwohl Umweltschutz wichtig ist, finde ich, dass ein paar weggeworfene Flaschen noch kein großes Problem sind.

Ich finde Indoor-Farming toll.

Auf der einen Seite klingt …

4 **Sie hören nun eine Nachrichtensendung. Dazu sollen Sie fünf Aufgaben lösen. Sie hören die Nachrichtensendung nur einmal. Entscheiden Sie beim Hören, ob die Aussagen 1–5 richtig oder falsch sind.**

P

1.36

TIPP

In der Prüfung
Die Aussagen sind in der gleichen Reihenfolge wie die Nachrichten, aber zu einer Nachricht gibt es keine Aussage.

1. Umweltverbände äußern sich zufrieden mit den Ergebnissen der UN-Klimakonferenz. richtig falsch
2. Um Flutkatastrophen in Zukunft zu vermeiden, sollen Umbauarbeiten an Flüssen und Bächen helfen. richtig falsch
3. Das Schiff *Circular Explorer* soll Solaranlagen nach Manila bringen. richtig falsch
4. Die Preise für den öffentlichen Nahverkehr in Nordrhein-Westfalen ändern sich ab heute. richtig falsch
5. In einem Supermarkt in Wiesbaden werden Fische gezüchtet und Kräuter angebaut. richtig falsch

SPRECHEN · SCHREIBEN · AUSSPRACHE

1 a [RICHTIG SPRECHEN] **Immer diese Fehlermeldungen! – Hören Sie zwei Gespräche und ergänzen Sie.**

1.37

funktionieren • versuch • Bildschirm • Problem • meinst • geschehen • kontrolliert

1
A Schau mal, hier ist eine Fehlermeldung: Der Ton geht irgendwie nicht.
B Was ist das (1) ....?
A Ich kann die anderen nicht hören.
B (2) .... denn deine Kopfhörer?
A Meine Kopfhörer?
B Ja, hast du (3) ...., ob sie eingeschaltet sind?
A Warte. Oh, jetzt ja und ich kann alles hören. So etwas ist mir noch nie passiert.

2
A Alles klar bei dir?
B Nein, nicht wirklich. Ich habe ein Update gemacht und jetzt ist der (4) .... schwarz.
A (5) .... doch mal, das Gerät runter- und wieder hochzufahren.
B Runter- und wieder hochfahren? (6) .... du wirklich, dass das hilft?
A Probier es einfach aus. Und, geht es wieder?
B Moment, es fährt gerade hoch. Also, jetzt geht es – super. Danke dir!
A Gern (7) ....!

1.38 b **Hören Sie noch einmal die Dialogteile von A und sprechen Sie B.**

c **Arbeiten Sie zu zweit. Wählen Sie ein anderes Problem und variieren Sie Dialog 1 oder 2.**

2 a [RICHTIG SCHREIBEN] **Rezensionen einer Wetter-App – Markieren Sie nützliche Redemittel.**

★★★★★
A Letzte Woche habe ich mir die neue Wetter-App heruntergeladen und ich bin absolut begeistert. Die App läuft fehlerfrei und ist optisch sehr ansprechend und übersichtlich. Besonders gut gefällt mir die Funktion der „gefühlten Temperatur". Die Prognosen waren bisher auch immer korrekt.
Die Werbung stört zwar manchmal, aber bei einer kostenlosen Version ist nichts anderes zu erwarten. Von mir also eine klare Empfehlung!

★★
B Ich benutze die Wetter-App seit einem Monat, aber leider läuft sie nicht gut. Es gibt regelmäßig Fehlermeldungen und die App stürzt öfter ab. Außerdem fehlen wichtige Funktionen wie eine genaue Regen- und Windprognose. So macht die Nutzung keinen Spaß. Ich werde mich nach einer anderen App umsehen und kann diese nicht empfehlen – schade! Das Design der App gefällt mir aber gut, deshalb gebe ich zwei Sterne.

b **Welche App gefällt Ihnen (nicht)? Schreiben Sie eine positive oder negative Bewertung wie in 2a.**

3 a [AUSSPRACHE] **Englische Wörter im Deutschen – Hören Sie die Wörter und markieren Sie: Welcher Teil wird Deutsch ausgesprochen?**

1.39

1. tricky 2. Gamerinnen 3. gestreamt 4. chillig 5. weitermailen 6. upgedatet

1.40 b **Hören Sie die Sätze und sprechen Sie dann laut.**

1. Wir hatten einen chilligen Abend und haben einen Film gestreamt.
2. Die neue Spiele-App finde ich megacool.
3. Ist die Software jetzt upgedatet?

TIPP
Auch manche Abkürzungen werden englisch ausgesprochen, z. B. GPS, HR, SUV

B2.1 › 160

DAS KANN ICH NACH KAPITEL 5

	KB	ÜB
über Technikfehler schreiben Schreiben Sie einen kurzen Text zum Foto. Was ist passiert? Was war besonders nervig? Wie wurde das Problem gelöst?	M1 2b	

	KB	ÜB
eine Begriffsdefinition verstehen Welche Umschreibung passt zur Definition? Kreuzen Sie an.	M2 1c	

> Bei der Entwicklung von Computerspielen versteht man unter **Game-Design** alle Aktivitäten, die mit der Planung und Konzeption der Spielwelt, der Regeln und der Charaktere zu tun haben.

Unter Game-Design versteht man:

a das Entwickeln von Figuren für Computerspiele.
b das Entwerfen von Verpackungen für Spiele.
c die inhaltliche und optische Konzeption von Spielen.

	KB	ÜB
Ideen gegeneinander abwägen Machen Sie drei Aussagen zum Thema *autonomes Fahren*. Ich finde es zwar gut, dass …, aber … Auf der einen Seite klingt die Idee toll, auf der anderen Seite denke ich, dass … Obwohl …, finde ich trotzdem, dass …	M4 1d	

UND ICH KANN …

	KB	ÜB
Gespräche und einen Podcast über Ärger mit technischen Geräten verstehen.	M1 1d, e	
Meldungen und Werbung rund um den Verkehr verstehen.		1
Ärger ausdrücken und über Nachteile technischer Erfindungen sprechen.	2a	
ein Gespräch über *Gamification* verstehen.	M2 2	
über Erfahrungen berichten und Beispiele anführen.	3	
[M] ein Programm planen und im Gespräch kooperieren.	4a–c	
ein Programm präsentieren.	4d	
Meldungen über Gamification verstehen.		4
eine Radionachricht verstehen.	M3 1	
einen Informationstext über autonomes Fahren verstehen.	2a–b	
über autonomes Fahren diskutieren.	2c	
Abläufe beschreiben.		3
einen Kommentar schreiben.	4	
verschiedene Lösungsideen zu Umweltproblemen verstehen.	M4 1b–c	2b–c
ein Umweltprojekt präsentieren.	2	
Nachrichten zu Umweltthemen verstehen.		4
ein technisches Problem beschreiben, nachfragen und Hinweise geben.	K 1–2	1

MODUL 1 TÜCKEN DER TECHNIK

das Warnsystem, -e ....

blinken ....

die Verkehrssicherheit, -en ....

die Sicherheit erhöhen ....

die Zuverlässigkeit, -en ....

die Ablenkung, -en ....

die Barrierefreiheit, -en ....

die Zugänglichkeit (Sg.) ....

der Rollstuhl, "-e ....

die Betriebsstörung, -en ....

die technischen Möglichkeiten ....

Kosten senken ....

in einer App nach|sehen (sieht nach, sah nach, hat nachgesehen) ....

vorher|sagen (sagt vorher, sagte vorher, hat vorhergesagt) ....

MODUL 2 SPIEL UND ERNST

die Gamification (Sg.) ....

der Ernst (Sg.) ....

das Element, -e ....

die Rangliste, -n ....

monoton ....

der Anreiz, -e ....

sich messen mit (+ Dat.) ....

das Phänomen, -e ....

süchtig machen ....

übertrieben ....

die Belohnung, -en ....

um|setzen ....

kooperieren ....

die Challenge, -s ....

ein|bringen (bringt ein, brachte ein, hat eingebracht) *(Ideen einbringen)* ....

fest|halten (hält fest, hielt fest, hat festgehalten) *(Können wir das so festhalten?)* ....

MODUL 3 AUTONOMES FAHREN

die Automatisierung, -en ....

die Ausstattung, -en ....

ungeklärt *(ungeklärte Fragen)* ....

die Stufe, -n *(Man unterscheidet verschiedene Stufen.)* ....

ein|teilen ....

das Lenkrad, "-er ....

zu|lassen (lässt zu, ließ zu, hat zugelassen) *(Das Auto wurde schon zugelassen.)* ....

die Zulassung, -en ....

das Hindernis, -se ....

erkennen (erkennt, erkannt, hat erkannt) ....

bremsen ....

beschleunigen ....

ein|greifen (greift ein, griff ein, hat eingegriffen)	....
benötigen	....
das Pedal, -e	....
ethisch	....
unvermeidbar	....
die Herausforderung, -en *(vor Herausforderungen stellen)*	....
der Sensor, -en	....
zuverlässig	....
lösen *(ein Problem lösen)*	....
die Reduktion, -en	....
die Einschränkung, -en	....
verzichten auf (+ Akk.)	....
die Anschaffung, -en	....
das Risiko, Risiken	....

MODUL 4 INNOVATION IST GEFRAGT

der Bereich, -e	....
die Abgase (Pl.)	....
etw. an|geben (gibt an, gab an, hat angegeben). *(Viele geben an, dass ihnen Umweltschutz wichtig ist.)*	....
an Bedeutung gewinnen (gewinnt, gewann, hat gewonnen)	....
verbessern	....
die Ressource, -n	....
der Gesundheit schaden	....
nachweisbar	....
der Feinstaub	....
filtern	....
der Lebensmittelanbau	....
der Handlungsbedarf *(einen Handlungsbedarf sehen)*	....
verringern	....
der Lösungsansatz, "-e	....
einen Weg finden	....
erhalten (erhält, erhielt, hat erhalten) *(einen Preis erhalten)*	....
auf|lösen	....
als Grundlage für etw. dienen	....
platzsparend	....
Pflanzen an|bauen	....

Weitere Wörter, die für mich wichtig sind

....

....

Arbeiten Sie zu zweit. Jede/r markiert in der Liste zehn Wörter und erklärt sie, ohne das Wort zu nennen. Der/Die andere muss das Wort erraten.

6 GESUNDHEIT!

WORTSCHATZ WIEDERHOLEN UND ERARBEITEN

1 a **Sehen Sie sich die Bilderrätsel an. Wie heißen die unten abgebildeten Körperteile? Notieren Sie.**

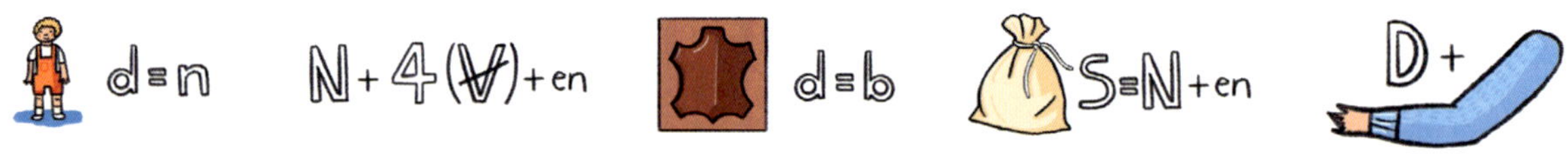

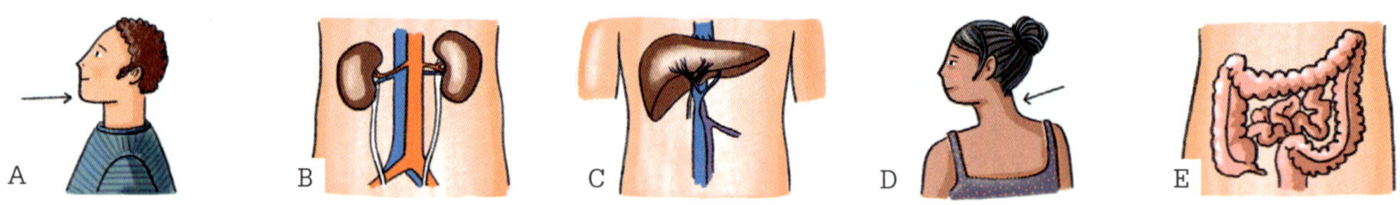

das *Kinn*........ die .... die .... der .... der ....

b **Was macht man mit dem Körperteil? – Notieren Sie die Verben.**

1. das Gehirn: de........
2. die Nase: ri........
3. die Zähne (Pl.): ka........
4. die Zunge: schm........
5. die Hände (Pl.): anf........
6. die Haut: fü........
7. die Lunge: at........
8. der Magen: verd........

c **Suchen Sie vier weitere Körperteile und ein passendes Verb. Schreiben Sie eine Übung wie in 1b und tauschen Sie mit einem Partner / einer Partnerin. Wie heißen die Wörter?**

2 **Gut für Ihre Gesundheit – Lesen Sie, was ein Arzt seiner Patientin rät. Welches Verb passt? Unterstreichen Sie.**

Guten Tag, Frau Pudolski. Ich habe hier Ihre Ergebnisse der Untersuchungen. Also, es ist sehr deutlich zu (1) erkennen | erfahren, dass Sie zu wenig an der frischen Luft sind. Damit Ihr Immunsystem auch gut (2) verarbeitet | funktioniert, müssen Sie häufiger spazieren gehen. Wandern Sie oder machen Sie draußen Sport. Sie müssen mehr auf sich (3) beachten | achten. Wichtig ist auch, dass Sie bei der Arbeit immer wieder kleine Pausen (4) einbauen | vermeiden. Dann können Sie abends auch besser (5) verschlafen | einschlafen. Ich denke, dass Sie keine Medikamente (6) verschreiben | brauchen. Aber Sie müssen sich wirklich jeden Tag mindestens 30 Minuten an der frischen Luft körperlich (7) betätigen | teilnehmen, egal bei welchem Wetter. Ich vermute, dass Ihre Beschwerden dann ganz von alleine (8) nachlassen | beenden.

3

Klick-Klack – Sprechen Sie zu zweit. Person A beginnt *(Klick)*, Person B reagiert *(Klack)*. Dann wechseln Sie. oder **Hören Sie *(Klick)* und reagieren Sie *(Klack)*.**

1.41

Klick

1. Hast du schon dein Rezept eingelöst?
2. Aua, mein Knie tut schon wieder weh.
3. Bezahlt deine Krankenkasse eigentlich die Kosten für die Therapie?
4. Du siehst gut aus! So fit und ausgeschlafen.
5. Das sind aber starke Medikamente. Spürst du gar keine Nebenwirkungen?
6. Ich muss dir schon wieder absagen. Ich bin immer noch krankgeschrieben.
7. Wie geht es denn Antonia?
8. Oh, du hast ja gar keinen Verband mehr!

Klack

A Doch. Ich habe den ganzen Tag leichte Kopfschmerzen.
B Nein, ich gehe heute Nachmittag zur Apotheke.
C Ist doch nicht schlimm. Deine Gesundheit geht vor.
D Zum Teil, ich muss nur wenig zuzahlen.
E Du hast aber oft Probleme mit deinen Gelenken. Geh doch mal zur Physiotherapie!
F Danke! Mir geht's auch viel besser, seitdem ich die neuen Medikamente nehme.
G Ja, der wurde gestern abgenommen.
H Viel besser! Sie wird morgen aus dem Krankenhaus entlassen.

4

Welches Adjektiv passt? Ergänzen Sie.

heilbar • anstrengend • dauerhaft • schlapp • unerträglich • erholsam

1. ● Ah, du bist zurück. Ich hoffe, die Kur war .... für dich.
   ○ Ja, ich fühle mich viel besser, obwohl die vielen Behandlungen auch .... waren.
2. ● Keine Sorge, wir wissen, was Ihnen fehlt, und die Krankheit ist gut ....
   ○ Endlich eine gute Nachricht. Meine Schmerzen sind nämlich ....
3. ● Nach dem Winter bin ich echt .... Aber jetzt gehe ich wieder täglich ins Studio, damit ich wieder fit werde.
   ○ Gute Idee, aber fang langsam an, sonst hältst du das nicht .... durch.

5

Online Ü1

a **Welche Wörter haben die gleiche oder eine ähnliche Bedeutung? Bilden Sie Paare.**

~~die Pillen (Pl.)~~ • die Symptome (Pl.) • die Therapie • der Eingriff • die Arzneimittel (Pl.) • die Kondition • die Erholung • die Beschwerden (Pl.) • die Medikamente (Pl.) • ~~die Tabletten (Pl.)~~ • die Behandlung • die Operation • die Fitness • die Entspannung

die Pillen – die Tabletten

b **Was passt nicht in die Reihe? Streichen Sie durch.**

1. Das war ein	akuter • plötzlicher • ständiger • voller	Schmerz.
2. Mein Arzt denkt, dass die Therapie	erforderlich • stark • wirkungslos • notwendig	ist.
3. Das ist eine	harmlose • chronische • ansteckende • erfolgreiche	Krankheit.
4. Dieses Medikament ist besonders	schonend • schwierig • teuer • verträglich.	
5. Ich fühle mich wirklich	schlecht • elend • lästig • nicht gut.	

c **Arbeiten Sie zu zweit. Bilden Sie Wortketten zum Thema *Gesundheit/Krankheit* wie im Beispiel. Wie viele Wörter hat Ihre längste Wortkette?**

die Krankheit

Äh … t … die Tablette

e … die Entspannung

AUSGESCHLAFEN?

1 a [WORTBILDUNG] **Bilden Sie Komposita und notieren Sie sie mit Artikel.**

FORSCHER/-IN WINTER GEWOHNHEITEN ZIMMER ANZUG TABLETTE STÖRUNG GELEGENHEIT SOFA HALB -SCHLAF- SEKUNDEN TIEF SCHÖNHEITS MITTEL PHASE SACK PLATZ RHYTHMUS MITTAGS MANGEL

das Schlafzimmer, der Schönheitsschlaf …

Online Ü 2 b **Bilden Sie weitere Komposita mit den folgenden Wörtern.**

-ENTSPANNUNG(S)- • GESUNDHEIT(S)- • FRÜHLING(S)-

> TIPP
> Komposita haben immer den Artikel des letzten Wortes (Grundwort).
> der Schlaf + **das** Zimmer
> → **das** Schlafzimmer

> TIPP
> **Fugen-s bei Komposita**
> Damit man Komposita leichter aussprechen kann, wird zwischen den Wörtern manchmal ein -s- ergänzt. Hierzu gibt es fast keine Regeln, aber meistens steht das Fugen-s, wenn das erste Wort auf *-heit, -keit, -schaft, -tum, -(l)ing, -ung, -ion, -tät, -at* oder *-um* endet.
> Lernen Sie Komposita am besten als eigenes Wort.

2 **Ausgeschlafen? – Ergänzen Sie das passende Verb.**

ausschlafen • verschlafen • einschlafen • durchschlafen • unausgeschlafen • weiterschlafen

1. ● Oh nein, es ist schon halb acht! Ich habe ....
   ○ Was? Warum? Heute ist doch Sonntag. Da können wir doch ....
   ● Ach super, dann werde ich gleich noch ein Stündchen ....
2. ● Mama, ich kann nicht ....
   ○ Na komm, es ist schon spät. Mach mal die Augen zu und denk an etwas Schönes.
3. ● Gestern bin ich zu spät ins Bett gegangen. Jetzt bin ich total ....
   ○ Und ich bin diese Nacht ständig aufgewacht. Ich konnte einfach nicht ....

3 **Wie heißen die Wörter richtig? Notieren Sie.**

1. In der Nacht HOERLEN .... wir uns von den Anstrengungen des Tages.
2. Im Schlaf können wir die Ereignisse des Tages VERTENARBEI .... und so im Gehirn wieder Platz ESCHFFAN ....
3. Unser Gehirn findet im Schlaf Zeit, Wichtiges von Unwichtigem zu NTERSUCHEIDEN ....
4. Im Schlaf kommen auch Bereiche des Gehirns zum SAEINTZ ...., die sonst oft zu kurz MONKEM ....
5. Negative OLGFEN .... von Schlafmangel sind inzwischen wissenschaftlich WIESEREN ....
6. Wir sollten also wirklich auf einen guten Schlaf TENACH ....

4 a **Welche Folge oder Konsequenz passt? Ordnen Sie zu.**

1. Unser Gehirn sortiert nachts die Eindrücke des Tages.	*B*	A	Meine Laune ist nicht besonders gut.
2. Ich habe total schlecht geschlafen.		B	Im Kopf ist wieder Platz für neue Informationen.
3. Man merkt sich Dinge direkt vor dem Einschlafen.		C	Wir sind alle unausgeschlafen.
4. Mein Bruder hat eine schlechte Immunabwehr.		D	Er wird schneller krank.
5. In unserer Straße ist eine laute Baustelle.		E	Man sollte z. B. Vokabeln lernen.

b **Verbinden Sie die Sätze aus 4a abwechselnd mit *sodass*, *deshalb* oder *folglich*.**

1. *Unser Gehirn sortiert nachts die Eindrücke des Tages, sodass im Kopf wieder Platz für …*

c **Was passt? Unterstreichen Sie.**

Online Ü 3

Neuer Familienfilm „Jenseits der Sonne" im Planetarium
Im Mittelpunkt des Films steht ein junges Mädchen, das (1) somit | deswegen | infolge von verschiedensten Ereignissen nicht einschlafen kann. Der Mond kommt ihr zu Hilfe. Gemeinsam beginnen sie eine Reise ins Universum und der Mond erklärt viel, (2) sodass | daher | die Folge ist das Mädchen und die Zuschauer und Zuschauerinnen erstaunliche Dinge lernen können. Der Film entstand mit intensiver wissenschaftlicher Beratung. (3) Somit | Daraus ergibt sich | Sodass ist die Korrektheit der Informationen garantiert.

A8 München Richtung Salzburg: Stau auf 15 km Länge (4) folglich | infolge | deswegen eines Unfalls. Der Fahrer eines LKWs war offensichtlich übermüdet und ist (5) sodass | infolge von | infolgedessen von der Fahrbahn abgekommen. An der Unfallstelle läuft Benzin aus. (6) Die Konsequenz | Deswegen | Sodass werden die Aufräumarbeiten noch mehrere Stunden dauern.

d **Verbinden Sie die Aussagen mit den Ausdrücken in den Klammern.**

1. Das Licht von Bildschirmen macht uns wach. Man kann schlecht einschlafen. (Die Konsequenz daraus ist, dass …)
2. Im Alltag bewegen wir uns oft zu wenig. Wir können nicht so tief schlafen. (Die Folge ist, dass …)
3. Geschichten helfen beim Einschlafen. Nicht nur Kinder schlafen mit Geschichten besser ein. (deswegen)
4. Kräutertees beruhigen. Eine Tasse Tee kann helfen, sich zu entspannen. (infolgedessen)
5. Meine Matratze ist nicht gut. Ich habe jeden Morgen Rückenschmerzen. (deswegen)
6. Nachts bin ich oft für längere Zeit wach und ärgere mich dann. Es ist besser, aufzustehen und z. B. ein Buch zu lesen. (darum)

1. *Die Konsequenz daraus ist, dass man schlecht einschlafen kann.*

e **Formulieren Sie Sätze mit *infolge*. Achten Sie auf den Kasus.**

1. die große Hitze → Viele Menschen konnten nachts nicht schlafen.
2. die starke Belastung → Einige Mitarbeiter/innen sind krank geworden.
3. die Arbeitsausfälle → Nicht alle Termine konnten eingehalten werden.
4. die verspäteten Lieferungen → Mehrere Kunden/Kundinnen sind sehr verärgert.
5. die zahlreichen Beschwerden → Zwei neue Stellen werden ausgeschrieben.

1. *Infolge der großen Hitze konnten …*

MACH DAS BESTE AUS DIR

1 **Was bedeuten die Wörter und Ausdrücke? Verbinden Sie.**

1. sich selbst optimieren
2. die Ernährung
3. sich selbst ausbeuten
4. implantieren
5. die Sucht

A mehr leisten, als für einen selbst gut ist
B krankhafte Abhängigkeit
C etwas in den Körper einsetzen
D etwas an sich verbessern
E Lebensmittel zu sich nehmen

2 a **Markieren Sie sieben Verben in der Wortschlange und ordnen Sie sie den Ausdrücken zu.**

AKZEPTIERENDURCHHALTENENTSPRECHENFESTLEGENNACHLASSENSTECKENVERMITTELN

1. anderen die eigene Sichtweise ....
2. nicht aufgeben, sondern ....
3. den Erwartungen von anderen ....
4. in uns können besondere Fähigkeiten ....
5. andere Meinungen ....
6. die Kräfte können ....
7. sich auf eine Sache ....

b **Immer fit – Ergänzen Sie die Aussagen mit Wörtern oder Ausdrücken aus 2a.**

1. Wenn ich meine Fitness optimieren will, dann muss ich mein Training auch ....
2. Dabei kann es auch vorkommen, dass mit der Zeit die Kräfte ....
3. Aber ich habe schon erlebt, dass in mir besondere ...., sodass ich trotzdem immer weitermachen konnte.
4. Wichtig ist aber, dass man seine eigenen Grenzen kennt und nicht den Erwartungen .... will, die oft andere Ziele haben als man selbst.

3 a **Was haben die Personen in dem Gespräch in Aufgabe 2a im Kursbuch gesagt? Hören Sie noch einmal und ergänzen Sie die Aussagen.** oder **Ergänzen Sie die Aussagen mit den Informationen unten. Hören Sie dann zur Kontrolle.**

1.42

1. Nach Ansicht von Herrn Teuermann, hat jeder Mensch die Tendenz, A
2. Der Moderator meint, dass er sich nicht verbessert, liegt daran,
3. Frau Brauer schlägt vor, auf die Frage zu antworten,
4. Apps geben positive Feedbacks. Aus diesem Grund sagt Herr Teuermann,
5. Ihm leuchtet aber ein, dass es auch einen deutlichen Nachteil gibt: Die positive Wirkung
6. Wegen der hohen Erwartungen, die Stress machen, ist Frau Brauer gegen
7. Die Psychologin ist davon überzeugt, dass wir erkennen können,
8. Aufgrund der Gefahren sieht sie Behandlungen kritisch,
9. Herr Teuermann ist generell dafür,
10. Am Ende empfiehlt der Moderator allen Hörerinnen und Hörern,

A sich immer weiter zu verbessern. • B körperlich aktiv zu sein. • C wie kostbar und einmalig jeder Mensch ist. • D die in unsere Körper eingreifen. • E ob eine App für die Selbstoptimierung hilfreich ist. • F nimmt mit der Zeit ab. • G sich auf die Suche nach dem Positiven zu machen. • H eine ständige Selbstoptimierung. • I dass er nicht besonders diszipliniert ist. • J dass sie für uns hilfreich sein können.

b Lesen Sie die Redemittel. Ordnen Sie dann die markierten Redemittel aus 3a zu.

Online Ü 4

Meinung äußern
- Ich glaube, dass …
- Ich bin der Meinung / Auffassung, dass …
- Aus meiner Sicht …
- Meiner Ansicht nach …
- ……………
- ……………

zustimmen
- Es ist richtig, dass …
- Ich denke auch, dass …
- Der Meinung, dass … kann ich zustimmen.
- ……………
- ……………

ablehnen/kritisieren
- Der Ansicht, dass … kann ich nicht zustimmen.
- … ist falsch / nicht richtig.
- Ich kann mir nicht vorstellen, dass…
- Ich bin dagegen, wenn …
- ……………
- ……………

Gründe/Folgen nennen
- Daher / Deswegen / Darum denke/meine ich, dass …
- Dazu kann ich folgende Gründe nennen: …
- Deshalb bin ich …
- ……………

Vorschläge machen
- Man könnte …
- Mein Vorschlag wäre, dass …
- Ich halte es für eine gute Idee, wenn …
- ……………
- ……………

Vor-/Nachteile nennen
- Ein Vor-/Nachteil ist, dass …
- … ist positiv/negativ.
- Für / Gegen … spricht …

4 **a Die eigene Meinung in einem Forumsbeitrag schreiben – Was können Sie in einer Einleitung (E) schreiben und was passt zu einem Schluss (S)? Notieren Sie E oder S.**

ein konkretes Beispiel nennen		eine Hoffnung / einen Wunsch ausdrücken	
einen Tipp / eine Empfehlung geben		von einer eigenen Erfahrung berichten	
sich auf eine aktuelle Diskussion beziehen		eine weitere Diskussion anregen	
zu etwas auffordern			

P **b Sie schreiben einen Forumsbeitrag über das Thema Selbstoptimierung durch Sport.**

- Äußern Sie Ihre Meinung zur Selbstoptimierung durch intensives Training.
- Begründen Sie, warum Sie dafür oder dagegen sind.
- Nennen Sie andere Möglichkeiten, sich selbst positiv zu entwickeln.
- Nennen Sie Vorteile dieser Möglichkeiten.

Denken Sie an eine Einleitung und einen Schluss. Bei der Bewertung wird darauf geachtet, wie genau die Inhaltspunkte bearbeitet sind, wie korrekt der Text ist und wie gut die Sätze und Abschnitte sprachlich miteinander verknüpft sind. Schreiben Sie mindestens 150 Wörter.

c Arbeiten Sie zu zweit. Tauschen Sie Ihre Texte und kontrollieren Sie, ob alle Leitpunkte aus 4b im Text vorhanden sind. Machen Sie Vorschläge, was Ihr Partner / Ihre Partnerin verbessern kann.

Der Schluss sollte den Text abrunden.
Du könntest einen Wunsch oder Vorschlag …

Die Sätze fangen oft mit „Ich …" an.
Stattdessen könntest du …

TIPP

In der Prüfung
Verwenden Sie unterschiedliche Satzanfänge, Haupt- und Nebensätze und verbinden Sie Ihre Sätze mit verschiedenen Konnektoren. So wird Ihr Text abwechslungsreicher und leichter lesbar.

DIGITALE HELFER

1 a **Welches Verb passt? Ergänzen Sie.**

anfangen • atmen • dosieren • ~~entlassen~~ • operieren • stellen • überweisen

1. aus dem Krankenhaus *entlassen*
2. frische Luft ....
3. eine verletzte Person ....
4. Medikamente ....
5. eine Diagnose ....
6. zum Facharzt ....
7. mit einer Behandlung ....

1.43 b **Arbeiten Sie zu zweit. Hören Sie das Beispiel und sprechen Sie. Person A beginnt mit einem Verb aus 1a, Person B ergänzt den Ausdruck, dann spricht A einen Satz. Danach beginnt B neu mit einem anderen Verb aus 1a.**

entlassen

aus dem Krankenhaus entlassen

Ich wurde aus dem Krankenhaus entlassen.

atmen

2 **An deiner Stelle hätte ich aber ...! – Antworten Sie im Konjunktiv II der Vergangenheit.**

1. ● Mein Rücken tut weh. Aber ich mache auch keine Rückenübungen mehr.
   ○ An deiner Stelle *hätte ich die Übungen regelmäßig gemacht*. (die Übungen regelmäßig machen)
2. ● Ich bin auch nicht mehr zur Physiotherapie gegangen, weil ich immer Schmerzen hatte.
   ○ Also, ich .... (nicht so empfindlich sein) und .... (immer hingehen)
3. ● Ich hatte gestern auch solche Kopfschmerzen. Aber ich war lange nicht an der frischen Luft.
   ○ Also, ich .... (auch Kopfschmerzen bekommen), wenn ich nicht draußen gewesen wäre.
4. ● Ich bin so müde. Ich habe die letzten Tage zu wenig geschlafen.
   ○ Ich verstehe dich nicht. An deiner Stelle .... ich doch einfach .... (früher ins Bett gehen)
5. ● Oh, ich glaube, ich habe einen Sonnenbrand.
   ○ Wie hast du das denn gemacht? Also, ich .... bestimmt .... (nicht so lange in der Sonne sitzen)

3 a **Ergänzen Sie *wäre-*, *hätte-*, *würde-* in der korrekten Form.**

A Du bist schon zu Hause?! Ich (1) .... noch in der Klinik geblieben. Dort (2) .... du doch gut versorgt worden und du (3) .... dich um nichts kümmern müssen. Also, ich (4).................. das nicht gemacht.

B Dieser Workshop ist total langweilig. (1) .... ich doch bloß zu Hause geblieben! Dann (2) .... wir jetzt einen Film sehen. Mir (3) .... es viel lieber gewesen, wenn wir etwas zusammen gemacht (4) ....

b Zu spät – Was hätten die Personen anders machen können, sollen, ...? Formulieren Sie Tipps im Konjunktiv II der Vergangenheit.

1. Paul hat schon wieder Zahnschmerzen. sollen / schon längst / Er / zum Zahnarzt gehen / .
2. Lena ist zu Fuß in den sechsten Stock gegangen. Sie / aber / können / den Lift nehmen / .
3. Kolja lernt zehn Stunden am Tag. müssen / Er / anfangen / vor zwei Wochen / .
4. Bei einem Fahrradunfall hat sich Ella am Kopf verletzt. einen Helm tragen / Sie / müssen / .
5. Youssef joggt in der Hitze und hat Durst. Wasser mitnehmen / Er / sollen / .

1. Er hätte schon längst zum Zahnarzt gehen sollen.

TIPP

Konjunktiv II Vergangenheit und Gegenwart:
Ich hätte länger schlafen sollen.
→ schon passiert – kann man nicht mehr ändern
Ich sollte länger schlafen.
→ noch nicht passiert – kann man noch ändern

c Ich wäre schon behandelt worden – Schreiben Sie Sätze wie im Beispiel. Verwenden Sie Konjunktiv II der Vergangenheit mit Passiv.

Online Ü 5

Mein Arzt ist nicht da!	Wäre mein Arzt bloß wieder da!
1. Mein Bein wurde nicht untersucht.	*Mein Bein wäre untersucht worden.*
2. Ich wurde an keinen Facharzt überwiesen.	....
3. Meine Untersuchungsergebnisse wurden nicht besprochen.	....
4. Ich wurde nicht krankgeschrieben.	....
5. Die Art der Therapie wurde noch nicht entschieden.	....
6. Mir wurden keine Medikamente verschrieben.	....

4 Was hätte sein können, wenn ...? – Sehen Sie die Bilder an und schreiben Sie Aussagen wie im Beispiel.

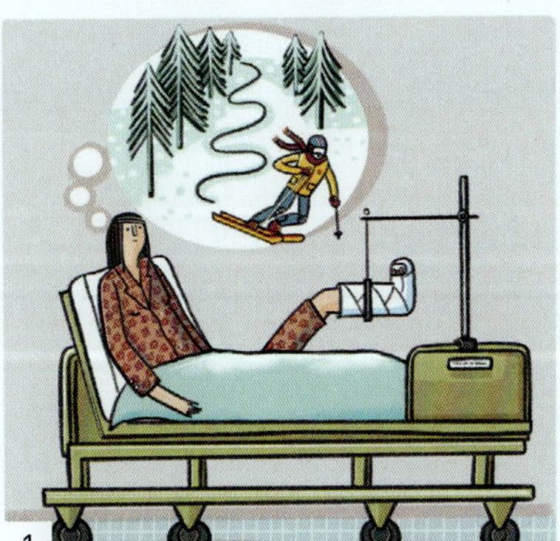
1

2

3

4

5

6

1. Wenn sie sich nicht das Bein gebrochen hätte, hätte sie Ski fahren können.

WAS FÜHRT SIE ZU MIR?

1 **Welche Umschreibung passt? Ordnen Sie zu.**

1. Er/Sie kommt überhaupt nicht auf den Punkt.
2. Er/Sie sagt etwas zwischen den Zeilen.
3. Er/Sie spielt Dinge gerne herunter.
4. Er/Sie macht die Dinge schlimmer als sie sind.
5. Er/Sie hat die Diagnose direkt ausgesprochen.

A Er/Sie sagt z. B. oft, dass etwas kein Problem ist, obwohl das nicht stimmt.
B Er/Sie stellt etwas problematischer dar, als es in Wirklichkeit ist.
C Er/Sie hat die Krankheit deutlich benannt und nicht umschrieben.
D Er/Sie spricht etwas nicht direkt an, es ist nur aus dem Kontext erschließbar.
E Er/Sie redet und redet und redet, aber sagt nicht, was das eigentliche Problem ist.

2 a **Lesen Sie den folgenden Text und entscheiden Sie, welches Wort (a–o) in die Lücken (1–10) passt. Sie können jedes Wort nur einmal verwenden. Nicht alle Wörter passen in den Text.**

P

> TIPP
> **In der Prüfung**
> Streichen Sie die Wörter, die Sie eingesetzt haben, immer sofort durch. Wenn Sie nicht sicher sind, markieren Sie das Wort. Vielleicht passt es an einer anderen Stelle besser?

Ungefähr acht Minuten – so lange dauert in Deutschland durchschnittlich ein Gespräch mit dem Arzt oder der Ärztin. Man hat als Patient oder Patientin also nur wenig Zeit. Umso wichtiger ist es, sich gut auf das Gespräch vorzubereiten, denn dann profitieren nicht nur Sie, (1) .... auch der Arzt oder die Ärztin.

Manchmal wartet man drei Monate oder länger, (2) .... man in einer Facharztpraxis einen Termin bekommt. Und dann ist es nicht selten, dass man am Tag des Termins noch stundenlang im Wartezimmer sitzen muss. Wenn man endlich dran ist, vergeht die (3) .... beim Arzt oder der Ärztin so schnell, dass man vergisst, wichtige Fragen zu (4) .... oder wichtige Informationen zu geben. Manchmal geht man dann (5) .... nach Hause. Das muss nicht sein, wenn man sich auf das Gespräch vorbereitet. Wichtig ist, dass man sich vor dem (6) .... alle Fragen notiert und auch alle Informationen über die Beschwerden, die man hat (Seit wann? Wie häufig? Was hat man bisher dagegen getan? …). (7) .... sollte man sich trauen, zu fragen, auch wenn das Wartezimmer voll ist. Im Nachhinein ist es oft sehr kompliziert noch Antworten auf Fragen zu erhalten. Um Missverständnisse zu vermeiden, sollten Sie am Ende mit eigenen Worten (8) ...., was der Arzt oder die Ärztin Ihnen gesagt hat, etwa so: „Habe ich das richtig verstanden, dass …?“.
Wenn Sie Medikamente verschrieben bekommen, ist es wichtig zu wissen, wie lange Sie diese (9) .... müssen und welche Nebenwirkungen auftreten können. Am besten schreiben Sie sich noch direkt in der Praxis auf, (10) .... und in welcher Dosierung sie das Medikament einnehmen sollen.

a außerdem
b Bericht
c bis
d einnehmen
e fröhlich
f oder
g sondern
h stehlen
i stellen
j Stunde
k Termin
l unzufrieden
m wann
n Zeit
o zusammenfassen

b **Fassen Sie die Informationen aus 2a in einer Tippliste für Patienten und Patientinnen zusammen. Ergänzen Sie dann zwei bis drei weitere Tipps.**

3 a **Arbeiten Sie zu zweit. Sehen Sie die Bilder an. Welche Beschwerden werden hier dargestellt? Notieren Sie. Oft gibt es mehrere Möglichkeiten.**

1. die Kopfschmerzen, Migräne

b **Was kann man gegen die Beschwerden in 3a machen? Sprechen Sie zu zweit.**

c **Ergänzen Sie das Gespräch. Hören Sie dann zur Kontrolle.**

1.44

- Guten Tag, was (1) .... Sie zu mir?
  - ○ Guten Tag. (2) .... immer so schwindelig.
- Seit wann haben Sie die (3) ....?
  - ○ Seit zwei Tagen.
- Hatten Sie das Problem schon (4) ....?
  - ○ Nein, bisher hatte ich keine Probleme mit dem Kreislauf.
- Haben Sie bereits irgendwelche (5) .... eingenommen?
  - ○ Nein. Ich habe viel getrunken und mich bewegt. Aber es wird nicht (6) ....
- Ich (7) .... Ihnen ein Mittel gegen Kreislaufprobleme.
  - ○ Wie lange soll ich das Medikament (8) ....?
- Mindestens drei Tage.
  - ○ Okay. Könnten Sie mir bitte noch mal genau sagen, (9) .... ich das Medikament einnehmen soll?
- Nehmen Sie es drei Mal täglich nach den (10) .... Kommen Sie bitte wieder, wenn es nicht besser wird.
  - ○ Vielen Dank, das mache ich.

d **Spielen Sie zu zweit. A zählt leise immer wieder von 1 bis 8, B sagt Stopp. Spielen Sie das Arztgespräch mit der entsprechenden Beschwerde aus 3a und variieren Sie die markierten Stellen. Dann wechseln Sie.**

SPRECHEN · SCHREIBEN · AUSSPRACHE

1 a [RICHTIG SPRECHEN] **Nachfragen – Lesen Sie die Aussagen und Fragen. Welche eignen sich für Rückfragen in einem formellen Gespräch? Markieren Sie.**

A Hä? Das kapier ich nicht.

B Darf ich noch mal nachfragen, was … genau bedeutet?

H Könnten Sie mir … bitte noch einmal genauer erklären?

C Wie bitte? Das habe ich leider nicht ganz verstanden.

G Das versteht ja kein Mensch.

D Was? Da blickt ja niemand mehr durch.

F Habe ich das richtig verstanden, dass …?

E Ich bin nicht sicher, ob ich das richtig verstanden habe.

1.45 b **Hören Sie die Ausschnitte aus den Gesprächen und kontrollieren Sie: Werden die gleichen Redemittel verwendet, die Sie in a markiert haben?**

1.46 c **Wie bitte? – Hören Sie die Aussagen noch einmal und fragen Sie nach. Verwenden Sie passende Redemittel aus 1a.**

2 a [RICHTIG SCHREIBEN] **Abkürzungen – Was bedeuten die Abkürzungen? Ordnen Sie zu.**

gegebenenfalls • im Auftrag • Hals-Nasen-Ohrenarzt • zuzüglich • beziehungsweise • Medizin • siehe unten • bezüglich • vergleiche

1. Med. ....
2. bzw. ....
3. i.A. ....
4. s.u. ....
5. bzgl. ....
6. zzgl. ....

b **Wie kürzt man diese Wörter ab? Notieren Sie und kontrollieren Sie mit einem Wörterbuch.**

1. das heißt ....
2. Operation ....
3. eventuell ....
4. Beispiel ....
5. Nummer ....
6. vor allem ....

> TIPP
>
> **Abkürzungen**
> Meist steht nach jedem abgekürzten Wort ein Punk
> *z.B.*
> Diese Abkürzungen stehen meist ohne Punkt:
> - Abkürzungen aus Anfangs buchstaben der Wörter (oder Wortteile): HNO = **H**als-**N**asen-**O**hrenarzt
> - Abkürzungen für Maßeinheiten und Währungen: km = Kilometer, USD = US-Dollar

> TIPP
>
> Man kann Aussagesätze auch zum Nachfragen verwenden, dann geht die Stimme am Satzende deutlich nach oben.

3 a [AUSSPRACHE] **Aussage oder Nachfrage – Lesen Sie die Sätze und hören Sie sie dann. Ergänzen Sie einen Punkt oder ein Fragezeichen.**

1.47
1. Das Medikament haben Sie vertragen ....
2. Sie haben auch Husten ....
3. Die Physiotherapie hat geholfen ....
4. Mit den Schmerzen geht es besser ....
5. Sie nutzen eine App, um fit zu bleiben ....
6. Die Wunde sieht schon besser aus ....

b **Üben Sie zu zweit. A spricht die Sätze als Nachfrage. B reagiert mit der Aussage. Dann Wechsel.**

Die Ärztin ist gut. Das Medikament hilft. Der Therapeut kann die App empfehlen. Der Tee tut gut.

B2.1 › 174

DAS KANN ICH NACH KAPITEL 6

	😊	🙂	😐	🙁	KB	ÜB
Tipps geben Schlecht geschlafen? Formulieren Sie vier Tipps für einen guten Freund / eine gute Freundin, um besser zu schlafen.					M1 4	
wichtige Informationen über eine App beschreiben Beschreiben Sie die wichtigsten Funktionen Ihrer Lieblingsapp.					M3 1c	
gesundheitliche Beschwerden beschreiben Sie sind krank und gehen zum Arzt. Erklären Sie, welche Beschwerden Sie haben.					M4 3	3c–d

UND ICH KANN ...

	😊	🙂	😐	🙁	KB	ÜB
über Müdigkeit und Schlaf sprechen.					M1 1	
ein Interview zum Thema *Schlaf* verstehen.					2	
Folgen ausdrücken.					3	4
über Selbstoptimierung diskutieren.					M2 1, 2b	
ein Radiogespräch zum Thema *Selbstoptimierung* verstehen.					2a	3a
eine Stellungnahme zum Thema *Selbstoptimierung* schreiben.						4a–b
Verbesserungsvorschläge für eine schriftliche Stellungnahme machen.						4c
über eine Grafik sprechen.					3	
Informationen über Gesundheitsapps in Forumsbeiträgen verstehen.					M3 1b–c	
über etwas sprechen und schreiben, was nicht passiert ist.					2	4
eine Empfehlung für eine Gesundheitsapp schreiben.					3	
über Kommunikation beim Arzt sprechen.					M4 1b	
[M] ein Arztgespräch analysieren.					2	
einen Text über die Vorbereitung von Arztgesprächen zusammenfassen.						2b
sich über gesundheitliche Beschwerden und was man dagegen tun kann austauschen.						3b
ein Arztgespräch spielen und besprechen.					3	3c–d
mich bei einer Versicherung informieren.					K 1–2	1

MODUL 1 AUSGESCHLAFEN?

aus|schlafen (schläft aus, schlief aus, hat ausgeschlafen) ....

verschlafen ....

ein|schlafen ....

durch|schlafen ....

unausgeschlafen ....

der Tiefschlaf ....

die Traumphase, -n ....

abhängen von (+ Dat.) (hängt ab, hing ab, hat abgehangen) ....

stören ....

Wichtiges von Unwichtigem unterscheiden ....

Platz schaffen ....

zum Einsatz kommen ....

zu kurz kommen ....

verarbeiten ....

gereizt ....

ungeduldig ....

der Schlafmangel (Sg.) ....

wissenschaftlich erwiesen ....

die Immunabwehr (Sg.) ....

der Krankheitserreger, - ....

MODUL 2 MACH DAS BESTE AUS DIR!

optimieren ....

die Optimierung, -en ....

extrem ....

die Sucht, "-e ....

jdn. aus|beuten ....

etw. gestalten *(Wir gestalten unseren Garten neu.)* ....

individuell ....

die Persönlichkeit (Sg.) ....

implantieren *(einen Chip implantieren lassen)* ....

das Implantat, -e ....

dauerhaft ....

die Einstellung, -en ....

vor|kommen (kommt vor, kam vor, ist vorgekommen) *(Es kommt vor, dass …)* ....

auf|hören mit (+ Dat.) ....

sich orientieren an (+ Akk.) ....

das Ideal, -e ....

etw. steigern ....

MODUL 3 DIGITALE HELFER

seriös ....

die Studie, -n ....

verwenden ....

jdn. entlassen (entlässt, entließ, hat entlassen) ....

die Entlassung, -en ....

die Therapie, -n ....

die Diagnose, -n *(Der Arzt stellt eine Diagnose.)* ....

- komplett ....
- die Allergie, -n ....
- allergisch sein gegen (+ Akk.) ....
- das Asthma (Sg.) ....
- die Gräser (Pl.) ....
- atmen ....
- geschwollen ....
- ersticken ....
- riskant ....
- etw. dosieren *(Tabletten dosieren)* ....
- das Symptom, -e ....
- die Beschwerden (Pl.) ....
- etw. ab|fragen ....
- der Facharzt, "-e
die Fachärztin, -nen ....
- jdn. überweisen (überweist, überwies, hat überwiesen) *(einen Patienten zur Fachärztin überweisen)* ....
- ansonsten ....
- intensiv ....

MODUL 4 WAS FÜHRT SIE ZU MIR?

- auf den Punkt kommen ....
- in eine / zur Sprechstunde kommen ....
- zwischen den Zeilen ....
- etw. herunter|spielen ....
- unterschiedliche Herangehensweisen ....
- das Kribbeln ....
- schwindelig ....
- die Behandlung, -en ....
- gut sein für/gegen ....
- sich schonen ....
- auf|treten (tritt auf, trat auf, ist aufgetreten) *(Schmerzen treten auf)* ....
- etw. vertragen (verträgt, vertrug, hat vertragen) *(ein Medikament gut vertragen)* ....
- etw. verschreiben (verschreibt, verschrieb, hat verschrieben) ....

Weitere Wörter, die für mich wichtig sind

....

....

Lernen in Paaren: Notieren Sie zehn Wortpaare zum Kapitelthema, bei denen die Wörter das Gleiche oder das Gegenteil bedeuten. Schreiben Sie die Paare immer auf eine Karte (Vorder- und Rückseite). Lernen oder wiederholen Sie die Wörter, tauschen Sie dann zu zweit und fragen Sie sich mit den Karten ab.

7 WIEDER WAS GELERNT

WORTSCHATZ WIEDERHOLEN UND ERARBEITEN

1 a **Wie lernen Sie? – Lesen Sie die Antworten aus einer Umfrage an einer Sprachenschule und bearbeiten Sie die Texte A bis D.**

A Ergänzen Sie den Text mit den Wörtern. Achten Sie auf die Form.

effektiv • schaffen • monoton • verbessern • motivieren

Ich könnte nie eine Sprache lernen, indem ich nur irgendwelche langweiligen und (1) .... Übungen zu Wortschatz oder Grammatik mache. Mich (2) .... Aufgaben, bei denen ich viel hören, sehen und sprechen kann. Damit kann ich mir die Sprache am (3) .... merken. Ich arbeite am liebsten mit Videos oder Podcasts und ich mache bei einer Theatergruppe mit, die Stücke auf Deutsch aufführt. Nur so habe ich es (4) ...., meine Sprache immer weiter zu (5) ....

C Welcher Ausdruck passt? Unterstreichen Sie.

Ich glaube, ich habe noch keinen besonders (1) erfolgreichen | gelungenen Lernstil für mich gefunden. Vor allem in Prüfungen kann ich die Sprache nicht so (2) motiviert | souverän verwenden, dass ich dann auch problemlos (3) bestehe | scheitere. Dabei lerne ich vor den Tests tagelang. Während der Tests kann ich mein Wissen aber nicht (4) abrufen | beherrschen. Meistens bin ich viel zu (5) aufmerksam | aufgeregt. Meine Freunde wollen mich jetzt unterstützen und geben mir Tipps, wie ich mich vor den Prüfungen (6) entspannen | bemühen kann.

B Wie heißen die Verben? Notieren Sie.

Ich kann erst dann etwas Neues (1) *anwenden* (den-wen-an), wenn ich es auch wirklich (2) .... (zo-voll-nach-gen) habe. Das gilt für das Lernen einer neuen Sprache genauso wie für das Benutzen eines neuen technischen Geräts. Ich brauche eine genaue Erklärung. Deshalb lese ich immer die Bedienungsanleitungen oder ich (3) .... (be-ze-nut) Hilfsmittel wie ein Grammatikbuch oder ein Tutorial. Das (4) .... (niert-tio-funk) meistens ganz gut. Fehler (5) .... (ter-fen-un-lau) mir dann nur selten. Okay, ich (6) .... (nö-be-ti-ge) mehr Zeit beim Lernen als andere, aber dafür muss ich später nicht so oft irgendetwas korrigieren.

D Unterstreichen und notieren Sie Synonyme zu den Wörtern 1 bis 6.

Ich brauche laufend den Austausch mit anderen Menschen, wenn ich eine Sprache lerne. Für mich ist es dabei nicht so wichtig, ob ich immer korrekt spreche oder nicht. Die Hauptsache ist doch, dass ich mich mit anderen unterhalten kann. Ich möchte schildern, was ich erlebt habe, und ein Treffen mit anderen komplett in der Fremdsprache bewältigen können. Klar, dabei mache ich viele Fehler. Aber es ist ein super Training und ich merke mir neue Wörter und Sätze viel leichter.

1. kontinuierlich – *laufend*
2. erzählen – ....
3. richtig – ....
4. vollständig – ....
5. einfacher – ....
6. austauschen – ....

2.01 b **Hören Sie die Aussagen aus der Umfrage zur Kontrolle. Wählen Sie dann zwei Texte und lesen Sie sie laut vor. Achten Sie auf Artikulation und Intonation.**

c **Welche Beschreibung passt zu welcher Person aus 1a? Ordnen Sie zu. Wie würden Sie sich als Lerntyp beschreiben?**

1. Typ: analytisch und genau ☐
2. Typ: kommunikativ und gesellig ☐
3. Typ: fleißig, aber unsicher ☐
4. Typ: abwechslungsreich und multimedial ☐

2

Online Ü1

a **Welches Verb passt nicht? Kreuzen Sie an.**

1. eine Regel	☐ erkennen	☐ beachten	☐ anwenden	☒ beheben
2. Fehler	☐ korrigieren	☐ reduzieren	☐ erledigen	☐ vermeiden
3. eine Sprache	☐ beherrschen	☐ können	☐ sprechen	☐ verfassen
4. einen Text	☐ verbessern	☐ machen	☐ formulieren	☐ überprüfen
5. Wörter	☐ lösen	☐ kennen	☐ behalten	☐ verwenden
6. auf Deutsch	☐ plaudern	☐ diskutieren	☐ träumen	☐ erlernen
7. Aufgaben	☐ bearbeiten	☐ denken	☐ wiederholen	☐ aussuchen

b **Zu welchen Nomen in 2a passen die markierten Verben? Ordnen Sie zu.**

Fehler beheben, ...

3

2.02

Klick-Klack – Sprechen Sie zu zweit. Person A beginnt *(Klick)*, Person B reagiert *(Klack)*. Dann wechseln Sie. oder **Hören Sie *(Klick)* und reagieren Sie *(Klack)*.**

Klick

1. Du kannst ja super kochen. Und so schnell. Wie machst du das?
2. Schwimmen? Kann ich nicht. Und jetzt bin ich zu alt, um es noch zu lernen.
3. Bei der Fortbildung am Mittwoch geht es schon wieder um Videokonferenzen.
4. Emil kommt immer wieder zu spät.
5. Wie kannst du dir diese ganzen Wörter nur merken?
6. Ich konnte früher mit sechs Bällen jonglieren. Ob das noch geht?

Klack

A Er lernt es wohl nie, dass er pünktlich sein muss.
B Das Gericht ist nicht so schwer und gelernt ist eben gelernt!
C Ich trainiere mit einer Vokabel-App.
D Ich gehe trotzdem hin. Man lernt ja immer noch etwas Neues dazu.
E Versuch's doch mal. So schnell verlernt man das nicht.
F Unsinn! Das können auch noch Erwachsene erlernen.

4

Lesen Sie die Wörter und erstellen Sie eine Mindmap zum Thema *Lernen*. Wählen Sie dafür Wörter aus, die Sie wichtig finden, und ergänzen Sie auch eigene.

selbstständig • herausfinden • freiwillig • im Team • spielen • vergleichen • der Kurs • die Fortbildung • nachmachen • die Schule • analysieren • die Universität • flexibel • der Kindergarten • singen • fördern • das Handwerk • kochen • die Reise • das Hobby • das Video • improvisieren • regelmäßig • das Internet • scheitern • die Anleitung • die Erfahrung • lesen • verändern • der Austausch • probieren • kreativ • überlegen • Fragen stellen • erklären • die Volkshochschule • das Tutorial • unterstützen • die Fahrschule • aufmerksam • ...

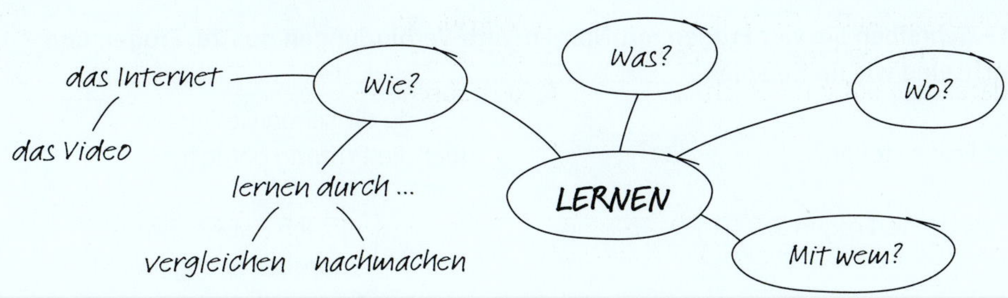

SPRACHEN LERNEN – ABER WIE?

1 a Lernen und üben – Finden Sie acht Wörter und ergänzen Sie die Lücken im Text. Achten Sie auf die richtige Form.

A	A	K	Ö	F	F	I	U	M	K
F	U	T	G	O	I	X	J	Ä	A
A	U	S	D	R	Ü	C	K	E	N
K	R	A	W	T	W	N	H	A	W
T	W	E	Z	S	T	N	A	R	E
O	E	R	W	E	I	T	E	R	N
R	K	F	Ü	T	R	J	G	A	D
Q	A	O	P	Z	U	W	Z	P	E
N	L	L	M	E	A	G	E	N	N
L	T	G	H	N	B	A	S	I	S
E	I	N	P	R	Ä	G	E	N	K

Wer eine gute (1) Basis .... für eine neue Fremdsprache legen will, sollte bedenken, dass das Wiederholen der Inhalte aus dem Unterricht ein zentraler (2) .... ist. Das Üben sollte im Kurs anfangen und dann auch in der Freizeit (3) .... werden. (4) .... Sie das Gelernte also Tag für Tag bei jeder Gelegenheit ....: bei der Arbeit, beim Einkaufen, beim Sport oder im Gespräch mit Nachbarn und Bekannten. In vielen privaten Situationen können Sie trainieren, Ihre Meinungen oder Gedanken auf Deutsch (5) .... Gleichzeitig nutzen Sie aktiv die Grammatik und (6) .... sich Wörter intensiv .... Durch das Üben der Sprache im Alltag können Sie aktiv zu Ihrem (7) .... beitragen und Ihre Kenntnisse im Laufe der Zeit sogar immer mehr (8) ....

2.03 **b Hören Sie noch einmal den Beitrag aus Aufgabe 2 im Kursbuch. Welche Aussagen kommen in dem Beitrag vor? Markieren Sie.**

1. Der Kurs vermittelt neue sprachliche Inhalte und bietet ein erstes Training dazu an. ✓
2. Es kann eine Weile dauern, bis man das Neue fehlerfrei verwenden kann.
3. Wie gut wir eine Sprache lernen, hängt von verschiedenen Faktoren ab.
4. Je intensiver Sprachkurse sind, umso besser erinnern wir uns an die Inhalte.
5. Bei privaten Gesprächen auf Deutsch können sich viele Lernende nicht verständigen.
6. Welche Grammatik man wozu braucht, versteht man in alltäglichen Dialogen besser.
7. In Alltagsgesprächen ist man sehr motiviert, wenig Fehler zu machen.
8. Es wird empfohlen, im Unterricht nach typischen Fehlern zu fragen.

2 a Nomen-Verb-Verbindungen – Welches Verb passt zum Nomen? Kreuzen Sie an.

Online Ü 2

1. fragen =
   eine Frage
   - stellen
   - sagen
2. nachdenken über =
   sich über etwas Gedanken
   - machen
   - erzählen
3. vorschlagen =
   einen Vorschlag
   - geben
   - machen
4. meinen =
   eine Meinung
   - sprechen
   - vertreten
5. antworten =
   eine Antwort
   - geben
   - sprechen
6. sich entscheiden für / gegen =
   eine Entscheidung für / gegen etwas
   - machen
   - treffen

b Flüssig sprechen – Schreiben Sie vier Fragen mit Nomen-Verb-Verbindungen aus 2a. Fragen und antworten Sie abwechselnd wie im Beispiel.

Darf ich Ihnen eine Frage stellen?

Ja, gerne. Fragen Sie.

Hast du dir schon Gedanken über die Prüfung gemacht?

Ja, ich habe schon darüber nachgedacht.

3 a **Fünf Lerntipps, die Spaß machen – Lesen Sie die Tipps und formulieren Sie die Sätze mit den markierten Ausdrücken neu.**

TIPP 1: Lernen im Alltag

Stellen Sie Ihr Handy und Ihren Laptop auf Deutsch um. Sind Sie in der Lage, die Geräte weiterhin zu bedienen? (können) Probieren Sie es aus!

TIPP 2: Lernen beim Pendeln

Hören Sie auf dem Weg zur Arbeit oder zur Uni ein Hörspiel oder einen Podcast auf Deutsch. Suchen Sie sich etwas aus, was Sie interessant finden und gerne öfter hören. (Interesse haben an)

TIPP 3: Lernen im direkten Kontakt

Recherchieren Sie im Internet nach Vereinen oder Institutionen, wo Sie Leute treffen, die aus deutschsprachigen Ländern kommen. Oft gibt es Kulturcafés, Sprachentreffs oder Clubs, die für einen Austausch auf Deutsch in Frage kommen. (geeignet sein)

TIPP 4: Lernen auf dem Sofa

Sie mögen Serien oder Spielfilme? Dann sehen Sie doch welche auf Deutsch an. Sie können dabei auch Untertitel auf Deutsch einblenden. Die können sehr wichtig sein, um den Inhalt besser zu verstehen. (eine große Rolle spielen).

TIPP 5: Lernen im Urlaub

Sprachreisen sind zwar nicht billig, aber sehr effektiv. Das Lernen in einem deutschsprachigen Land bietet nicht nur intensiven Unterricht, sondern hat auch zur Folge, dass Sie ganz nebenbei die Sprache im Alltag trainieren und die Kultur kennenlernen. (bewirken)

1. Können Sie die Geräte weiterhin bedienen?

b **Lesen Sie die Tipps in 3a noch einmal. Welchen Tipp würden Sie besonders empfehlen? Welchen weiteren Tipp können Sie geben? Schreiben Sie einen kurzen Beitrag für einen Lernblog, nennen Sie Ihre Empfehlungen und begründen Sie.**

c **Lesen Sie die Überschriften und markieren Sie die Nomen-Verb-Verbindungen. Formulieren Sie die Aussagen dann mit passenden Verben.** oder **Ordnen Sie die Verben den Überschriften zu und schreiben Sie die Aussagen.**

A Haben wir noch Einfluss aufs Klima?

B Opposition übt scharfe Kritik an Bildungspolitik

C Arbeitgeberverband macht Angebot für 6,2% mehr Lohn

D HANDELSVERTRÄGE ZUM ABSCHLUSS GEKOMMEN

E Schüler:innen stellen Forderung nach mehr Umweltschutz

F Region trifft Entscheidung für Windpark

A Können wir das Klima noch beeinflussen?

abschließen • sich entscheiden für • anbieten • beeinflussen • fordern • kritisieren

ICH BRÄUCHTE IHREN RAT

1 a **Anfragen – Markieren Sie die Wörter in der Wortschlange und ordnen Sie sie den Umschreibungen zu.**

HMABSOLVIERENODANERKENNENKFACHBEREICHULZFESTSTELLENK
EIZNACHWEISENRIGTESPRECHSTUNDEMTULABZULASSUNGISMTRIS

1. universitäre Abteilung, die ein Fach lehrt und dazu forscht: der ....
2. schriftliche Erlaubnis, mit dem Studium anzufangen: die ....
3. etwas durch ein Dokument belegen: ....
4. an etwas erfolgreich teilnehmen: ....
5. etwas als gleichwertig/gültig akzeptieren: ....
6. etwas bemerken: ....
7. Zeit, in der man sich beraten lassen kann: die ....

b **Wählen Sie zwei Nomen und formulieren Sie Umschreibungen wie in 1a.**

das Anliegen   das Praktikum   die Fachberatung   der Termin

2 **Ich bräuchte Ihren Rat – Formulieren Sie die Aussagen mit den Redemitteln.**

Online Ü 3

1. ...., wie ich mich beim Schreiben von Texten verbessern kann. (Ich / gerne / mit / würde / besprechen / Ihnen)
2. .... Prüfungsvorbereitung. (zum Thema / gerne / hätte / Ich / eine Beratung)
3. ...., wenn Sie mir Übungen oder Bücher empfehlen könnten. (Für / eine Hilfe / es / mich / wäre)
4. ...., einen Lernpartner oder eine Lernpartnerin zu finden? (Sie / behilflich / Könnten / dabei / sein / mir)
5. ....? Ist nächste Woche ein Termin frei? (in die Sprechstunde / könnte / Ihnen / ich / zu / kommen / Wann)

3 a [WORTBILDUNG] **Adverbien mit *-weise* – Lesen Sie den Tipp. Wie heißen die Adverbien zu den Wörtern?**

dumm	das Beispiel	das Kilo
freundlich	die Beziehung	die Tage

> **TIPP**
> Adverbien mit der Endung *-weise* werden meist aus Nomen oder Adjektiven gebildet.
> Vor *-weise* wird oft ein Fugenelement eingebaut:
> - bei Nomen → + *-s* (abschnittsweise)
> - bei Adjektiven → + *-er* (möglicherweise)
> - im Plural oder bei Mengen *(Gramm, Liter, …)* → ohne Fugenelement (wochenweise)

b **Formulieren Sie es anders. Bilden Sie Adverbien mit *-weise* und schreiben Sie Sätze.**

1. Es ist normal, dass man rechtzeitig mit dem Lernen anfängt.
2. Ich schaffe das aber nie. Das ist seltsam.
3. Ich habe den Versuch gemacht, mit einem Lernplan zu arbeiten.
4. Der Plan hat mir zum Teil sehr geholfen.
5. So muss ich am Ende nicht unter Zwang stundenlang lernen.
6. In Stufen zu lernen, hat wirklich viel gebracht.

Normalerweise fängt man rechtzeitig mit dem Lernen an.

4 P 2.04

a **Sie hören fünf Gespräche und Äußerungen. Sie hören jeden Text einmal. Zu jedem Text lösen Sie zwei Aufgaben. Wählen Sie bei jeder Aufgabe die richtige Lösung.**

> **TIPP**
> **In der Prüfung**
> Lesen Sie die Aufgaben und markieren Sie Schlüsselwörter. In den Hörtexten sind wichtige Begriffe meist anders formuliert als in den Aufgaben. Achten Sie deshalb beim Hören auf Synonyme, Umschreibungen, Nomen-Verb-Verbindungen etc.

1 In dem Gespräch geht es um eine Beschwerde. richtig falsch

2 Die Teilnehmerin …
a ist unzufrieden mit ihrem Sprachkurs.
b findet das Verfassen von längeren Texten schwer.
c soll sich eine Lerngruppe suchen.

3 Die Frau spricht über die Vorzüge des Kite-Surfens. richtig falsch

4 Sie sagt, dass dieser Sport …
a auch Gefahren mit sich bringt.
b mit anderen Sportarten vergleichbar ist.
c viele positive Effekte auf den Körper hat.

5 Der Moderator spricht über einen neuen Kriminalroman. richtig falsch

6 Er berichtet, dass die Autorin …
a zehn Jahre für ihr Buch recherchiert hat.
b unterschiedliche Dokumente in ihrem Buch verarbeitet hat.
c von einer spannenden Flugreise erzählt.

7 In dem Telefonat geht es um eine Sitzung in der Firma. richtig falsch

8 Der Kollege hat …
a über Aktivitäten des letzten Jahres berichtet.
b das Treffen schriftlich dokumentiert.
c keine interessanten Neuigkeiten für die Kollegin.

9 Der Mann möchte eine Ausbildung zum KFZ-Mechatroniker machen. richtig falsch

10 Wonach erkundigt sich der Mann?
a Nach den Stunden für Theorie und Praxis.
b Nach den Prüfungen.
c Nach den Lehrerinnen und Lehrern.

2.04

b **Hören Sie noch einmal und notieren Sie Synonyme und Umschreibungen zu den Wörtern und Ausdrücken. Auch die Items in 4a helfen.**

1. Texte verfassen: *Texte schreiben*
2. die Lerngruppe: ....
3. die Vorzüge: ....
4. Gefahren mit sich bringen: ....
5. in der Natur: ....
6. recherchieren: ....
7. die Dokumente: ....
8. spannend: ....
9. die Sitzung: ....
10. sich erkundigen: ....
11. ausgehen von: ....
12. Ratschläge geben: ....

STUDIUM FRÜHER UND HEUTE

1 a **Wörter rund ums Studium – Erstellen Sie eine Tabelle und ordnen Sie die Wörter.**

~~das Audimax~~ • der Assistent / die Assistentin • die Aula • der Bachelor • die Bibliothek • der Campus • der Dozent / die Dozentin • der Hörsaal • der Kurs • der Master • die Mensa • der Präsident / die Präsidentin • der Professor / die Professorin • die Promotion • das Sekretariat • das Seminar • das Staatsexamen • das Tutorium • die Übung • die Vorlesung

Veranstaltungsart	Abschlüsse	Personen	Räume
			das Audimax

b **Für welches Studium soll man sich entscheiden? – Ergänzen Sie die Forumsbeiträge und schreiben Sie dann selbst einen Beitrag.**

Abschluss • Druck • Einfluss auf • Förderungen • im Vordergrund • Vielfalt • ~~zählen zu~~ • zulassungsbeschränkt

Abi22: Die Entscheidung für ein Studienfach (1) *zählt zu* .... den wichtigsten im Leben. Die heutige (2) .... der Fächer macht diese aber nicht leichter – noch dazu sind viele Fächer (3) ...., d.h. dass man gute Noten für einen Studienplatz braucht. Meiner Meinung nach sollten bei der Entscheidung die Berufsaussichten (4) .... stehen. Außerdem sollten andere nicht versuchen, (5) .... die Wahl zu nehmen – die Entscheidung muss man selbst treffen.

promo33: Heutzutage haben wir Studierenden es einerseits leicht – wir können in ganz Europa studieren und Stipendien oder finanzielle (6) .... erhalten. Andererseits muss man sehr viel lernen, um einen guten (7) .... zu erreichen – der (8) .... im Studium ist also hoch. Deshalb sollte man meiner Ansicht nach nur das studieren, was einen wirklich interessiert.

2 **Lesen Sie den Text im Kursbuch, Aufgabe 1b noch einmal und verbinden Sie.** oder **Verbinden Sie und kontrollieren Sie mit dem Text im Kursbuch.**

1. Im Mittelalter haben Männer studiert,
2. In den Anfängen der Universitäten
3. Durch die Reformen von W.v. Humboldt
4. Nachdem Studierende 1968 demonstriert hatten,
5. Dank des europaweiten Bologna-Prozesses
6. Bis heute gibt es weniger Frauen als Männer,

A die eine Professur erhalten.
B änderte sich die Unterrichtsart.
C deren Familien wohlhabend waren.
D wurden nur wenige Fächer angeboten.
E wurde vieles an den Unis modernisiert.
F verringerte sich die Studiendauer.

3 a **Zusammen eine Präsentation planen – Wie würden Sie vorgehen? Sprechen Sie zu zweit über eine mögliche Reihenfolge.**

im Internet recherchieren
den eigenen Teil üben
gemeinsam Inhalte festlegen
Präsentation fertigstellen
Rollen bei der Präsentation verteilen
mit dem Dozenten / der Dozentin sprechen
gemeinsam die ganze Präsentation proben
in der Bibliothek Material suchen
Präsentationsfolien erstellen

B2.2 › 100

2.05 **b Hören Sie das Gespräch von drei Studierenden. Wie planen sie zusammen die Präsentation? Notieren Sie die Reihenfolge. Wenn etwas gleichzeitig stattfindet, notieren Sie die gleiche Nummer.**

Online Ü 4 **c Wie lief die Vorbereitung? – Schreiben Sie die Sätze mit den angegebenen Konnektoren und achten Sie auf die Tempusform.**

1. Die Studierenden haben das Thema besprochen. Dann haben sie die Sprechstunde besucht. (nachdem)
2. Sie recherchieren Material. Vorher haben sie das Thema mit dem Dozenten geklärt. (bevor)
3. Alle drei haben Informationen gesammelt. Im Anschluss erstellt Marc die ersten Folien. (sobald)
4. Sie haben die Präsentation fertiggestellt. Seitdem bereiten sie sich einzeln vor. (seit)
5. Sie haben die Präsentation geprobt. Währenddessen haben sie sich gegenseitig korrigiert. (solange)
6. Im Seminar haben sie ihre Präsentation gehalten. Danach haben alle darüber diskutiert. (nachdem)

1. Nachdem die Studierenden das Thema besprochen hatten, besuchten sie die Sprechstunde.

4

a Studienbeginn – Ergänzen Sie die passenden Konnektoren. Manchmal passen mehrere.

als • bevor • bis • bis • ehe • nachdem • seit • seitdem • sobald • während • wenn

1. ● Noch zwei Wochen .... die Semesterferien beginnen. Endlich!
   ○ Du freust dich ja richtig.
   ● Ja, dann sehe ich meinen Freund wieder öfter. Er arbeitet nachts und schläft morgens noch, ... ich aufstehe und zur Uni fahre. Er kocht abends für uns, ... ich noch an der Uni bin und wir essen dann zusammen, aber .... wir fertig sind, muss er gleich los.
2. ● Ich muss viel für die Prüfung lernen.
   ○ Soll ich dich am Abend wieder abfragen, ... du gelernt hast?
   ● Das wäre super. Meine Noten sind besser, ... wir zusammen lernen.
3. ● Ich muss mir noch einen Job suchen, ... das Semester richtig losgeht.
   ○ Frag doch mal bei der Bäckerei neben der Uni. Da habe ich auch gearbeitet, ... ich noch studiert habe.
   ● Gute Idee. Da gehe ich gleich hin. Ich habe noch etwas Zeit, ... ich zu meinem Termin muss.
4. ● Wollen wir gleich zusammen zur Bib?
   ○ Ne, ich muss noch zu meiner Professorin, ... ich in die Bib fahre.
   ● Warum das denn?
   ○ Ach, ... ich den Job bei ihr habe, muss ich öfters zu Besprechungen mit ihr.

b Formulieren Sie die Sätze mit einer Präposition.

1. Seit das Semester begonnen hat, lernen viele Studierenden in den Bibliotheken.
2. Die Studierenden notierten Stichpunkte, während die Theorie erklärt wurde.
3. Die Studierenden bearbeiteten eine Aufgabe, bis das Seminar zu Ende war.
4. Bevor die Semesterferien beginnen, schreiben die Studierenden noch Prüfungen.
5. Die Studierenden feiern das Semesterende, nachdem die Ergebnisse veröffentlicht wurden.

1. Seit dem Semesterbeginn lernen viele Studierende in den Bibliotheken.

c Schreiben Sie Sätze und ergänzen Sie auch weitere Informationen.

bei	der Abschluss	in die Bibliothek gehen
bis zu	die Prüfung	eine Lerngruppe besuchen
nach	die Veranstaltung	etwas präsentieren
seit	das Programm	einige Freunde besuchen
vor	die Sprechstunde	ein Problem besprechen
während	die Feiertage (Pl.)	viel lernen
	…	…

Vor den Prüfungen gehen die Studierenden in die Bibliothek.

GLEICHE BILDUNGSCHANCEN FÜR ALLE?

1 Online Ü 5

Das deutsche Schulsystem – ein allgemeiner Überblick. Sehen Sie die Grafik an und lesen Sie die Aussagen. Was ist richtig? Kreuzen Sie an. Korrigieren Sie dann die falschen Aussagen.

TIPP

Das Schulsystem und auch die Lehrpläne unterscheiden sich in jedem Bundesland etwas.

1. In Deutschland gehen die Kinder mindestens neun Jahre in die Schule.
2. Nach der fünften Klasse besuchen die Kinder unterschiedliche Schulformen.
3. Um eine Fachhochschule zu besuchen, muss man nach der Realschule noch drei Jahre weiter zur Schule gehen.
4. Der Besuch der Realschule dauert sechs Jahre.
5. Beim Abschluss des Gymnasiums ist man in der Regel siebzehn Jahre alt.
6. Zur Universität wird man mit Abitur zugelassen, also wenn man das Gymnasium abgeschlossen hat.

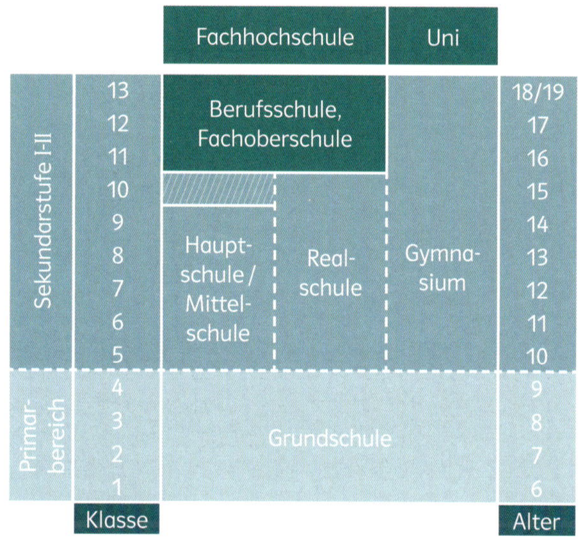

2

Sehen Sie sich die Informationen im Kursbuch Aufgabe 1c noch einmal an und ergänzen Sie die Lücken in der Mail. Es gibt mehrere Möglichkeiten.

Hi Noah,

wir hatten uns doch neulich darüber unterhalten, wie wichtig Bildung ist. Und heute haben wir im Deutschkurs über das deutsche Bildungssystem gesprochen. Es ging um die (1) .... für Kinder, die leider nicht für alle gleich sind. Überraschend fand ich, dass nur 21 Prozent der Kinder aus (2) ....-Familien zu studieren beginnen und nur ein Prozent von ihnen später einen (3) .... erhalten. Bei den Kindern aus Familien, in denen mindestens ein Elternteil studiert hat, schließen immerhin 63 % die Uni mit dem (4) .... ab.

Zum Glück gibt es schon viele (5) ...., die etwas dagegen unternehmen. Beeindruckt hat mich *Arbeiterkind.de* – so heißt ein Verein, bei dem sich Ehrenamtliche um Kinder aus bildungsfernen Familien kümmern, also aus Familien, in denen niemand (6) .... hat. Eine tolle Initiative finde ich auch *Schule macht stark*, denn sie fördert Schulen in bestimmten (7) .... Für diese Schulen werden neue Konzepte (8) ...., die dann später an vielen anderen Schulen eingesetzt werden können. Ich bin gespannt, wie die Situation in einigen Jahren sein wird – hoffentlich viel besser!

Liebe Grüße, Alba

3 a **Sie lesen in einer Zeitschrift Meinungsäußerungen über Schulbildung. Welche Äußerung passt zu welcher Überschrift? Eine Äußerung passt nicht. Die Äußerung a ist das Beispiel und kann nicht noch einmal verwendet werden.**

P

0 Unterschiede zwischen Bundesländern führen zu individuellen Nachteilen *a*
1 Persönliche Erfahrungen entscheidend für Berufswahl
2 Zu viel Druck an höheren Schulen
3 Ohne Förderung schlechtere Chancen
4 Schulzeit ist in vielerlei Hinsicht prägend fürs Leben
5 Leistungen besser einschätzbar durch faires Verfahren
6 Stärkere Individualität bei Schulinhalten gefordert

TIPP

In der Prüfung
Lesen Sie eine Meinungsäußerung und wählen Sie die passende Überschrift. Lesen Sie bei jeder Meinungsäußerung immer alle Überschriften, so können Sie Fehler vermeiden.

a In Deutschland hat jedes Bundesland ein eigenes Schulsystem und eigene Abschlussprüfungen. Bei der Bewerbung an einer Universität werden die Absolvent*innen dann aber gleich behandelt und es bleibt unberücksichtigt, wo der Schulabschluss gemacht wurde. Der Wohnort während der Schulzeit kann also bei der Bewerbung auf einen Ausbildungs- oder Studienplatz eine große Rolle spielen.

b In anderen Ländern gibt es zentrale Abschlussprüfungen, bei denen die Schüler und Schülerinnen gleiche Aufgaben erhalten. So ein System ist gerechter, transparenter und motivierender, denn zukünftige Arbeitgeber wollen die vorgelegten Zeugnisnoten vergleichen und richtig einschätzen können.

c Ich interessiere mich schon seit meiner Kindheit für Geschichte, obwohl der Unterricht nicht wirklich spannend war. Oft konnten die Lehrkräfte den Stoff nicht gut vermitteln und die meisten in meiner Klasse waren gelangweilt. Nach dem Abschluss wurde ich selbst Geschichtslehrerin, um das besser zu machen.

d Die Schulzeit ist eine prägende Zeit für Kinder und Jugendliche und entscheidend für ihre berufliche Zukunft. Wenn sie in dieser Zeit nicht gefördert und unterstützt werden, zum Beispiel von Angehörigen oder Ehrenamtlichen, dann kann sich das auf ihren weiteren Lebensweg negativ auswirken.

e Die Konzepte für die Grundschule sind gut, aber auf den weiterführenden Schulen und insbesondere auf dem Gymnasium wird zu viel Wert auf die messbare Leistung gelegt und weniger auf die individuellen Fähigkeiten. So wird die Schulzeit zur Stresszeit und viele schaffen es nicht bis zum Abitur. Meines Erachtens sollte das Konzept dringend überarbeitet werden.

f Die offiziellen Schulpläne sind das eine, engagierte und talentierte Lehrkräfte das andere. Von ihnen gibt es nie genug, deshalb sollte der Staat stärker in die pädagogische Ausbildung investieren. Dann werden die Schulkinder von der ersten Klasse an mit Spaß und Erfolg lernen und davon ihr Leben lang profitieren.

g In der Schule lernt man nicht nur wichtige Inhalte, sondern man findet Freunde und probiert sich auch selbst aus. Man lernt die eigenen Talente, Stärken und Schwächen kennen. Die Schulzeit ist also eine entscheidende Etappe in der Entwicklung junger Menschen und Lehrkräfte dienen dabei häufig als Vorbilder.

h Ich war gern in der Schule, aber einige Fächer haben mich wenig interessiert. Wäre es nicht schön, wenn die Schüler und Schülerinnen stärker selbst bestimmen könnten, was sie lernen? Mit Wahlfächern in den höheren Klassen funktioniert das schon gut. So ein Angebot würde die Leistung von vielen verbessern.

b **Sprechen Sie zu zweit über die Meinungsäußerungen. Welcher können Sie zustimmen, welcher nicht? Begründen Sie Ihre Wahl.**

B2.2 › 103

SPRECHEN · AUSSPRACHE

1 a [RICHTIG SPRECHEN] **Kannst du mir das erklären? – Hören Sie das Gespräch über einen Honorarvertrag. Um welche Themen geht es?**

2.06 Arbeitsleistung Arbeitsort Bezahlung Dauer Termine

b **Hören Sie noch einmal und markieren Sie die verwendeten Redemittel.**

2.06

das Verständnis klären

a Ich bin mir nicht sicher, ob ich das richtig verstehe. Hier heißt es …
b Was ist hier genau gemeint?
c Bedeutet das, dass …?
d Heißt das, dass …?
e Also, ich verstehe das folgendermaßen: … Liege ich da richtig?
f Was bedeutet das konkret?

etwas einfacher erklären

a Das könnte man auch so ausdrücken: …
b Ich gebe dir/Ihnen mal ein konkretes Beispiel, dann wird es klarer.
c Anders gesagt: …
d Konkret bedeutet das, dass …
e Das klingt komplizierter als es ist. Eigentlich wird hier gesagt, …
f Mit anderen Worten könnte man sagen, …

c **Arbeiten Sie zu zweit. A liest die Sätze links und klärt für sich die Bedeutung, B rechts. Dann liest jede/r laut die Sätze des Partners / der Partnerin und bittet um Erklärung. Der Partner / Die Partnerin erklärt so einfach wie möglich.**

A

Der/Die Auftragnehmende ist an keinerlei Vorgaben zum Arbeitsort oder zur Arbeitszeit gebunden.

Beide Vertragsparteien verpflichten sich zur gegenseitigen Kenntnisgabe, sofern vorhersehbare Zeitverzögerungen entstehen sollten.

B

Der Auftragnehmer erbringt die Arbeitsleistung in der Regel höchstpersönlich. Er kann sich zur Erfüllung des Auftrags auch anderer Personen bedienen.

Für die ordnungsgemäße Erfüllung der vertraglichen Leistungen bleibt der Auftragnehmer dem Auftraggeber gegenüber verantwortlich.

2 a [AUSSPRACHE] **Kurze und lange Vokale – Hören Sie und achten Sie auf die Länge der Vokale. Notieren Sie . für kurz oder _ für lang.**

2.07

1. die Lage
2. die Gruppe
3. der Rat
4. lesen
5. schließlich
6. studieren
7. das Fach
8. ohne
9. wissen
10. der Text
11. ihr
12. die Quelle

b **Markieren Sie die Länge. Hören Sie dann und sprechen Sie nach.**

2.08

1. Der Kurs ist ziemlich schwer für mich.
2. Was soll ich gegen Lernschwierigkeiten machen?
3. Ich habe mich langsam an den Unialltag gewöhnt.
4. Der Alltag von Studierenden ist heute ganz anders als früher.

TIPP

Vokale spricht man kurz:
- vor Doppelkonsonanten
- vor zwei oder mehr Konsonanten im Wortstamm

Vokale spricht man lang:
- bei Doppelvokalen
- bei Vokalen + h
- meist in offenen Silben (La-ge, le-sen)

c **Schreiben Sie drei Sätze mit den Wörtern aus 2a und tauschen Sie mit einem Partner / einer Partnerin. Sprechen Sie dann und kontrollieren Sie sich gegenseitig.**

B2.2 › 104

DAS KANN ICH NACH KAPITEL 7

	KB	ÜB
Lerntipps formulieren Ein Freund / Eine Freundin ist nicht zufrieden damit, wie er / sie lernt. Formulieren Sie drei Tipps.	M1	3c
über die Planung einer Präsentation sprechen Wie gehen Sie vor, wenn Sie eine Präsentation für die Arbeit oder das Studium erstellen sollen? Sprechen Sie zu zweit.	M3	3a
Informationen aus verschiedenen Quellen zusammenfassen [M] Suchen Sie zwei Artikel zum gleichen Thema auf Deutsch. Schreiben Sie eine Mail an einen Freund / eine Freundin und fassen Sie die wichtigsten Informationen zusammen.	M4 2b–c	1b

UND ICH KANN ...

	KB	ÜB
einen Radiobeitrag über das Sprachenlernen verstehen.	M1 2	1b
Reaktionen in einem Forum verstehen und über Lernmethoden sprechen.	3	
einen Blogbeitrag mit Lerntipps schreiben.		3b
ein Gespräch unter Studierenden verstehen.	M2 1a	
[M] eine formelle Anfrage per Mail verstehen und Tipps dazu geben.	1b–d	
eine formelle Anfrage per Mail schreiben.	2b	2
ein (Lern-)Beratungsgespräch verstehen und führen.	3	
kurze Gespräche zu unterschiedlichen Themen verstehen.		4a
über das Studium früher und heute sprechen.	M3 1a	
einen Forumsbeitrag über die Studienwahl schreiben.		1b
einen Informationstext über Studieren verstehen.	1b–c	2
ein Gespräch über die Planung einer Präsentation verstehen und führen.		3a–b
einen Informationstext über eine Universität schreiben und darüber sprechen.	4	
über Schulsysteme sprechen.	M4 1a-b	
eine Grafik zum deutschen Schulsystem verstehen.		1
Informationen zum Thema *Bildungschancen* aus verschiedenen Quellen verstehen.	1c, 2a	2
Meinungsäußerungen über Schulbildung verstehen und darüber sprechen.		3
schriftliche Geschäfts- und Vertragsbedingungen verstehen und mündlich wiedergeben.	K 1–2	1

MODUL 1 SPRACHEN LERNEN – ABER WIE?

behalten (behält, behielt, hat behalten) *(Manche Wörter kann ich schlecht behalten.)* ....

einen Sinn bekommen = man versteht etwas ....

in Erfüllung gehen *(Mein Traum ist in Erfüllung gegangen!)* ....

überfordert ....

etwas fest|stellen ....

Rücksicht nehmen auf (+ Akk.) ....

eine Hilfe sein für (+ Akk.) = hilfreich sein ....

sich Gedanken machen über (+ Akk.) ....

im Austausch stehen mit (+ Dat.) = sich austauschen ....

das Interesse wecken an (+ Dat.) = jmd. für etw. interessieren ....

die Kosten tragen für (+ Akk). = für jmd./etw. bezahlen ....

unter Druck stehen = gestresst sein ....

einen Entschluss fassen = sich entschließen ....

etw. bringt viel/wenig (bringt, brachte, hat gebracht) *(Der Kurs hat mir viel gebracht.)* ....

MODUL 2 ICH BRÄUCHTE IHREN RAT

der Fachbereich, -e ....

die Zulassung, -en *(Ich habe eine Zulassung an der Uni Köln.)* ....

hin|weisen auf (+ Akk.) (weist hin, wies hin, hat hingewiesen) ....

etw. nach|weisen *(Ich muss mein Abitur nachweisen.)* ....

das Anliegen, - ....

etw. absolvieren *(eine Prüfung absolvieren)* ....

an|erkennen (erkennt an, erkannte an, hat anerkannt) ....

ziemlich *(Die Übung war ziemlich leicht.)* ....

im Voraus *(Vielen Dank im Voraus.)* ....

sich wenden an (+ Akk.) ....

behilflich sein bei (+ Dat.) ....

eine Erklärung haben für (+ Akk.) *(Hast du eine Erklärung für ihr Verhalten?)* ....

MODUL 3 STUDIUM FRÜHER UND HEUTE

das Mittelalter (Sg.) ....

die Neuzeit (Sg.) ....

adlig *(aus einer adligen Familie)* ....

die Fachhochschule, -n ....

die Kunsthochschule, -n ....

der Bruch, "-e *(der Bruch mit einer Tradition)*

zeitgemäß

die Schicht, -en *(aus einer sozialen Schicht)*

die Vereinheitlichung, -en

der Studiengang, "-e

im Laufe (+ Gen.) = während

die Vielfalt (Sg.)

zulassungsbeschränkt

eine Vorlesung halten

die Reform, -en

prägen

ausschließlich = nur

MODUL 4 GLEICHE BILDUNGSCHANCEN FÜR ALLE?

der Akademiker, - die Akademikerin,-nen

die Herkunft (Sg.) *(die soziale Herkunft)*

mittlerweile

bestehen bleiben *(die Tatsache bleibt bestehen)*

das Milieu, -s

bildungsfern

benachteiligt

erschweren

der Berufseinstieg, -e

erleichtern = leichter machen

gestalten

entsprechen (+ Dat.) (entspricht, entsprach, hat entsprochen) *(dem Durchschnitt entsprechen)*

erzielen (+ Akk.) *(einen Erfolg erzielen)*

ablaufen (läuft ab, lief ab, ist abgelaufen) *(Wie läuft das ab?)*

berufsorientiert

folgendermaßen

die Quelle, -n *(eine Quelle nennen)*

Weitere Wörter, die für mich wichtig sind

Dalli-Dalli – Arbeiten Sie in Gruppen. Jede/r sucht vier Wörter aus dem Kapitel aus. Person A beginnt und nennt ein Wort, Person B buchstabiert das Wort in maximal zehn Sekunden. Person C achtet auf die Zeit. Richtig und schnell genug? 1 Punkt. Falsch oder zu langsam? 0 Punkte. Person B nennt das nächste Wort für Person C usw. Wer hat am Ende die meisten Punkte?

anerkennen – Dalli-Dalli!

a-n-e-r-k-e-n-n-e-n

Perfekt! 1 Punkt. Jetzt das nächste Wort.

Äh … der Entschluss. Los!

8 EINFACH MENSCHLICH

WORTSCHATZ WIEDERHOLEN UND ERARBEITEN

1 **Markieren Sie die zehn Wörter im Suchrätsel und ergänzen Sie sie im Text. Achten Sie auf die richtige Form.**

V	Z	A	G	U	B	A	R	G	T	Z	A	G	J	V	V	E	R	S	C	H	I	E	D	E	N
E	R	V	E	R	T	R	A	U	E	N	K	E	C	R	Ä	W	T	B	G	T	S	I	A	Y	E
R	A	E	M	Ü	Z	R	B	U	G	H	Ä	B	S	A	H	K	Ü	M	M	E	R	N	P	Q	T
S	W	V	E	R	Z	E	I	H	E	N	S	O	C	T	I	U	S	Ö	H	P	T	N	Ä	V	U
Ö	U	C	I	M	A	T	S	N	Q	V	E	R	S	T	Ä	N	D	N	I	S	V	O	L	L	E
H	S	X	N	U	M	E	Ü	P	W	O	F	G	Y	Z	E	V	L	U	M	Ä	A	C	T	U	O
N	E	R	S	R	U	G	O	P	L	F	S	E	Ü	R	G	A	S	J	D	P	B	N	V	L	B
E	I	S	A	W	T	D	X	M	P	C	U	N	T	E	R	S	T	Ü	T	Z	E	N	P	Ü	E
N	P	Ü	M	U	I	Z	U	S	A	M	M	E	N	H	A	L	T	E	N	I	S	O	T	Q	T

Mein Bruder und ich, wir verstehen uns sehr gut, obwohl wir sehr (1) .... sind. Ich kann ihm einfach (2) .... und ich weiß, dass wir immer (3) ...., egal welches Problem es gibt. Wir haben (4) .... schon so viel geschafft! Nur einmal hatten wir eine Krise, als wir beide gleichzeitig Probleme hatten. Jeder hatte gedacht, dass der andere ihn (5) ...., aber keiner hat sich um den anderen (6) .... Jeder war zu sehr mit sich selbst beschäftigt und fühlte sich allein gelassen. Eine Zeit lang konnten wir uns das nicht (7) ...., aber wir haben uns zum Glück wieder (8) .... Das Schönste ist, dass wir uns beide beim anderen sicher und (9) .... fühlen. Er hört mir immer geduldig zu und ist sehr (10) ....

2 **Welche Ausdrücke haben eine ähnliche Bedeutung? Verbinden Sie.**

1. etwas mit anderen Augen sehen
2. sich fremd sein
3. wissen, was jd. meint
4. ein Weg liegt vor uns
5. ein perfektes Team sein
6. ein Zeichen geben
7. es geht auf und ab

A etwas signalisieren
B wir werden noch viel erleben
C sich nicht kennen
D etwas anders betrachten
E gut zusammenpassen
F jemanden verstehen
G mal ist es schön, mal kompliziert

I nicht vertraut sein
II sich in jemanden hineinversetzen
III eine andere Perspektive einnehmen
IV es gibt gute und schlechte Zeiten
V unsere Beziehung wird lange halten
VI etwas andeuten
VII gemeinsam Probleme lösen und Dinge zusammen schaffen

3 Welches Wort ist richtig? Kreuzen Sie an.

1. Schade, dass du nicht zu meiner Aufführung kommen konntest. Ich war wirklich
   ☐ traurig. ☐ bewegt. ☐ erfreut.
2. Manche Leute denken immer nur an sich. Darüber kann ich mich wirklich
   ☐ beschweren. ☐ aufregen. ☐ austauschen.
3. Ach, wie schön, dass du jetzt eine Woche Urlaub hast. Ich
   ☐ freue ☐ schäme ☐ bedanke mich für dich.
4. Toll, dass du es geschafft hast. Ich habe dir ganz fest die Daumen
   ☐ gestreckt. ☐ gehoben. ☐ gedrückt.

4 **Klick-Klack – Sprechen Sie zu zweit. Person A beginnt *(Klick)*, Person B reagiert *(Klack)*. Dann wechseln Sie.** oder **Hören Sie *(Klick)* und reagieren Sie *(Klack)*.**

2.09

Klick

1. Vielen Dank für deine Unterstützung. Du hast mir bei meinem Computerproblem sehr geholfen.
2. Oh, toll, ihr habt hier ja schon alles fertig vorbereitet!
3. Ich bin immer noch sauer auf Mia, weil sie mich nicht angerufen hat.
4. Vielen Dank für die Schokolade! Das wäre doch nicht nötig gewesen.
5. Erinnerst du dich eigentlich noch an Milan Huber?
6. Gut, dass du da bist, ich bräuchte mal deinen Rat.
7. Könnten deine Eltern dir nicht helfen?
8. Unsere Chefin hat gleich gemerkt, dass es Probleme im Team gibt.

Klack

A Ach komm, jetzt sei doch nicht so nachtragend!
B Ja, klar! Ich hab aber schon lange nichts mehr von ihm gehört, wir haben uns irgendwie aus den Augen verloren.
C Klar, auf die beiden kann ich mich immer verlassen, aber ich will das allein schaffen.
D Gerne, was ist denn los?
E Ja, gemeinsam ging es richtig schnell.
F Sie ist wirklich sehr aufmerksam, was solche Dinge betrifft.
G Oh doch, du bist immer so hilfsbereit, da wollte ich mich mit einer Kleinigkeit bedanken.
H Gern geschehen! Du kannst mich immer fragen, wenn du was brauchst.

5 **Wie heißen die Adjektive zu den Nomen? Manchmal gibt es mehrere Möglichkeiten.**

Online Ü1

1. die Vielfalt
2. die Kultur
3. die Ähnlichkeit
4. die Erwartung
5. die Erfahrung
6. die Organisation
7. der Respekt
8. die Verantwortung

6 **Ergänzen Sie die passenden Nomen.**

1. Ich habe jetzt zwei Wochen lang, drei Kollegen vertreten. Dafür hätte ich schon ein bisschen mehr W e r t s c h .... erwartet.
2. ● Und, was sagst du zum Weihnachtsgeschenk von unserer Geschäftsführung?
   ○ Ich habe mich gefreut. Ich finde, die G e s .... zählt.
3. Wenn du meine U n t e r s t .... brauchst, sag bitte Bescheid.
4. ● Toll, dass wir zusammenarbeiten. Du bist eine echte B e r e i .... u .... für unser Team.
   ○ Oh, danke für das K o m p ....
5. Lustig, dass du auch gerne schwimmen gehst und dich für Insekten interessierst. Wir haben wirklich viele G e m e i ....

DIVERSITY MANAGEMENT

1 **Wer macht das? Notieren Sie A (Arbeitnehmer), P (Personalabteilung) oder b (beide).**

A einen Urlaubsantrag …
1. stellen
2. bearbeiten
3. abgeben
4. benötigen
5. ausfüllen
6. unterschreiben
7. vorlegen
8. verlangen

B eine Krankmeldung …
1. einholen
2. ablegen
3. vorweisen
4. vorlegen
5. benötigen
6. zusenden
7. einfordern
8. weiterleiten

2 **Welche Ausdrücke und Wendungen haben eine ähnliche Bedeutung? Bilden Sie Paare.**

etwas anstreben • beinhalten • erstaunlich • ein Ziel verfolgen • fördern • gewinnbringend • in der Natur der Sache liegen • lohnend • verhindern • nicht anders zu erwarten • überraschend • umfassen • unterstützen • vermeiden

3 a **Nomen mit Präposition – Welche Präposition passt? Unterstreichen Sie.**

DER DIVERSITY PARCOURS

Eine Beratungsfirma in Nürnberg hat sich das Ziel gesetzt, die Begeisterung (1) über|für Diversity Management in möglichst vielen Personalabteilungen zu wecken. Die beiden Firmengründer haben Erfahrung (2) mit|über Personalmanagement in verschiedenen Firmen gesammelt, bevor sie ihr eigenes Unternehmen gegründet haben. Die Beschäftigung (3) mit|bei der Frage, wie man Diversity vermitteln kann, und auch der Ärger (4) auf|über Menschen, die sich mit diesem Thema so gar nicht befassen wollen, hat die beiden und ihr Team motiviert. Und so haben sie den Diversity Parcours entwickelt, der von großem Nutzen (5) für|an viele Firmen ist.
Ziel des Parcours ist es, das Interesse (6) am|zum Thema zu wecken und die Teilnehmenden zu ermutigen, sich Gedanken (7) an|über ihre eigenen Vorurteile zu machen und Fragen zum Thema Vielfalt zu beantworten. In fünf verschiedenen Stationen kann jede und jeder mit unterschiedlichen Sinnen erleben, was Vielfalt bedeutet. Themenschwerpunkte sind unter anderem das sich Hineinversetzen (8) in|auf andere Personen, die Interaktion (9) mit|über Menschen in vielfältigen Teams und schließlich das Wissen (10) über|an Diversity.

b **Fassen Sie den Text in 3a in drei Sätzen zusammen.**

c **Welche Nomen passen nicht zur Präposition? Streichen Sie durch.**

Online Ü2

1. die Beschäftigung • die Reaktion • die Zufriedenheit • der Konflikt • der Umgang — **mit** (+ Dat.)
2. das Interesse • die Schuld • der Zweifel • die Erfahrung • die Teilnahme — **an** (+ Dat.)
3. der Neid • die Bewerbung • die Bitte • die Bemühung • die Sorge — **um** (+ Akk.)
4. das Engagement • die Begeisterung • die Lösung • die Entscheidung • die Lust — **für** (+ Akk.)
5. die Antwort • der Stolz • das Interesse • die Vorfreude • die Neugier — **auf** (+ Akk.)

d **Welche Präpositionen aus 3c passen zu den durchgestrichenen Nomen? Notieren Sie.**

4

a Ergänzen Sie die Sätze mit den Verben und Adjektiven mit Präposition.

ärgern über • erinnern an • hilfreich für • informieren über • konzentrieren auf • neidisch auf • neugierig auf

1. ● Ab Montag arbeite ich in einer neuen Filiale. Ich bin schon sehr .... die neuen Kolleginnen und Kollegen.
   ○ Die sind bestimmt alle sehr nett.
2. ● Ruhe bitte, ich muss mich gerade .... eine wichtige Sache ....!
   ○ Oh, entschuldige bitte.
3. ● Wir müssen uns unbedingt .... die Lieferzeiten ....
   ○ Ich habe gerade Zeit. Wäre es .... dich, wenn ich das mache?
4. ● Das ist aber ein schönes Büro! Ich bin ganz .... das große Fenster.
   ○ Ja, das Zimmer ist dadurch schön hell.
5. ● .... du dich noch .... meine letzte Präsentation? Ich .... mich immer noch .... die Technik. Da hat ja gar nichts funktioniert …
   ○ Oh ja, du hast mir so leidgetan. Da hat ja wirklich nichts funktioniert.

b Flüssig sprechen – Sprechen Sie zu zweit und reagieren Sie abwechselnd wie im Beispiel.

2.10

1. auf die Einladung zum Stadtteilfest antworten
2. sich für das Helferteam melden
3. beim Aufbau der Zelte helfen
4. an die Getränkebestellung denken
5. die Nachbarn um Mithilfe bitten
6. die Band zum Fest einladen

Hast du schon auf die Einladung zum Stadtteilfest geantwortet?

Natürlich habe schon darauf geantwortet.

> TIPP
>
> Nomen, Verben und Adjektive mit Präposition können auch mit Präpositionaladverbien verwendet werden, wenn es um eine Sache oder ein Ereignis geht.
>
> ● **Worauf** freust du dich?
> ○ Auf das Event.
>
> ● Freust du dich auch auf das Event?
> ○ Klar, ich freue mich sehr **darauf**!

c Das Begegnungszentrum – Welche Präposition passt? Ergänzen Sie frei oder ordnen Sie zu. Wählen Sie dann passende Fortsetzungen und schreiben Sie die Sätze.

1. Viele Anwohner – sich freuen	die erste Veranstaltung
2. Ein Mitarbeiter – sich kümmern	das Veranstaltungsprogramm
3. Er – sich bemühen	das neue Begegnungszentrum
4. eine Freundin – sich besonders interessieren	ein vielfältiges Angebot
5. Viele – teilnehmen	Workshops zum Thema Vielfalt

1. Viele Anwohner freuen sich auf das neue Begegnungszentrum.

für • um • an • auf • um

d Wählen Sie fünf Ausdrücke und schreiben Sie Sätze wie im Beispiel.

sich aufregen über • die Erinnerung an • enttäuscht sein von • verzichten auf • die Suche nach • nützlich sein für • achten auf • der Wunsch nach • beschäftigt sein mit • sich gewöhnen an • die Aussicht auf • eifersüchtig sein auf

Ich rege mich oft über meine Familie auf, aber eigentlich verstehen wir uns sehr gut.

FREUNDSCHAFT

1 a Finden Sie sieben Verben und ergänzen Sie.

WIQLARSTÄRKENMNTOEBEZEICHNENGUBTSTEHENLI
GTÄUßERNNWTOJIÜBERNEHMENQSTAFBEGEGNEN
AUTRESMTEILENBFTAXUC

1. verschiedenen Menschen ....
2. glückliche Momente ....
3. das Selbstwertgefühl ....
4. jemanden als Freund / Freundin ....
5. Gedanken / Gefühle ....
6. Verantwortung ....
7. unter Druck ....

b Welches Wort passt wo? Ergänzen Sie die Dialoge. Achten Sie auf die richtige Form.

Freundeskreis • (sich) anfreunden • befreundet • Freundschaft • freundschaftlich

1. ● Sag mal, woher kennst du eigentlich Mika?
   ○ Ach, wir sind schon ewig .... Wir haben zusammen Abitur gemacht.
2. ● Ich kann mich irgendwie nicht mit dem Gedanken ...., von hier wegzuziehen.
   ○ Aber du wirst bestimmt auch in Frankfurt nette Leute kennenlernen.
3. ● Marc hat ja wirklich einen riesigen ....
   ○ Ja, er kennt echt jeden.
4. ● Wie verstehst du dich eigentlich mit deiner Chefin?
   ○ Ach, die ist supernett und hat eigentlich zu allen Mitarbeitenden ein .... Verhältnis.
5. ● Unsere .... ist sehr wichtig für mich.
   ○ Das freut mich. Mir geht es genauso.

2 a Gespräch unter Freunden – Welche Reaktion passt? Ordnen Sie zu.

1. Weißt du schon, dass ich die Stelle beim Radio bekommen habe?
2. Melli meldet sich kaum noch bei mir, seit sie so viele Leute an der Uni kennt. Das macht mich ganz schön traurig.
3. Meine Kollegen und Kolleginnen haben mir gestern einen superschönen Blumenstrauß geschenkt.
4. Ich bin richtig sauer! Kai hat einfach alles weitererzählt, was ich ihm im Vertrauen gesagt habe. Ich glaub es nicht!
5. Die ganze Zeit habe ich mich auf diesen Urlaub gefreut und jetzt bin ich krank und muss zu Hause bleiben.

A Das ist ja toll! Und wie schön, dass sie an deinen Geburtstag gedacht haben.
B Jetzt beruhige dich erst mal. Woher weißt du das denn? Vielleicht stimmt das ja gar nicht.
C So ein Pech! Kann ich irgendetwas für dich tun?
D An deiner Stelle wäre ich auch traurig. Aber vielleicht ist es ihr gar nicht bewusst, dass dich das verletzt.
E Mensch, das freut mich für dich! Jetzt kannst du endlich in deinem Traumjob arbeiten!

b Lesen Sie die Äußerungen und notieren Sie Antworten. Die Redemittel im Kursbuch Aufgabe 3b helfen.

1. Stell dir vor, ich habe die Wohnung bekommen! Ich freue mich riesig!
2. Jetzt wurde das Projekt wieder abgesagt. Nichts klappt! Ich bin richtig frustriert!
3. Also, Rico hat sich wieder nicht auf meine Nachricht gemeldet. Das finde ich ziemlich enttäuschend.
4. Ich bin doch nicht durch die Prüfung gefallen, wie ich befürchtet hatte. Ich bin echt erleichtert.
5. Ständig muss ich Arbeit von meiner Kollegin übernehmen. Das nervt mich echt.

2.11 **c Flüssig sprechen – Hören Sie die Äußerungen aus 2b und reagieren Sie mit Ihren Antworten aus 2b.**

3

2.12
Online Ü 3

a Eine Radiosendung zum Thema *Freundschaft* – Hören Sie die Aussagen. Wer antwortet auf welche Frage? Kreuzen Sie an.

	Person A	Person B	Person C
1. Welchen Stellenwert haben Freunde und Freundinnen für Sie?	☐	☐	☐
2. Was macht für Sie eine gute Freundschaft aus?	☐	☐	☐
3. Woran können Ihrer Meinung nach Freundschaften zerbrechen?	☐	☐	☐

2.12 **b Hören Sie noch einmal. Was sagen die Personen? Notieren Sie Stichpunkte.**

c Schreiben Sie einen Beitrag für das Forum zur Sendung. Ihre Notizen aus 3b helfen. Wählen Sie eine Frage aus 3a und schreiben Sie Ihre Einstellung dazu.

4

a [WORTBILDUNG] Zusammengesetzte Adjektive – Welche Wörter stecken in den Adjektiven? Markieren Sie die Wortgrenzen. Notieren Sie dann die Wortarten der einzelnen Wörter: N=Nomen, V=Verb, A=Adjektiv.

1. himmel|blau N + A	5. stinksauer	9. bitterernst ....
2. supernett	6. messerscharf	10. bildschön ....
3. kerngesund	7. strohdumm	11. tieftraurig ....
4. butterweich	8. kreidebleich	12. blitzschnell ....

TIPP

Mit zusammengesetzten Adjektiven verstärkt und illustriert man die Bedeutung des zweiten Wortteils (Adjektiv). Hierbei kann vor dem Adjektiv ein Nomen (häufig), ein weiteres Adjektiv oder ein Verb (ohne Endung *-en*) stehen.

b Ergänzen Sie Adjektive aus 4a in der richtigen Form. Es gibt mehrere Möglichkeiten.

1. Ich bin .... Immer bekomme ich die stressigen Projekte und wenn etwas schiefgeht, bin ich schuld.
2. Mein Freund hat .... Augen. Das sieht so toll aus!
3. Der neue Abteilungsleiter ist so ein .... Typ, finde ich. Aber vielleicht tue ich ihm auch unrecht.
4. Flavia nimmt alles immer so .... Man kann gar keinen Spaß mit ihr haben.

c Was passt zusammen? Bilden Sie Adjektive.

Gras • Kinder • Hunde • Blei • Schnee • Feuer • Eis • Glas | klar • kalt • rot • weiß • müde • schwer • leicht • grün

d Wählen Sie fünf Adjektive aus 4a und 4c und schreiben Sie Sätze.

ANDERS ALS ERWARTET

1 a **Lesen Sie den Text und ersetzen Sie die markierten Wörter oder Ausdrücke, ohne den Sinn zu verändern. Achten Sie auf die richtige Form. Fünf Wörter / Ausdrücke passen nicht.**

Beförderung • alles Mögliche • betrügen • einiges • begegnen • insgesamt • Leute kennenlernen • (sich) irren • schließlich • Karrierechancen

15.09.: Veränderungen – Bei mir hat sich in letzter Zeit viel geändert. Und bei euch? Erzählt doch mal von euren Erfahrungen und Erlebnissen.

15.09.: Ich habe immer gedacht, wenn ich mal in der Großstadt wohne, bin ich glücklich und zufrieden. Aber da habe ich mich wohl (1) getäuscht. (2) Im Großen und Ganzen passt das hier alles. Die neue Firma ist super. Ich habe jetzt bessere (3) Aufstiegsmöglichkeiten und die Kollegen und Kolleginnen sind auch nett. Und durch verschiedene Firmenveranstaltungen konnte ich auch schon einige (4) Kontakte knüpfen. Aber ich vermisse mein altes Umfeld und meine Freunde, mit denen ich über (5) dies und das sprechen kann. Und der Lärm und die vielen Leute stressen mich doch mehr, als ich gedacht habe. Mal sehen, vielleicht gehe ich nächstes Jahr wieder zurück.

b **Welche Umschreibung passt? Kreuzen Sie an.**

1. das Leben bereichern	das Leben interessanter machen	das Leben komplizierter machen
2. etwas unterschätzen	etwas respektieren	etwas falsch bewerten
3. in Aussicht stellen	unverbindlich zusagen	einen schönen Blick bieten
4. etwas erwarten	etwas verlangen	mit etwas rechnen
5. die Idylle	ein schöner, friedlicher Ort	monotone Landschaft

2 a **Lesen Sie die Texte im Kursbuch Aufgabe 1b noch einmal und ergänzen Sie die Aussagen.**

1. Emma hat den Hund ihrer Freundin übernommen, da …
2. Sie hätte nicht gedacht, dass ein Haustier …
3. Baris ist von seiner neuen Stelle enttäuscht, weil …
4. Viele seiner neuen Kollegen und Kolleginnen arbeiten im Homeoffice, sodass …
5. Als Selin Flori näher kennengelernt hat, hat sie festgestellt, dass …
6. Inzwischen sind Selin und Flori …
7. Daniel wollte schon immer …
8. Aber ihm ist vorher nicht klar gewesen, …

b **Wie heißt das Gegenteil? Finden Sie die passenden Wörter in den Texten im Kursbuch Aufgabe 1b.**

1. privat – ....
2. erholsam – ....
3. selten – ....
4. eintönig – ....
5. allein – ....
6. emotionslos – ....

3 a Vergleiche – *als* oder *wie*? Unterstreichen Sie.

1. Und ist das Praktikum so schlimm, als | wie du befürchtet hast?

   Nein. Manchmal sind die Dinge eben doch ganz anders, als | wie man denkt.

2. Sollen wir uns wirklich im Biergarten treffen? Es ist ja viel kälter, als | wie es vorhergesagt war.

   Stimmt, es ist bei Weitem nicht so warm, als | wie ich es erwartet hatte. Dann also Café Flora!

3. Hey, Heidelberg ist ja tatsächlich so schön, als | wie du es beschrieben hast. Danke noch mal für den Tipp!

   Gern geschehen! Ich hoffe, ihr könnt so viel sehen und unternehmen, als | wie ihr euch vorgenommen habt.

b Bilden Sie Sätze mit den Vorgaben.

… ist viel interessanter, als … … ist genauso spannend, wie … … ist viel anspruchsvoller, als …
… ist langweiliger, … … ist genauso unterhaltsam, wie …

Das neue Buch von Jan Weiler ist viel interessanter, als ich gedacht habe.

c Schreiben Sie passende Vergleichssätze zu den Bildern.

A

B

C

D

4 a Verbinden Sie die Sätze mit *je – desto / umso*.

Online Ü 4

1. Ich wohne lange hier. Ich kenne die Nachbarn gut.
2. Wir unternehmen oft etwas zusammen. Wir verstehen uns gut.
3. Du investierst viel Energie in den Beruf. Du hast wenig Zeit für deine Freunde.
4. Man ist vertraut miteinander. Man erzählt sich viele Dinge.
5. Die Menschen gehen respektvoll miteinander um. Es entstehen wenig Konflikte.

1. Je länger ich hier wohne, desto besser kenne ich die Nachbarn.

TIPP

In der gesprochenen Sprache verwendet man Sätze mit *je – desto / umso* manchmal verkürzt.
Je früher, desto besser.

b Schreiben Sie Vergleichssätze mit *je – desto / umso*.

1. eine Tätigkeit / abwechslungsreich sein – die Zeit / schnell vergehen
2. die Arbeitszeit / kurz sein – man / viel Zeit für andere Dinge haben
3. wenig Stress / Menschen / haben – sie / ausgeglichen sein
4. das Arbeitsklima / angenehm sein – die Menschen / gern arbeiten / in dem Unternehmen
5. ein Team / sich gut verstehen – die Zusammenarbeit / erfolgreich sein

B2.2 › 115

EIN STARKES TEAM

1 **Die Anfrage – Ergänzen Sie das Schreiben. Die Redemittel im Kursbuch Aufgabe 2d helfen.**

Online Ü5

Sehr geehrtes Team von *Gemeinsam+*,

in einem Teammeeting haben wir (1) ……………………, gemeinsam ein Teamevent zu machen. Ich (2) ………… ………… ………… Sie mit der Bitte um Vorschläge für diesen Tag. Für unser Event (3) …………………… wir ………… ………… eine Stadttour mit Restaurantbesuchen. Das Event sollte zwischen vier und fünf Stunden (4) …………………… und unsere Teilnehmerzahl wird ca. 13 Personen (5) …………………… .
Könnten Sie uns (6) ………… …………………… für den Zeitraum von 2. bis 5. Mai machen? Und gibt es (7) ………… ……………, zwischen verschiedenen Touren zu wählen? Außerdem wäre es (8) ………… ………… …………, dass es auch vegetarische Angebote gibt.

Wir freuen uns (9) ………… ………… …………… und verbleiben mit freundlichen Grüßen

…

2 **Sie lesen in einer Zeitung einen Artikel über Teamevents. Wählen Sie bei jeder Aufgabe die richtige Lösung.**

P

> **TIPP**
>
> **In der Prüfung**
> Lesen Sie den Text und die Aufgaben genau: Was steht im Text? Die Aufgaben beziehen sich alle auf den Text und sind nur dann richtig, wenn sie im Text auch genannt werden – auch wenn sie generell richtig sind.

Spaß am Teamtag – ist das die Lösung?

Teamevents sollen das Klima und die Zusammenarbeit im Team stärken. Aber was ist wirklich effektiv, um aus einem Team ein erfolgreiches Team zu machen? Wir haben wissenschaftliche Erkenntnisse recherchiert und mit einem erfahrenen Teamcoach gesprochen.

Wenn alle Teammitglieder gut miteinander kommunizieren und sich aufeinander verlassen können, dann sind zwei entscheidende Grundvoraussetzungen für ein erfolgreiches Team erfüllt. Um das zu erreichen, scheuen viele Unternehmen keine Kosten für professionelle Teambuilding-Maßnahmen.

Schon lange sind Coaching-Angebote in den firmeneigenen Räumen beliebt, bei denen sich die Teilnehmenden mit Teamtypen, Phasen der Teambildung und verschiedenen Formen von Rollenverhalten befassen. Solche Veranstaltungen lassen sich gut in den Arbeitsalltag integrieren und erfordern daher keine allzu großen organisatorischen Anstrengungen. Immer mehr Firmen jedoch buchen inzwischen aufregende Teamevents wie Escape-Games, River-Rafting oder Überlebenstrainings in der Natur. Oft liegt dann der Fokus eher auf Spaß und Abenteuer, als darauf, das Wir-Gefühl und das Miteinander im Team zu reflektieren und zu stärken. Das ist vor allem dann zielführend, wenn sich Teams neu kennenlernen, oder für Teams, die ausschließlich virtuell zusammenarbeiten. Allerdings ist inzwischen wissenschaftlich erwiesen, dass sich solche Spaßevents allein nicht nachhaltig auf die Zusammenarbeit in Teams auswirken.

Aber genau das ist für erfolgreiches Teambuilding wichtig: „Die auftraggebenden Firmen, die ihr Team fördern möchten, und wir Coaches freuen uns, wenn die Teilnehmenden einen tollen Tag zusammen verbringen und viel gelacht wird. Aber wie wirksam ist so ein Tag? Zurück im stressigen Arbeitsalltag fallen alle schnell wieder in ihre alten Rollen und nichts hat sich verändert. In meinen Augen hat das Event dann sein Ziel verfehlt“, sagt Marjan Rubens, langjähriger Teamcoach.

Grundsätzlich tut einem Team alles gut, was das Miteinander verbessert – aber ein wirksames Teamevent muss mehr bieten als Spaß. „Deswegen empfehle ich, die Inhalte von Teamevents kritisch zu hinterfragen, bevor man immer wieder abenteuerliche Angebote zu oft hohen Preisen bucht. Die entscheidende Frage ist, ob die Kosten für das Event im Verhältnis zum Effekt stehen“, erklärt Rubens. Wichtig ist aus seiner Sicht, dass man Unterhaltung und Reflexion verbindet. Wer zum Beispiel mit seinem Team bei einem Escape-Game komplizierte Rätsel lösen möchte, der kann dies mit einer intensiven Austauschphase abrunden, in der ein erfahrener Coach die Gruppe begleitet. Wenn man dann auch noch bei einem gemeinsamen Abendessen den Tag ausklingen lässt, kann das langfristig wirken.

Rubens erklärt abschließend, was seiner Meinung nach bei der Wahl eines Events wichtig ist und empfiehlt: „Man muss sich über den Zweck und das Ziel der Veranstaltung im Klaren sein. Je nachdem kann auch mal der Spaß im Vordergrund stehen. Geht es aber darum, Vertrauen aufzubauen, dann kann ein Klettergarten und anschließende Reflexion die richtige Wahl sein. Bei Kommunikationsproblemen würde ich zu einem anderen Event raten.“
Kochen – Klettern – Knobeln, das Angebot ist groß, aber die Wahl sollte sorgfältig getroffen werden.

Beispiel:

0. Wichtige Faktoren für erfolgreiche Teams …
   - a sind gründlich erforscht.
   - ☒ b sind eine gute Gesprächskultur und Vertrauen.
   - c sind gemeinsame Aktivitäten.

1. Teamevents in den Gebäuden der Firmen …
   - a liegen im Trend.
   - b sind einfach zu planen.
   - c werden von vielen Firmen selbst organisiert.

2. Events mit dem Fokus auf Spaß und Unterhaltung …
   - a eignen sich für neue Teams oder online-Teams.
   - b sind in der Teamforschung hoch angesehen.
   - c wirken besonders langfristig nach.

3. Eine Teambuilding-Maßnahme ist erfolgreich, …
   - a wenn Auftraggebende und Veranstaltende ein gutes Gefühl haben.
   - b wenn die Teilnehmenden sich amüsieren.
   - c wenn sie langfristig positive Auswirkungen auf die Zusammenarbeit hat.

4. Marjan Rubens empfiehlt den Unternehmen …
   - a die Teamevents nicht von den Kosten abhängig zu machen.
   - b Teamevents regelmäßig durchzuführen.
   - c Kosten und gewünschte Wirkung in Relation zu setzen.

5. Effektive Teamevents …
   - a kombinieren Spaß- und Analysephasen.
   - b fördern Teams durch gemeinsames Bearbeiten von Aufgaben.
   - c stärken das Wir-Gefühl durch ein geselliges Essen.

6. Die Wahl des besten Teamevents …
   - a spielt eine nebensächliche Rolle, wenn alle Beteiligten Spaß haben.
   - b hängt von den Bedürfnissen des jeweiligen Teams ab.
   - c können Teamcoaches am besten treffen.

SCHREIBEN · AUSSPRACHE

1 a [RICHTIG SCHREIBEN] **Fehler korrigieren – Lesen Sie die Mail und den Tipp. Markieren Sie zehn Fehler.**

> Sehr geehrte Damen und Herren,
>
> wir möchten uns ganz herzlich für der gelungene Organisation unseres Teamtags bedanken.
> Die Krimirallye war eine willkommene Abwechslung zu unserem Arbeitsalltag. Durch diesen Tag wir konnten den Zusammenhalt innerhalb unseres Teams stärken. Auch für die Mitarbeitenden, die noch recht neu in unsere Unternehmen sind, war es eine guten Möglichkeit, das Team besser kennenzulernen. Einzig bei dem angebotenen Mittagessen im Ratskeller hätten wir uns mehr Auswahl gewünscht. Wir hatten im Vorfeld kommunizieren, dass es unter unseren Beschäftigten viele Personen gibt, die sich vegetarisch ernähren. Das wurde aber nicht berücksichtigt und es gab nur jeweils ein Fleish- und Fischgericht. Unsere Vegetarier und Vegetarierinnen konnte sich somit nur am Salatbuffet bedienen und waren verständlicherweise nicht besonders glücklich.
> Denn uns aber die Krimirallye so gut gefallen hat, würden wir gerne ein vergleichbares Event für unsere Firmenfeier am 15. September buchen. Wir sind an diesem Tag circa 100 Personen und wichtig wäre, dass die Rallye nur auf unserem Firmengelände stattfindet und nicht länger als zwei Stunden dauert. Könnten Sie uns mitteilen, ob so etwas mit dieser Personenanzahl möglich sein?
> Wir freuen uns über ihr Angebot.
>
> Mit freundlichen Grüßen
> Thea Molinsky

TIPP

Fehler korrigieren
Lesen Sie Ihre Texte immer mehrmals durch. Achten Sie dabei jedes Mal auf einen anderen Fehlertyp:
- richtige Position von Verb und Subjekt?
- Verben: richtige Endung und richtige Form?
- Nomen und Adjektive: richtiger Artikel und richtiger Kasus?
- Konnektoren: richtige Verwendung?
- Sind alle Wörter richtig geschrieben? Groß- und Kleinschreibung?

Korrigieren Sie Satz für Satz. Achten Sie besonders auf Fehlertypen, die Sie häufig machen.

b **Korrigieren Sie die Fehler und vergleichen Sie mit einem Partner / einer Partnerin.**

2 a [AUSSPRACHE] **Mit und ohne Ironie sprechen – Hören Sie die Gespräche. Welche Sätze klingen ironisch? Markieren Sie.**

2.13

A
- ● Team-Event? Na, das ist ja eine tolle Idee.
- ○ Warum? Findest du die Idee denn nicht gut?

B
- ● Ich habe gerade Kevin getroffen.
- ○ Oh, da hast du dich ja bestimmt gefreut, oder?

C
- ● Das Seminar ist auf Freitag 18 Uhr verlegt worden.
- ○ Ach, das ist doch wirklich der perfekte Zeitpunkt für ein Seminar.

TIPP

Ironie ist, wenn jemand das Gegenteil von dem sagt, was er meint.
Ob etwas ironisch gemeint ist, können Sie in der Regel an der Stimmlage und Intonation erkennen. Die Betonung ist meist übertrieben. Auch die Situation und das gemeinsame Wissen sind hilfreich. Wenn Sie sich aber in Gesprächen nicht sicher sind, ob eine Aussage ernst oder ironisch gemeint ist, fragen Sie einfach nach.

2.14 b **Lesen Sie die Gespräche. Hören Sie dann und sprechen Sie die Reaktion: einmal mit und einmal ohne Ironie.**

A
- ● Wie war euer Betriebsausflug?
- ○ Oh, das war ganz toll, besonders bei dem Wetter!

B
- ● Sieh mal, das Handy kostet 1000 Euro.
- ○ Na dann … Das müssen wir unbedingt kaufen.

DAS KANN ICH NACH KAPITEL 8

	😊	🙂	😐	☹️	KB	ÜB
über Vielfalt am Arbeitsplatz sprechen Erklären Sie einem Partner / einer Partnerin, was Diversity Management bedeutet und welche Vorteile daraus entstehen.					M1 1d, 4	
Gefühle äußern und auf Gefühlsäußerungen reagieren Ein Freund / Eine Freundin berichtet Ihnen etwas Schönes. Was sagen Sie? Ein Freund / eine Freundin ärgert sich über etwas. Was sagen Sie?					M2 3c–d	2
etwas vergleichen Was war oder ist anders, als Sie gedacht haben? Formulieren Sie drei Sätze. *Die Fortbildung, an der ich letzten Monat teilgenommen habe, war viel besser, als ich gedacht habe.*					M3 2–3	3–4

UND ICH KANN ...

	😊	🙂	😐	☹️	KB	ÜB
über die Aufgaben einer Personalabteilung sprechen.					M1 1a	
Informationen über Personalpolitik verstehen.					1b-c, 2	
einen Text zusammenfassen.						3b
über Freundschaft sprechen.					M2 1, 2c	
Texte über das Thema *Freundschaft* verstehen.					2a-b	
Gespräche unter Freunden/Freundinnen verstehen.					3a-b	
persönliche Aussagen zum Thema *Freundschaft* in einer Radiosendung verstehen.						3
Erfahrungsberichte verstehen.					M3 1b	2a
über Erwartungen sprechen und schreiben.					4	
verschiedene Angebote vergleichen und darüber sprechen.					M4 1a	
eine Besprechung zu einem Teamevent verstehen.					1b-c, 2a-b	
über eigene Vorlieben sprechen.					1d	
[M] ein formelles Schreiben an einen Dienstleister formulieren.					2c-e	1
ein Schreiben eines Dienstleisters verstehen.					3a	
bei einem Dienstleister anrufen, etwas einfordern und etwas vorschlagen.					3b	
einen Artikel über Teamevents verstehen.						2
vorsichtig persönliche Fragen stellen, auf persönliche Fragen antworten und persönlichen Fragen ausweichen.					K 1-2	

MODUL 1 DIVERSITY MANAGEMENT

die Personalabteilung, -en ....

die Weiterbildung, -en ....

etwas erfassen *(Arbeitszeiten erfassen)* ....

verfolgen *(ein Ziel verfolgen)* ....

vielfältig ....

die Weltanschauung, -en ....

unterschiedlich ....

der Umgang (Sg.) miteinander ....

zu etw. bei|tragen (trägt bei, trug bei, hat beigetragen) ....

etwas bieten (bietet, bot, hat geboten) ....

die Chancengleichheit ....

überraschend ....

von etw. profitieren ....

der Austausch untereinander ....

jdn. bei etw. unterstützen ....

etw. unterbinden ....

etw. an|streben ....

gewinnbringend ....

etw. umfassen ....

MODUL 2 FREUNDSCHAFT

die Gegenleistung, -en ....

der statistische Durchschnitt ....

auseinander|brechen (bricht auseinander, brach auseinander, ist auseinandergebrochen) ....

ersetzen ....

unter Druck stehen ....

Verantwortung übernehmen ....

die Autorität, -en ....

die Distanz, -en ....

herrschen ....

befreundet sein ....

der Freundeskreis, -e ....

befremdlich ....

die Zuneigung, -en ....

die Wertschätzung ....

bestätigen ....

stärken ....

das Selbstwertgefühl ....

ein freundschaftliches Verhältnis haben ....

vom Zufall abhängen ....

der Stellenwert, -e ....

nach|vollziehen (vollzieht nach, vollzog nach, hat nachvollzogen) ....

sich beruhigen ....

B2.2 › 120

MODUL 3 ANDERS ALS ERWARTET

- bereichern ....
- erwarten ....
- die Aufstiegsmöglichkeit, -en ....
- gut laufen *(Das Gespräch lief gut.)* ....
- in Aussicht stellen ....
- dies und das ....
- täuschen ....
- die Idylle ....
- unterschätzen ....
- im Großen und Ganzen ....
- sich aus|tauschen ....
- leidenschaftlich ....

MODUL 4 EIN STARKES TEAM

- die Teilnehmerzahl, -en ....
- sich wegen etw. an jdn. wenden ....
- die Dauer (Sg.) ....
- die Verfügbarkeit, -en ....
- die Verpflegung, -en ....
- der Rabatt, -e ....
- die Auswahlmöglichkeit, -en ....
- der Zeitpunkt, -e ....
- unterbreiten *(ein Angebot unterbreiten)* ....
- einen Kriminalfall lösen ....
- etw./jdn. heraus|fordern ....
- auf etw. verzichten ....
- überarbeiten *(ein Angebot überarbeiten)* ....

Weitere Wörter, die für mich wichtig sind

....

....

Notieren Sie zu jedem Thema vier Nomen und vier Verben, die sie lernen möchten.

9

GUT WIRTSCHAFTEN

WORTSCHATZ WIEDERHOLEN UND ERARBEITEN

1 a **Wirtschaftsdomino – Welche Teile passen zusammen? Sprechen Sie die Sätze abwechselnd zu zweit wie im Beispiel.**

kann man nur wenig verkaufen.	Der Mangel an Rohstoffen	Fachkräfte für die Produktion gebraucht.	Auf Messen präsentieren Anbieter
bei der Herstellung von Gütern eingesetzt.	In den Fabriken werden	kaum noch eine Rolle im Zahlungsverkehr.	Ohne intensive Werbung
spricht man von Konjunktur.	Bargeld spielt in Zukunft	ist der internationale Handel sehr wichtig.	Immer mehr Roboter werden
stellt ein Problem für die Industrie dar.	Für die deutsche Wirtschaft	ihre Produkte an den Ständen.	Bei einem Wachstum der Wirtschaft

Der Mangel an Rohstoffen

stellt ein Problem für die Industrie dar.

Für die deutsche Wirtschaft …

b **Ergänzen Sie die Sätze 2 bis 5. Trennen Sie dann die Sätze und erstellen Sie ein Domino wie in 1a.**

1. Für die Wirtschaft bringt die Globalisierung *Vor- und Nachteile mit sich.*
2. Digitale Währungen könnten irgendwann …
3. Finanzielle Rücklagen zu haben, ist …
4. Vor der Investition in Aktien sollte man …
5. Auch beim Sparen von kleinen Summen …

c **Arbeiten Sie zu zweit. Tauschen Sie Ihre Dominos, verbinden Sie die Sätze und lesen Sie sich Ihre Lösungen vor. Ihr Partner / Ihre Partnerin kontrolliert.**

2 a **Alles zur Wirtschaft – Wie heißen die Synonyme? Ergänzen Sie.**

Online Ü1

1. die Wirtschaft – die Öko*nomie*
2. der Bedarf – die Nach..................
3. die Produktion – die Hers..................
4. die Kosten (Pl.) – die Aus.................. (Pl.)
5. der Konkurrenzkampf – der Wettb..................
6. die Güter (Pl.) – die Wa.................. (Pl.)
7. der Umsatz – die Einn.................. (Pl.)
8. das Wertpapier – die Ak..................

2.15 **b Wie lautet das Gegenteil? Ordnen Sie zu. Hören Sie dann zur Kontrolle und sprechen Sie mit.**

auflösen • ausführen • ausgeben • finden • gewinnen • ~~senken~~ • sinken • verlieren

1. Steuern erhöhen ↔ senken
2. an Wert verlieren ↔ ....
3. Geld sparen ↔ ....
4. die Umsätze steigen ↔ ....
5. Güter einführen ↔ ....
6. eine Stelle bekommen ↔ ....
7. eine Firma gründen ↔ ....
8. Investoren suchen ↔ ....

3

Klick-Klack – Sprechen Sie zu zweit. Person A beginnt *(Klick)*, Person B reagiert *(Klack)*. Dann wechseln Sie. oder **Hören Sie *(Klick)* und reagieren Sie *(Klack)*.**

2.16

Klick

1. Der Urlaub war traumhaft, aber teuer: 4.000 Euro für zwei Wochen.
2. Carla und ich wollen gemeinsam eine Firma gründen.
3. Diesen Monat ist es finanziell total eng bei mir.
4. Ich würde gerne ein neues Auto kaufen. Ob ich einen Kredit aufnehmen sollte?
5. Kannst du mir Geld leihen?
6. Schönes Fahrrad. Was verlangen Sie dafür?
7. Hast du daran gedacht, die Rechnung von der Werkstatt zu bezahlen?
8. Und Sie arbeiten in einem internationalen Unternehmen?

Klack

A Ja, unsere Firma ist weltweit ein großer Anbieter für medizinische Geräte.
B Was würden Sie denn dafür zahlen?
C So viel? Das könnten wir uns nicht leisten.
D Mach das lieber nicht. Die Zinsen sind gerade ziemlich hoch.
E Nein, das mache ich aber sofort, damit wir keine Mahnung bekommen.
F Das geht leider nicht. Ich hatte diesen Monat so viele Ausgaben.
G Und was ist eure Geschäftsidee?
H Geht mir ähnlich, ich muss wieder meinen Dispo-Kredit nutzen.

4

a Bilden Sie Komposita mit *-markt-*. Notieren Sie auch die Artikel und achten Sie auf mögliche Fugenelemente wie *-s-* oder *-e-*.

ENTWICKLUNG ARBEIT ~~AKTIE~~ LÜCKE ANTEIL **-MARKT-** WOHNUNG WELT FORSCHUNG ROHSTOFF WERT

der Aktienmarkt, ...

b Lesen Sie die Umschreibungen. Welches Kompositum aus 4a ist gemeint?

1. Wo wird mit Gütern wie Öl, Holz oder Getreide gehandelt? ....
2. Wo werden Immobilien verkauft oder vermietet? ....
3. Wer erstellt Studien zu ökonomischen Trends? ....
4. Wie nennt man einen Bereich, in dem es bisher noch keine geeigneten Produkte gibt? ....
5. Wie heißt das Synonym für den internationalen Handel? ....
6. Wo kann man freie Stellen finden oder anbieten? ....

WIRTSCHAFTSFAKTOR TOURISMUS

1 a **Was passt zusammen? Verbinden Sie.**

1. von großer Bedeutung
2. auf nachhaltigen Tourismus
3. empfindliche Öko-Systeme
4. maßgeblich zu etwas
5. in dieser Branche

A sein
B beitragen
C beschäftigt sein
D setzen
E schützen

b **Ergänzen Sie die Ausdrücke aus 1a. Achten Sie auf die richtige Form.**

Für viele Länder in Europa (1) *ist* es *von großer Bedeutung*, dass jährlich viele Menschen ihren Urlaub dort verbringen. Denn der Tourismus (2) ………… ………… ………… dem Wirtschaftswachstum des jeweiligen Landes …………. Kommen nicht genug Urlauber und Urlauberinnen, steigt auch die Arbeitslosigkeit, da viele Menschen (3) ………… ………… ………… ………… ………… . Um auch in Zukunft konkurrenzfähig zu sein und Arbeitsplätze und Einkommen garantieren zu können, (4) ………… viele Regionen ………… ………… ………… . So versucht man dort unter anderem, (5) ………… ………… zu ………… .

c **Definitionen formulieren – Lesen Sie die Definitionen. Markieren Sie in den Sätzen Redemittel zum Erklären eines Begriffs. Wählen Sie dann drei Begriffe aus dem Kursbuch Aufgabe 1c und formulieren Sie Definitionen.**

1. Mit dem Begriff Öko-System bezeichnet man einen bestimmten Lebensraum mit allen seinen belebten Teilen wie Tiere und Pflanzen, und unbelebten Teilen wie Steine und Klima.
2. Unter Lebensqualität versteht man die Lebensbedingungen, die zu einem subjektiven Wohlbefinden führen (Wohnsituation, Arbeitssicherheit, …).
3. Wenn man vom CO_2-Fußabdruck spricht, meint man damit die Menge an CO_2-Emissionen, die ein Mensch, eine Firma oder eine Aktivität in einer bestimmten Zeit verursacht.

2 **Nachhaltiger Tourismus – Lesen Sie die Texte im Kursbuch Aufgabe 2 noch einmal. Zu welchem Text passen die Stichpunkte? Notieren Sie.**

A kostenlose Verkehrsmittel • B Außenbegrünung • C saisonale Zutaten • D Verzicht auf das eigene Auto • E lokale Hersteller • F sich umweltfreundlich fortbewegen • G Energiegewinnung durch Solaranlagen • H kurze Transportwege • I eigener Anbau • J niedriger Wasserverbrauch

1. Was kommt auf den Tisch: …………
2. Nachhaltigkeit in Vorarlberg: …………
3. Ein innovatives Hotel: …………

3 a **Bergsteigerdörfer – Hören Sie das Interview und notieren Sie Stichpunkte zu den folgenden Fragen.**

2.17

1. Welcher Bereich im Tourismus ist hauptsächlich für die hohen CO_2-Emissionen verantwortlich?
2. Wie kann man Gäste zu einer umweltschonenden Anreise motivieren?
3. Wer initiierte wann das Projekt der Bergsteigerdörfer?
4. In welchen Ländern haben sich die Bergsteigerdörfer als Marke etabliert?
5. Was kennzeichnet ein Bergsteigerdorf?
6. Wo kann man einen Urlaub in einem der Bergsteigerdörfer buchen?

b **Formulieren Sie aus Ihren Stichpunkten ganze Sätze und vergleichen Sie zu zweit.**

4 a **Im Urlaub – Was wird wo gemacht? Bilden Sie subjektlose Passivsätze.**

im Fitnessraum	schwimmen
im Restaurant	wandern
im See	entspannen
in der Kinderbetreuung	Andenken und Mitbringsel kaufen
im Garten	basteln und spielen
in den Bergen	trainieren
in den Geschäften	traditionelle Speisen probieren

Im Fitnessraum wird trainiert.

b **Schreiben Sie subjektlose Passivsätze.**

Online Ü 2

1. heutzutage / oft / für nachhaltigen Tourismus / plädieren
2. seit Jahren / an verschiedenen Konzepten / arbeiten
3. in vielen Regionen / in den Wirtschaftszweig Tourismus / investieren
4. dabei / auf große Hotelanlagen und gravierende Einschnitte in die Natur / verzichten
5. beim Bau von Ferienunterkünften / auf eine umweltschonende Bauweise / achten

c **Lesen Sie den Text und formulieren Sie die markierten Sätze in subjektlose Passivsätze um.**

Entspannen in der Steiermark

In der Steiermark bietet man den Touristen und Touristinnen viel. Bestens geeignet ist die Region für alle, die der Hektik des Alltags entfliehen wollen. Gerade auf den Almen ticken die Uhren noch langsam. Schon in den frühen Morgenstunden backt und kocht man dort. Den ganzen Tag kann man dann die leckeren Köstlichkeiten inmitten der Natur genießen. Auch an Familien mit Kindern hat man gedacht. So gibt es viele Almen mit Spielplätzen, sodass die Kinder versorgt sind und die Eltern sich entspannen können. Außerdem stehen zahlreiche kinderfreundliche Ausflugsziele zur Auswahl.

Über Nachhaltigkeit hat man in den letzten Jahren viel gesprochen. In der Steiermark findet man schon längst eine große Anzahl nachhaltiger Angebote. So gibt es hier beispielsweise den weltweit ersten Bio-Golfplatz. Dort verzichtet man auf synthetische Dünge- und Pflanzenschutzmittel.

Sie suchen mehr Informationen über das grüne Herz Österreichs? Dann besuchen Sie doch einfach unsere Webseite!

DAS LIEBE GELD

1 a **Welches Verb passt nicht? Kreuzen Sie an.**

Online Ü3

1. Geld	sparen	ausgeben	finanzieren	anlegen
2. im Geschäft eine Hose	umtauschen	wechseln	zurückgeben	anprobieren
3. sich ein neues Fahrrad	konsumieren	kaufen	zulegen	leisten können
4. ein Auto	besitzen	benötigen	verfügen	leihen
5. Produkte im Internet	bestellen	bewerten	vergleichen	anschaffen
6. sich etwas Neues	gönnen	auskommen	wünschen	leisten

b **Ergänzen Sie die angekreuzten Verben aus 1a in den Gesprächen.**

1. ● Entschuldigung, wo kann ich denn hier Geld ....?
   ○ Gleich da vorne ist eine Bank.
2. ● Wir wollen uns einen Hund ....
   ○ Wirklich? Habt ihr euch das gut überlegt. So ein Hund kostet ja viel Geld und Zeit.
3. ● Ich habe das Gefühl, dass viele Menschen in meinem Umfeld weniger .... wollen und versuchen, weniger Geld auszugeben.
   ○ Denkst du? Also, das kann ich gar nicht bestätigen.
4. ● Ich will unbedingt eine Weltreise machen.
   ○ Und wie willst du das ....? So eine Reise ist ja ganz schön teuer.
5. ● Ich will meine Arbeitszeit reduzieren. Dann verdiene ich zwar nicht mehr so viel, aber ich .... auch mit weniger Geld .... Mehr Zeit zu haben, ist mir wichtiger.
   ○ Das ist sicher eine gute Entscheidung.
6. ● Wie viel Taschengeld bekommt dein Sohn eigentlich?
   ○ Er bekommt jeden Monat 30 Euro, über die er dann frei .... kann.

2 a [WORTBILDUNG] **Vorsilben bei Verben – Was passt zusammen? Verbinden Sie.**

1. Ich muss noch schnell im Supermarkt ein paar Sachen
2. Unser Nachbar braucht sein Auto nicht mehr und will es
3. Mein altes Rad steht im Keller. Willst du es mir
4. Die Firma will alle Grundstücke in der Gegend
5. Die Tasse ist kaputt? Kein Problem, man kann alle Teile des Geschirrs

A abkaufen?
B nachkaufen.
C aufkaufen.
D einkaufen.
E verkaufen.

TIPP
Mit verschiedenen Vorsil
kann sich die Bedeutung
eines Verbs verändern.
Bei den trennbaren
Verben kann man sich o
die Bedeutung über die
Vorsilbe erschließen.

b **Welches Verb passt wo? Ergänzen Sie. Achten Sie auf die richtige Form.**

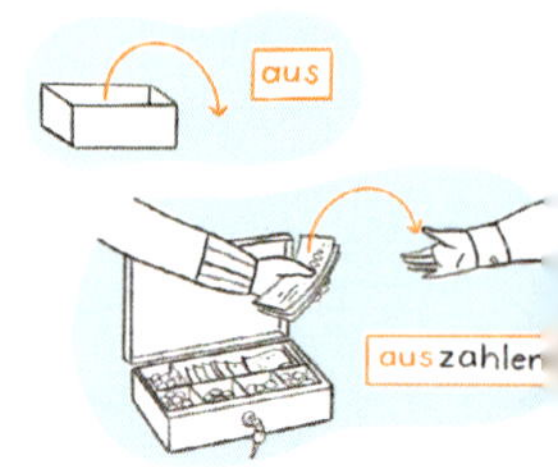

einzahlen • bezahlen • abzahlen • nachzahlen • auszahlen • zurückzahlen

1. Wir müssen noch die nächsten zwanzig Jahre unser Haus ....
2. Wann wird dein Gehalt ....? Auch immer am Monatsanfang?
3. So ein Mist. Ich muss 1000 Euro Steuern für letztes Jahr ....
4. Warum hast du so viel Bargeld? Willst du das Geld nicht lieber auf dein Konto ....?
5. Hast du die Rechnung von dem Hotel schon ....?
6. Ich habe dir doch 50 Euro geliehen. Kannst du mir das Geld bitte jetzt ....?

3 Sich beschweren – Was passt zusammen? Ordnen Sie zu.

1. Als ich Ihre Anzeige entdeckte,
2. Leider hat der Aufenthalt überhaupt nicht
3. Vor Ort musste ich feststellen,
4. Von einem ruhigen und entspannten Ambiente
5. Besonders enttäuscht war ich
6. Anders als beschrieben
7. In Zukunft sollte darauf geachtet werden,
8. Ich bitte Sie daher,

A von der Organisation des Kursangebots.
B dass die Unterkunft nicht wie in der Anzeige beschrieben war.
C dachte ich, das ist das Richtige für mich.
D wurde kein Einzelcoaching angeboten.
E dass Anfänger und Fortgeschrittene nicht die gleichen Kurse besuchen.
F meinen Erwartungen entsprochen.
G mir einen Teil der Kosten zurückzuerstatten.
H konnte keine Rede sein.

4 Lesen Sie die Beschwerde-Mail und ergänzen Sie die Redemittel. Nutzen Sie die Redemittel auch für Ihre Sammlung im Kursbuch Aufgabe 2c.

A Das war aber so in der Anzeige angegeben
B Ihre Anzeige klang wirklich sehr vielversprechend
C Zu allem Überfluss
D Aus den oben genannten Gründen erwarte ich
E Vor Ort stellte sich allerdings schnell heraus
F Bedauerlicherweise musste ich feststellen

UNSERE WORKSHOPS BIETEN:

Endlich erfolgreich bewerben!

- Profiling
- Stellenmarktrecherche
- Erstellen aktueller Bewerbungsunterlagen
- Richtig bewerben über Online-Portale
- Telefontraining

maximale Gruppengröße: 8 Personen

mehr Informationen unter:
www.jobaktuell.com

Beschwerde über Workshop Bewerbungstraining

Sehr geehrte Damen und Herren,

letztes Wochenende habe ich Ihren Workshop zum Bewerbungstraining besucht.

(1) ...., dass die Angaben in Ihrer Anzeige nicht der Wirklichkeit entsprechen. (2) .... und ich hatte die Hoffnung, durch den Workshop künftig auf alle Bewerbungen optimal vorbereitet zu sein. (3) ...., dass der Trainer den Workshop zum ersten Mal leitete und nicht über genug Erfahrung verfügte, um alle Fragen der Teilnehmenden zu beantworten. Außerdem wurde während des Workshops überhaupt nicht auf Bewerbungen über Online-Portale eingegangen. (4) .... Des Weiteren waren statt der maximalen Teilnehmerzahl von acht Personen zwölf Personen in dem Workshop. (5) .... gab es das ganze Wochenende Probleme mit der Technik, sodass wir immer wieder Pausen einlegen mussten und nicht durchgehend arbeiten konnten.

(6) ...., dass Sie mir die Hälfte der Gebühr zurückerstatten.

Mit freundlichen Grüßen
Leo Holzmann

AUF DER SUCHE

1

a **Fachleute gesucht – Welche Bedeutung ist richtig? Unterstreichen Sie.**

1. nachrücken = eine frei gewordene Stelle übernehmen | streichen
2. etwas eindämmen = verhindern, dass etwas zunimmt | abnimmt
3. leergefegt sein = sauber | nicht mehr vorhanden sein
4. etwas befürchten = etwas Schlechtes erwarten | erfahren
5. die Zuspitzung = eine Verschlimmerung | eine Verkleinerung eines Problems
6. etwas verschärft sich = etwas wird viel leichter | schlimmer als zuvor
7. gegensteuern = Negatives erzeugen | in eine andere Richtung lenken
8. sich von der besten Seite präsentieren = lustig sein | alles Positive von sich zeigen

b **Markieren Sie, wo etwas im Satz fehlt. Notieren Sie dann den passenden Begriff aus 1a in der richtigen Form.**

1. Die Personalprobleme bei den Firmen ↓ zusehens. *verschärfen sich*
2. Viele Unternehmen ohne neues Fachpersonal eine Krise. ....
3. Auf Arbeitsplätze, die frei werden, können nur wenige junge Mitarbeitende. ....
4. Um diese Probleme, muss man etwas tun. ....
5. In dieser Krisensituation sollte die Politik intensiv. ....
6. Eine weitere des Problems kann zu wirtschaftlichen Verlusten führen. ....

2

Sehen Sie die Karikatur an. Was wollen die Männer erreichen? Was tun sie dafür? Warum tun sie es? Was denken die Mutter und der Junge? Sprechen Sie zu zweit, die Begriffe und Sätze aus 1a und b helfen.

In den Betrieben hat sich die Situation weiter verschärft. Darum brauchen die Männer …

FACHKRÄFTEMANGEL... DER KAMPF UM DEN NACHWUCHS HAT BEGONNEN

3

a **Bedingung, Grund oder Gegengrund – Welcher Konnektor passt? Kreuzen Sie an.**

Online Ü 4

1. In Deutschland werden Fachkräfte gesucht, weil obwohl es nicht genug Nachwuchs auf dem Arbeitsmarkt gibt.
2. Viele Betriebe befürchten, dass sie zu wenig Personal bekommen, wenn auch wenn sie Bewerbern und Bewerberinnen interessante Angebote machen.
3. Es gibt zahlreiche Fachkräfte aus dem Ausland, dennoch daher können nicht alle offenen Stellen besetzt werden.
4. Ausländisches Fachpersonal braucht Unterstützung, falls wobei die Sprachkenntnisse noch nicht ausreichen.
5. In vielen Firmen werden Mitarbeiter und Mitarbeiterinnen weitergebildet. Deswegen Dennoch wird das den Personalmangel nur eindämmen, aber nicht verhindern.

b **Ergänzen Sie die Sätze mit den Aussagen.** oder **Ergänzen Sie die Sätze frei.**

1. Viele Firmen verlieren Fachkräfte, die in Rente gehen. Trotzdem …
2. Unternehmen wollen ihre Azubis zum Bleiben motivieren, wobei …
3. Der demografische Wandel ist für die Wirtschaft zwar ein Problem, aber …
4. Firmen stellen gerne neue Arbeitskräfte ein, auch wenn …
5. Ein guter Verdienst ist wichtig. Dennoch …
6. Einerseits tun Unternehmen viel dafür, dass ihre Arbeitskräfte bleiben, andererseits …
7. Neue Arbeitszeitmodelle sind oft noch kein Standard, obwohl …

A Auch die Konkurrenz bietet attraktive Arbeitsplätze an.

B Manche Betriebe wissen noch nicht, wie sie den Verlust an Fachkräften ausgleichen werden.

C Es gibt kreative Konzepte, um Fachpersonal zu gewinnen.

D Flexible Arbeitszeiten sind nicht nur für junge Eltern interessant.

E Junge Mitarbeitende möchten auch andere Firmen kennenlernen.

F Nicht alle motivierten Bewerber und Bewerberinnen sind qualifiziert.

G Für viele Bewerber spielt ein gutes Betriebsklima eine entscheidende Rolle.

c **Verändern Sie die Sätze 1, 3, 5 und 7 aus 3b, indem Sie andere Konnektoren verwenden. Achten Sie darauf, welcher Satz Hauptsatz und welcher Nebensatz wird.**

1. trotzdem → wobei
3. zwar … aber → obwohl
5. dennoch → einerseits …, andererseits
7. obwohl → trotzdem

1. Manche Betriebe wissen noch nicht, wie sie den Verlust an Fachkräften ausgleichen werden, wobei …

d ***trotz, selbst bei, auch bei*** **– Schreiben Sie die Sätze neu und verwenden Sie die Präpositionen.**

1. Wir möchten neue Mitarbeiter und Mitarbeiterinnen gewinnen, obwohl die Situation auf dem Stellenmarkt schwierig ist. (trotz)
2. Viele arbeiten im Homeoffice. Dennoch sollte man immer im Kontakt mit den Kolleginnen und Kollegen stehen. (auch bei)
3. Unsere Projekte sind stressig. Trotzdem machen wir täglich eine gemeinsame Sportpause. (selbst bei)
4. Auch wenn Einzelbüros viele Vorteile haben, arbeiten die meisten am liebsten gemeinsam in großen Räumen. (trotz)

1. Trotz der schwierigen Situation auf dem Stellenmarkt möchten wir neue Mitarbeiter und Mitarbeiterinnen gewinnen.

4 **Einen Vortrag halten – Welche Redemittel erklären ein Konzept (K)? Welche drücken Alternativen (A) aus? Welche nennen einen Vor- oder Nachteil (V/N). Notieren Sie A, K oder V/N. Schreiben Sie dann zu jedem Aspekt ein weiteres Redemittel.**

1. Eine weitere Möglichkeit / Variante ist … *A*
2. Bei … geht es um … ___
3. … ist ein positiver / negativer Aspekt von … ___
4. … funktioniert nach folgendem Prinzip: … ___
5. Außer … gibt es noch … ___
6. … kann man als Plus / Minus betrachten. ___
7. Weiter kann man … nennen. ___
8. … kann man folgendermaßen beschreiben: … ___

Konzepte erklären: ....

Alternativen ausdrücken: ....

Vor- oder Nachteile nennen: ....

NEU DURCHSTARTEN

1 a **Über Start-ups – Ordnen Sie die Ausdrücke mit gleicher Bedeutung zu.**

sich finanziell an etwas beteiligen • der Sektor • die Wertschätzung • etwas realisieren • etwas hat einen großen Nutzen • der Wunsch, etwas zu nutzen / kaufen

1. etwas verwirklichen → ....
2. Geld investieren → ....
3. die Nachfrage → ....
4. der Bereich → ....
5. die Anerkennung → ....
6. etwas lohnt sich → ....

b **Was bedeuten diese Begriffe? Schreiben Sie Synonyme oder Umschreibungen.**

das Merkmal   finanziell attraktiv   der Führungsstil   das Stipendium

2 a **Sehen Sie die Grafik an und lesen Sie dann die Aussagen 1 bis 7. Sind die Aussagen richtig oder falsch? Kreuzen Sie an.**

1. Über 70 Prozent der Befragten müssen nichts für ihr Essen bezahlen.	richtig	falsch
2. Bei einigen gibt es Unterstützung, um Krankheiten vorzubeugen.	richtig	falsch
3. Über die Hälfte kann sich in der Firma weiterqualifizieren.	richtig	falsch
4. In den meisten Start-ups gibt es Aktivitäten, bei denen alle etwas zusammen machen.	richtig	falsch
5. Die Arbeitszeiten werden bei den meisten erfasst.	richtig	falsch
6. Zwei Drittel der Firmen sorgen für eine aktuelle technische Ausstattung.	richtig	falsch

b **Schreiben Sie drei weitere Aussagen wie in 2a. Tauschen Sie die Aussagen mit einem Partner / einer Partnerin. Sind die Aussagen richtig oder falsch?**

3 a **Lesen Sie die Forumsbeiträge und ergänzen Sie die Wörter. Achten Sie auf die richtige Form.**

anfangen • App • ausnutzen • bringen • Crowdfunding • ewig • langfristig • Nutzen • ~~trauen~~ • träumen • umsetzen

Mach was draus! Das Forum für kreative Ideen.

Edin98

A heute, 11:27 Uhr Es ist doch großartig, dass sich immer mehr Menschen in Deutschland und anderen Ländern (1) ...trauen......., ein eigenes Start-up zu gründen und ihre guten Ideen auf den Markt zu (2) .... Ein Faktor für diese Entwicklung ist bestimmt, dass es inzwischen viele finanzielle Fördermöglichkeiten gibt, um überhaupt (3) .... zu können. So sind Menschen mit Ideen nicht mehr darauf angewiesen, dass große Firmen ihre Ideen (4) .... Bei diesen Unternehmen landen interessante Entwicklungen hin und wieder auch einmal in der Schublade. Sie werden einfach nicht realisiert, weil die Firma lieber ihre alten Produkte verkaufen will, statt innovative zu entwickeln.

startnow

B heute, 12:03 Uhr Start-ups machen unser Leben bunter und kreativer. Ich habe zum Thema Gesundheit und Ernährung so viele sinnvolle (5) .... von Start-ups gefunden, die mir täglich helfen. Diese neue Gründer-Szene muss man unterstützen. Darum habe ich auch schon beim (6) .... für zwei Start-ups Geld gespendet. Natürlich gibt es auch ganz verrückte oder absurde Ideen bei Start-ups. Aber ich finde, dass es auch wichtig ist, sich nicht immer nur auf den (7) .... zu fokussieren, wenn man Neues entwickelt.

Milo Pietro

C heute, 13:11 Uhr Ich weiß gar nicht, warum Start-ups immer als etwas Neues und besonders Positives dargestellt werden. Das gibt es doch schon (8) .... Alle kennen Beispiele wie die Firma Apple, die in einer Garage in Kalifornien gegründet wurde. Von so einem Erfolg (9) .... Gründerinnen und Gründer doch alle und Geld hat zu Beginn kaum jemand. Klar gefällt vielen die persönliche Atmosphäre in Start-ups. Aber ich glaube, dass das Engagement der meist jungen Mitarbeitenden auch oft (10) .... wird. Und eine (11) .... Perspektive, in der Firma zu bleiben, gibt es ja sowieso nur selten.

b **Lesen Sie die drei Aussagen. Zu welchem Beitrag passen die abschließenden Statements? Notieren Sie A, B oder C.**

1. Mir gefällt, dass man aus einem großen Angebot wählen kann, das immer vielfältiger und individueller wird. Beitrag ___
2. Also, ich persönlich denke, dass neue Firmen auch neue und bessere Arbeitsbedingungen schaffen müssen. Ein Kickertisch oder freie Getränke allein reichen nicht. Beitrag ___
3. Jetzt gibt es durch die vielen Start-ups mehr Innovation und Konkurrenz für die traditionellen Anbieter. Das finde ich gut. Beitrag ___

Online Ü 5 c **Welche Vor- oder Nachteile sehen Sie bei Start-ups? Was ist Ihre Meinung? Schreiben Sie einen Forumsbeitrag wie in 3a.**

SCHREIBEN · AUSSPRACHE

1 a [RICHTIG SCHREIBEN] **Kurze E-Mails formulieren – Bringen Sie die Teile der E-Mail in eine sinnvolle Reihenfolge.**

A Ich würde mich freuen, wenn Sie mir baldmöglichst ein Angebot schicken würden.
B vielen Dank für das freundliche Gespräch.
C Sehr geehrte Frau Obermeier,
D Mit freundlichen Grüßen
Carla Winter
E Betreff: Kreditangebot
F Wie besprochen sende ich Ihnen eine Kopie meines Gehaltsnachweises.
G Vielen Dank im Voraus.

b **Lesen Sie die Situationsbeschreibungen und schreiben Sie jeweils eine kurze E-Mail.**

A Sie haben mit Herrn Gomez telefoniert und sollen ihm ein Formular mit Ihren persönlichen Daten schicken. Sie möchten außerdem einen persönlichen Termin mit Herrn Gomez vereinbaren.

B Sie haben mit Frau Demir gesprochen und schicken ihr jetzt Ihren aktuellen Arbeitsvertrag. Sie möchten, dass Frau Demir Ihnen bald antwortet.

auf ein Gespräch Bezug nehmen
- Vielen Dank für das freundliche Gespräch.
- Wie (telefonisch) besprochen sende ich Ihnen …

auf den Anhang verweisen
- Anbei sende ich Ihnen …
- Im Anhang sende ich Ihnen …
- Sie finden … im Anhang.
- … finden Sie in der angehängten Datei.

um etwas bitten und sich bedanken
- Ich würde mich freuen, wenn …
- Vielen Dank im Voraus.
- Ich bedanke mich im Voraus.

2 a [AUSSPRACHE] **Lebendiger sprechen – Lesen Sie den Ausschnitt aus einem Vortrag. Hören Sie dann. Welche Wörter / Ausdrücke betont der Sprecher? Markieren Sie.**

2.18

… Nahezu alle Beschäftigten geben an, dass ein gutes Betriebsklima für sie wichtig ist. Das ist die Basis für Motivation und Leistungsbereitschaft. Aber was macht ein gutes Betriebsklima eigentlich aus? Und was kann ein Unternehmen dazu beitragen? Diesen Fragen möchte ich mich heute widmen. Zunächst beschäftigen wir uns mit dem Thema Respekt. Respekt ist das A und O eines guten Betriebsklimas. Dazu gehört auch, dass man Meinungen akzeptiert, die man persönlich vielleicht nicht nachvollziehen kann. …

TIPP
Man kann Aussagen durch Betonungen und kleine Pausen interessanter gestalten. So klingt ein Vortrag lebendiger und den Zuhörenden fällt es leichter, dem Vortrag zu folgen.

b **Lesen Sie den Text aus 2a laut und betonen Sie die markierten Stellen.**

c **Lesen Sie einen weiteren Ausschnitt und markieren Sie, welche Stellen Sie betonen möchten, damit die Aussage lebendiger und interessanter klingt. Lesen Sie den Text laut. Hören Sie dann zum Vergleich.**

2.19

Sterile Räume, graue Büromöbel, keine persönliche Note, schlechtes Licht – da kann niemand gut arbeiten. Wichtig sind neben ergonomischen Arbeitsplätzen Dinge, die dazu beitragen, dass man sich wohlfühlt. Also, zum Beispiel: Bilder, Pflanzen oder Farben. Allerdings garantieren eine Lounge-Area und ein Kicker allein noch keine gute Arbeitsatmosphäre.

B2.2 › 132

DAS KANN ICH NACH KAPITEL 9

	😊	🙂	😐	☹️	KB	ÜB
über nachhaltigen Tourismus sprechen Erklären Sie, was nachhaltiger Tourismus bedeutet und nennen Sie ein Beispiel.					M1 1b, 4	
Gegengründe und Widersprüche ausdrücken Ergänzen Sie die Sätze. Auch wenn es viele Menschen mit einer guten Ausbildung gibt, … Trotz eines hohen Gehalts … Viele Menschen suchen eine Stelle, dennoch … Einige Mitarbeitenden möchten Teilzeit arbeiten, wobei …					M3 3	2
Gespräche in der Bank führen Lesen Sie die Situationen. Was sagen Sie? 1. Sie haben Ihre Bankkarte verloren und rufen die Bank an. 2. Sie brauchen ein Konto und gehen zur Bank. 3. Sie möchten etwas Größeres kaufen und brauchen einen Kredit.					K 1–2	

UND ICH KANN …

	😊	🙂	😐	☹️	KB	ÜB
Vermutungen über Beweggründe anstellen.					M1 1a	
Texte über nachhaltigen Tourismus verstehen.					1b, 2	2
ein Interview über nachhaltigen Tourismus verstehen.						3
Wörter erschließen und erklären.					1c	1c
über Konsum sprechen.					M2 1a, d	
eine Radiosendung über Konsumverhalten verstehen.					1b–c	
eine Anzeige verstehen.					2a	
über ein Ärgernis berichten.					2d	
eine Beschwerde schreiben.					3	3–4
Meldungen und Anzeigen zum Thema *Fachkräftemangel* verstehen.					M3 1a	
ein Interview zum Thema *Fachkräftemangel* verstehen.					2a–b	
Vorschläge erläutern.					2c	
über eine Karikatur sprechen.						2
einen kurzen Vortrag halten und Fragen dazu stellen.					4	4
Informationen in einer Grafik verstehen und nennen.					M4	2
einen Vortrag über Start-ups verstehen und eine Mitschrift erstellen.					2	
[M] ein Konzept erklären und dabei etwas vergleichen und gegenüberstellen.					3	
Texte über Start-ups verstehen und über die Ideen sprechen.					4a	
ein Start-up präsentieren.					4b	
Forumsbeiträge verstehen und selbst einen Forumsbeitrag schreiben.						3

MODUL 1 WIRTSCHAFTSFAKTOR TOURISMUS

nachhaltig ……………

von großer Bedeutung sein ……………

maßgeblich ……………

bei|tragen (trägt bei, trug bei, hat beigetragen) ……………

die Einnahmen (Pl.) ……………

sich belaufen auf (+ Akk.) (beläuft sich auf, belief sich auf, hat sich belaufen auf) ……………

die Branche, -n ……………

wettbewerbsfähig ……………

die Ressource, -n ……………

langfristig ……………

bestehen (besteht, bestand, hat bestanden) *(Das Angebot soll langfristig bestehen.)* ……………

rentabel ……………

der Lebensunterhalt (Sg.) ……………

der/die Einheimische, -n ……………

beziehen von (+ Dat.) *(etwas von lokalen Herstellern beziehen)* ……………

die Lebensgrundlage, -n ……………

der Großteil, -e ……………

komfortabel ……………

einen Bedarf decken ……………

MODUL 2 DAS LIEBE GELD

zurück|erstatten ……………

die Unterkunft, "-e ……………

der Durchgangsverkehr (Sg.) ……………

der Aufenthalt, -e ……………

die Unterbringung (Sg.) ……………

heimisch ……………

aus|statten *(bestens ausgestattete Ferienwohnungen)* ……………

MODUL 3 AUF DER SUCHE

nach|rücken auf (+ Akk.) *(auf eine freie Stelle nachrücken)* ……………

ein|dämmen ……………

leiden unter (+ Dat.) (leidet, litt, hat gelitten) *(Die Wirtschaft leidet unter dem Fachkräftemangel.)* ……………

der Mangel an (+ Dat.) ……………

etw. befürchten *(Er befürchtet, seine Stelle zu verlieren.)* ……………

gegen|steuern ……………

etw. verschärft sich (= etwas wird viel schlechter) ……………

die Zuspitzung, -en ……………

jmd. gewinnen für (+ Akk.) ……………

der demografische Wandel ....

der Quereinsteiger, - die Quereinsteigerin, -nen ....

jmd. binden an (+ Akk.) ....

in Rente gehen ....

warnen vor (+ Dat.) ....

MODUL 4 NEU DURCHSTARTEN

flache Hierarchien ....

lukrativ ....

die Nachfrage (Sg.) *(Die Nachfrage nach E-Autos ist groß.)* ....

der Wirtschaftszweig, -e ....

etw. verwirklichen ....

der Sektor, -en ....

etw. lohnt sich *(Meine Investition in Aktien hat sich gelohnt.)* ....

das Merkmal, -e ....

etw. auf|kaufen (= alles von etwas kaufen) ....

die Wertschätzung (Sg.) ....

jmd. schätzen ....

sich aus|zeichnen durch (+ Akk.) ....

jmd. an|sprechen (spricht an, sprach an, hat angesprochen) *(Die Idee hat mich sehr angesprochen.)* ....

die Wahl fällt auf (+ Akk.) *(Unsere Wahl ist auf die erste Bewerberin gefallen.)* ....

etw. voran|bringen (bringt voran, brachte voran, hat vorangebracht) ....

etw. belegen *(Studien belegen, dass ... = Studien weisen nach)* ....

angewiesen sein auf (+ Akk.) ....

das Kapital (Sg.) ....

der Gründer, - die Gründerin, -nen ....

Weitere Wörter, die für mich wichtig sind

....

....

Thema *Wirtschaft* – Nomen und Verben kombinieren. Arbeiten Sie zu zweit. A nennt ein Nomen, B ergänzt ein passendes Verb. Dann wechseln.

die Branche

in eine Branche investieren

die Aktie

mit Aktien handeln

10

KUNSTVOLL

WORTSCHATZ WIEDERHOLEN UND ERARBEITEN

1 **Münchner Sehenswürdigkeiten – Lesen Sie die Beschreibungen und unterstreichen Sie das passende Wort.**

Empfehlungen für ein Kunstwochenende in München

1 In München gibt es zahlreiche Museen. Wer sich für moderne Kunst interessiert, der sollte das 2016 eröffnete | geöffnete *Museum of Contemporary Art* besuchen. Es ist das erste Museum für Urban Art in ganz Deutschland und wurde vom Ehepaar Utz erschaffen | gegründet.

2 Auch im *Lothringer 13* kann man moderne Kunst besichtigen | beobachten. Es ist eine Kultureinrichtung der Stadt, zur Forderung | Förderung zeitgenössischer Künstlerinnen und Künstler.

3 Die *Muffathalle* ist Teil des Muffatwerks mit einem Biergarten und einem Club. Dafür wurde ein ehemaliges Kraftwerk von 1893 aufgebaut | umgebaut. Auch tolle Konzerte finden hier statt.

4 Das *Isartor* ist eines der noch erhaltenen | erbauten Tore der alten Stadtmauer. Es wurde im 19. Jahrhundert durch Friedrich von Gärtner, einem bekannten Münchner Architekten, repariert | restauriert. Heute ist hier auch das Museum über Karl Valentin, einen berühmten Komiker, untergebracht | aufgebraucht.

5 Im Herzen von München liegt der zur Residenz befindliche | gehörende *Hofgarten* mit dem Dianatempel in der Mitte, in dem regelmäßig Konzerte oder Tanzveranstaltungen stattfinden | geschehen. Im Hofgarten gibt es Brunnen, zahlreiche Blumenbeete und Bänke, die zum Aufhalten | Verweilen einladen.

2 a **Rund um die Kunst – Lesen Sie die Beschreibungen und notieren Sie die Wörter.**

Online Ü1

1. eine bestimmte Literatur- oder Kunstrichtung: die G a t *t u n g*
2. Künstler/innen brauchen diese besondere Idee für ihre Arbeit: die I n s p ....
3. bei dieser Veranstaltung kann man z. B. ein Kunstwerk ersteigern: die A u k ....
4. ein Buch über eine Ausstellung mit Bildern und Beschreibungen: der K a t ....
5. eine Hochschule für künstlerische Berufe: die A k a ....
6. der Inhalt eines Buches oder eines Films: die H a n ....
7. In einem Orchester spielt jede/r ein anderes ...: das I n s ....
8. ein Abschnitt in der Kunstgeschichte: die E p o ....

b Welches Wort passt nicht? Streichen Sie durch. Zu welcher Kunstrichtung zählen die Wörter? Notieren Sie den Begriff.

1. die Sängerin • das Orchester • das Instrument • der Dirigent • ~~die Skulptur:~~ Musik
2. der Roman • die Sehenswürdigkeit • die Schriftstellerin • der Stil • der Autor: ....
3. die Bühne • die Regisseurin • das Kostüm • das Denkmal • der Schauspieler: ....
4. das Gemälde • die Aufführung • der Rahmen • die Malerin • das Motiv: ....
5. das Gebäude • die Residenz • die Ausstellung • die Kirche • der Pavillon: ....

c Lesen Sie die Gespräche und ergänzen Sie das passende Wort aus b. Achten Sie auch auf die Form. Hören Sie dann zur Kontrolle.

2.20

1. ● Schau mal, das .... von Dürer gefällt mir besonders gut. Schon vor über 600 Jahren hat er ziemlich modern gemalt.
   ○ Hm, ich weiß nicht. Mich spricht der Stil nicht so an. Und die .... finde ich etwas langweilig. Es ist immer das gleiche: Porträts, Landschaften oder Tiere.

2. ● Du hast doch auch den .... von der schwedischen .... gelesen, oder?
   ○ Ja, warum? Mir hat der super gefallen.
   ● Mir eigentlich auch, die Handlung hat mich total gepackt, aber manchmal fand ich ihren .... anstrengend.
   ○ Das stimmt, aber er passt eigentlich ganz gut zur Handlung, die war ja auch speziell.

3. ● Warst du schon in der neuen Konzerthalle? Die Akustik ist unglaublich und das .... hat großartig gespielt!
   ○ Ne, noch nicht. Ich möchte aber unbedingt den finnischen .... hören, da habe ich schon zwei Karten gekauft. Du kannst gern mitkommen!

4. ● Gestern waren wir im Theater und haben so ein modernes Stück gesehen.
   ○ Und? War die Inszenierung gut?
   ● Ja, sie war schon okay, aber die .... war leer und nur schwarz. Da hat mir was gefehlt.
   ○ Wahrscheinlich waren die .... der Schauspieler auch nicht besonders.
   ● Genau, die waren ganz in Weiß.

3 Klick-Klack – Sprechen Sie zu zweit. Person A beginnt *(Klick)*, Person B reagiert *(Klack)*. Dann wechseln Sie. oder Hören Sie *(Klick)* und reagieren Sie *(Klack)*.

2.21

Klick

1. Die Rezension des Romans war so toll, dass ich ihn mir gleich gekauft habe.
2. Das neue Kunstmuseum hat mir besser gefallen als erwartet.
3. Mein Malkurs wurde leider abgesagt.
4. Mein Chor probt seit Monaten für ein Konzert.
5. Ich würde gern selbst mal schreiben, aber mir fehlt wohl das Talent.
6. Gestern Nacht habe ich fast kein Auge zugetan, die Serie war so spannend.
7. Der Schauspieler spielt die Rolle total überzeugend.
8. Wir sollen für die Hochzeit etwas Lustiges machen. Ich habe irgendwie keine Idee.

Klack

A Das glaube ich nicht! Du musst es einfach mal ausprobieren.
B Das ist schade, aber vielleicht findest du woanders noch einen.
C Leihst du ihn mir, wenn du fertig bist?
D Also, mir hat er in der Rolle nicht gefallen. Ich fand ihn wenig glaubhaft.
E Na, hoffentlich bist du jetzt durch damit und kannst heute früh ins Bett.
F Lass uns doch mal im Internet schauen, was es so gibt. Dann fällt uns auch was ein.
G Echt? Ich fand es eher so lala.
H Das würde ich mir gern anhören. Wann tretet ihr denn auf?

KÜNSTLER*INNENLEBEN

1 a **Welcher Künstler / Welche Künstlerin macht was? – Notieren Sie die passenden Buchstaben. Einige Ausdrücke passen mehrfach.**

Fotograf/in (F)

Maler/in (Ma)

Musiker/in (Mu)

Schauspieler/in (S)

Bildhauer/in (B)

Videokünstler/in (V)

1. Models aussuchen ....
2. Farben mischen ....
3. einen Text auswendig lernen ....
4. Materialien bearbeiten ....
5. Motive suchen ....
6. Instrumente stimmen ....
7. mit Schneideprogrammen arbeiten ....
8. Bilder nachbearbeiten ....
9. die Tonqualität prüfen ....
10. feilen und schleifen ....
11. Bildausschnitte wählen ....
12. geeignete Orte suchen ....
13. Lichtverhältnisse prüfen ....
14. skizzieren ....
15. Noten lesen ....
16. Bewegungsabläufe üben ....
17. Personen beobachten ....

b **Wählen Sie einen Beruf aus 1a und schreiben Sie einen kurzen Text über typische Tätigkeiten.**

2 a **Welches Verb passt? Ordnen Sie zu.**

1. einen Entschluss	A herausbringen
2. einen Preis	B ausüben
3. die Fantasie	C fassen
4. das Gespräch mit jemandem	D anregen
5. ein Album	E stellen
6. Dateien auf eine Plattform	F erhalten
7. einen Beruf	G suchen

b **Ergänzen Sie die passenden Ausdrücke aus 2a. Achten Sie auf die richtige Form.**

Roja Wagner
Schauspielerin

Nach der Schule habe ich den (1) ...., Schauspielerin zu werden. Ich wollte keinen klassischen (2) .... und den ganzen Tag in einem Büro sitzen. Ich kannte viele Leute aus der Filmszene und habe aktiv (3) .... mit ihnen .... Das hat mich bestärkt, mich an der Schauspielschule zu bewerben. Für die Aufnahmeprüfung habe ich viel geübt und Leute beobachtet. Das hat meine (4) .... und tatsächlich, ich wurde genommen. Inzwischen habe ich sogar schon meinen ersten (5) ....! 🙂

3 a Wer Künstler/in werden will ... – Welches Demonstrativpronomen passt? Ordnen Sie zu.

1. Wer von der Kunst leben möchte, ...		... braucht auch Mut.
2. Für wen Musikmachen alles ist, ...	den	... empfehlen wir, vor Publikum zu spielen.
3. Wer ein Kunststudium abgeschlossen hat, für ...	dem dem	... gibt es auch die Möglichkeit, als Kunsthistoriker/in zu arbeiten.
4. Wer Erfahrungen mit Kunstprojekten teilen möchte, ...	der	... kann man Plattformen im Internet empfehlen.

b Beratungsstelle für Künstler und Künstlerinnen – Ergänzen Sie die Sätze mit den passenden Pronomen.

1. *Wer* .... als Künstler/in arbeiten möchte, ... stehen verschiedene Ausbildungswege offen. Hier haben wir einige Beispiele gesammelt:
2. .... Schmuck interessiert, ... empfehlen wir eine Ausbildung zum Goldschmied oder zur Goldschmiedin.
3. Für .... Mode wichtig ist, ... kann sich an einer Modeschule bewerben.
4. .... Filme viel bedeuten, ... verweisen wir an die Filmhochschulen.
5. .... als Musiker oder Musikerin Geld verdienen möchte, ... raten wir zu einer Ausbildung an einer Musikhochschule oder an einer Musikfachschule.

c Schreiben Sie Relativsätze mit *wer*, *wen* oder *wem*.

Online Ü 2

1. Einige Leute schreiben gerne Geschichten. Für sie sind Schreibclubs interessant.
2. Jemand übt täglich Trompete. Diese Person sollte sich einen Proberaum suchen.
3. Andere tanzen viel in der Wohnung. Sie brauchen sich nicht über genervte Nachbarn zu wundern.
4. Jemand malt gerne große Bilder. Er/Sie benötigt viel Geld für Farben und Leinwände.
5. Einige Personen benötigen nur zeitweise ein Atelier. Sie können tage- oder wochenweise Räume mieten.

1. Wer gerne Geschichten schreibt, für ...

d Was passt zu wem? – Schreiben Sie Sätze und verwenden Sie alle Verben aus der rechten Spalte.

Kinofilme lieben	an einem Trommelworkshop teilnehmen	empfehlen
sich für Schmuck interessieren	ein Filmfest besuchen	sollen
es mögen, zu singen	eine Kunsthandwerk-Messe besuchen	raten
gerne andere Personen imitieren	einem Chor beitreten	können
rhythmisch begabt sein	sich für einen Theaterworkshop anmelden	

1. Wer Kinofilme liebt, der sollte ein Filmfest besuchen.

ECHT KREATIV!

1 **Lesen Sie die Zitate. Welches finden Sie am besten, welches gefällt Ihnen gar nicht? Begründen Sie Ihre Wahl in einem kurzen Text.**

„Wahre Kreativität entsteht immer aus einem Mangel." Wolfgang Joop, Modedesigner

„Kreativität heißt, aus dem Chaos Ordnung zu schaffen." Georg Stefan Troller, Schriftsteller und Fernsehjournalist

„Menschen mit einer guten Idee gelten so lange als Spinner, bis sich die Sache durchgesetzt hat." Mark Twain, Schriftsteller

„Wir haben viel stärkere Flügel, als wir glauben. Wir wagen nur nicht, sie zu entfalten. Wir wagen nicht zu fliegen." Luise Rinser, Schriftstellerin

„Deine Kreativität kannst Du nie aufbrauchen. Je mehr Du sie benutzt, desto kreativer bist Du." Maya Angelou, Schriftstellerin

„Kreativität ist die Intelligenz, die Spaß hat." Albert Einstein, Physiker

2 a **Lesen Sie das Gespräch und ergänzen Sie die Redemittel für die Zusammenarbeit in einer Gruppe.**

Dabei dürfen wir nicht vergessen • Vielleicht sollten wir als Erstes überlegen • Wir könnten erst mal • Ich glaube, es wäre gut • unser Ziel ist es • Wichtig ist, dass

- ● Was sollen wir jetzt genau machen? Das Meeting planen?
- ○ Nein! Wir sollen uns was Kreatives einfallen lassen, damit alle vor dem Meeting ins Gespräch kommen.
- ● Ach so. Also, (1) ………………………………, Aktivitäten zum Kennenlernen vorzuschlagen.
- ◆ Ja. (2) ………………………………, dass sich einige der Teilnehmenden schon gut kennen. Und wir haben nur 15 Minuten Zeit.
- □ Stimmt. (3) ……………………………… ………………………………, welche Spiele es gibt.
- ● Also, ich finde ja das Spiel gut, bei dem jeder ein Adjektiv aufschreiben soll, das zu ihm passt.
- ○ Ja. (4) ……………………………… wir keine kindischen Spiele machen.
- ◆ Okay. (5) ………………………………, wo wir das Kennenlernspiel machen wollen. Im Besprechungsraum, im Flur oder bei schönem Wetter auf der Terrasse?
- ■ (6) ………………………………, wenn immer nur eine Person redet.
- ◆ Okay, es gibt den Vorschlag mit den Adjektiven. Gibt es noch andere Ideen?

2.22 b **Hören Sie das Gespräch und kontrollieren Sie Ihre Lösungen.**

Online Ü3

c **Ergänzen Sie die Aussagen.**

1. Am Anfang haben wir überlegt, *welche Aufgaben und Spiele uns zum Thema Kennenlernen einfallen.* (uns / welche / einfallen / Aufgaben und Spiele / zum Thema Kennenlernen / .)
2. Eine mögliche Lösung haben wir dann gefunden, als .... (von / hat / eine Kollegin / einem interessanten Spiel / berichtet / .)
3. Dann hatten wir die Idee, ... (mit einem kommunikativen Spiel / zu empfangen / die Besucher / .)
4. Nachdem wir eine Lösung für die Kennenlernphase gefunden hatten, ... (noch / diskutiert / haben / über / wir / die Räumlichkeiten / .)
5. Als letzten Schritt haben wir .... (für / alles / zusammengefasst / in einer Übersicht / unsere Kollegen und Kolleginnen / .)

3 a **Welches Wort ist gemeint? Der Text im Kursbuch Aufgabe 2b hilft.**

1. Etwas, das man gut brauchen kann, ist _ _ _ _ _ _ _ _ .
2. Die artistische Kreativität kann Gedanken und Emotionen anderer _ _ _ _ _ _ _ _ _ _ _ _ .
3. Wenn wir versuchen, Probleme zu lösen, _ _ _ _ _ _ _ wir verschiedene Möglichkeiten in Gedanken durch.
4. Das freie _ _ _ _ _ _ _ _ von Ideen nennen wir divergentes Denken.
5. Wenn ein Lösungsweg nicht funktioniert, gehen wir einen _ _ _ _ _ _ _ _ zurück und probieren einen anderen Weg aus.
6. Wenn man keine Lösung findet, möchte man oft schnell _ _ _ _ _ _ _ _ .
7. Oft kommt ein guter _ _ _ _ _ _ _ _ ganz von allein, wenn man z. B. spazieren geht.

b **Sie hören ein Rundfunk-Interview. Dazu sollen Sie zehn Aufgaben lösen. Sie hören dieses Interview nur einmal. Entscheiden Sie beim Hören, ob die Aussagen 1–10 richtig oder falsch sind.**

2.23 P

1.	Das Talent von Lazlo Grein wurde schon in der Schule gefördert.	richtig	falsch
2.	Herr Grein hatte anfangs Schwierigkeiten in der Schule.	richtig	falsch
3.	Nach der Schule hat er im Unternehmen seiner Eltern gearbeitet.	richtig	falsch
4.	Ein Brand veränderte seine Pläne.	richtig	falsch
5.	Er wollte nicht mehr reisen.	richtig	falsch
6.	Seine Eltern sind immer noch enttäuscht von ihm.	richtig	falsch
7.	Durch Zufall konnte er ein kleines Theaterzelt kaufen.	richtig	falsch
8.	Das Theater war von Anfang an erfolgreich.	richtig	falsch
9.	Er plant ein neues Programm mit Gästen aus der Kunstszene.	richtig	falsch
10.	Sein großer Traum ist eine eigene Sendung im Fernsehen.	richtig	falsch

TIPP

In der Prüfung
Achten Sie beim Hören auf Verneinungen wie *nicht, kein/e*, Vorsilben wie *un-, miss-, in-* usw. Manchmal steht in den Aussagen das Gegenteil von dem, was im Hörtext gesagt wird.

ERFOLGSREZEPT FÜR SERIENHITS

1 a **Filmindustrie – Welches Verb ist richtig? Unterstreichen Sie.**

1. Einen erfolgreichen Film zu bestellen | produzieren | geben, erfordert viele Schritte.
2. Zuerst muss geklärt werden, wie der Film gezahlt | finanziert | gerechnet werden kann.
3. Um ein gutes Drehbuch entstehen | erfassen | schreiben zu können, braucht man Talent und Inspiration.
4. Ein guter Regisseur / Eine gute Regisseurin muss gefunden und die passenden Schauspieler/innen ausgebildet | engagiert | hergestellt werden.
5. Diese werden dann von Maskenbildnern / Maskenbildnerinnen geschminkt | inszeniert | synchronisiert.
6. Nach den Aufnahmen werden Ton und Bildmaterial noch von Profis vermischt | geschnitten | getrennt.

b **Wortfamilien – Notieren Sie weitere Wörter zu den Ausdrücken, die Sie kennen. Der Text im Kursbuch Aufgabe 1b hilft.**

TIPP
Überlegen Sie: Welche Verben, Nomen oder Adjektive kennen Sie mit diesem Wortstamm? Nennen Sie auch Komposita.

1. der Erfolg: *das Erfolgsrezept, erfolgreich, erfolglos,* ....
2. die Funktion: ....
3. charakteristisch: ....
4. fordern: ....
5. spielen: ....
6. raten: ....

2 a **Sehen Sie die Zeichnungen an und wählen Sie: Vorgangspassiv oder Zustandspassiv? Kreuzen Sie das passende Verb an.**

1. Das Drehbuch ist / wird geschrieben.
2. Die Musik ist / wird komponiert.
3. Die Schauspieler/innen sind / werden engagiert.
4. Der Film ist / wird fertiggestellt.

Online Ü 4 b **Alles bereit für die Filmpremiere – Schreiben Sie Sätze im Zustandspassiv und verwenden Sie die angegebene Zeit.**

1. abschließen / pünktlich / die Filmproduktion (Präteritum)
2. einladen / der Hauptdarsteller und die Regisseurin (Präsens)
3. planen / das Programm für den Abend / schon seit Langem (Präteritum)
4. buchen / eine Musikband / für die Party danach (Präsens)
5. dekorieren / das Kinofoyer / passend zum Film (Präsens)
6. ausrollen / der rote Teppich / für die Stars (Präsens)

c Bei den Filmaufnahmen – Ergänzen Sie die Verben im Passiv und verwenden Sie, wenn möglich, das Zustandspassiv.

TIPP

Im Zustandspassiv wird meist kein Agens genannt. Einige Verben bilden das Vorgangspassiv, aber kein Zustandspassiv, z. B. *sehen, rufen, loben*.

1. organisieren • nähen • schminken • stylen

Heute beginnen die Aufnahmen: Das Catering .... für alle .... Die Schauspieler und Schauspielerinnen .... schon ...., auch die Haare .... schon .... Die Kostüme für die Szene .... von einer Schneiderin ...., damit sie perfekt passen.

2. reparieren • rufen • machen • ausstatten

Das Szenenbild .... seit einer Woche mit allen Requisiten fertig .... Gestern Mittag .... extra Probeaufnahmen ...., um zu testen, ob alles funktioniert. Da es Probleme mit dem Licht gab, ... das Technikpersonal .... Am Abend .... die Lampen zum Glück schon alle ....

3 a [WORTBILDUNG] **Adjektive mit *-bedürftig, -bereit, -fähig, -süchtig, -tüchtig* – Welche Bedeutung haben die vier Adjektivendungen? Ordnen Sie zu.**

-bedürftig (korrekturbedürftig) • -bereit (startbereit) • -fähig (lernfähig) • -tüchtig (verkehrstüchtig)

1. in der Lage sein: ....
2. etwas ist nötig: ....
3. fertig oder verfügbar sein: ....
4. gut oder geeignet sein: ....

TIPP

Die Adjektivendungen *-bedürftig / -bereit / -fähig / -tüchtig* bestimmen die Bedeutung des Adjektivs mit.

b Was passt zusammen? Verbinden Sie. Manchmal sind mehrere Varianten möglich.

arbeits- • einsatz- • erklärungs- • funktions- • geschäfts- • hilfs- • reparatur- • team- | -bedürftig • -bereit • -fähig • -tüchtig

arbeitsfähig,

c Ergänzen Sie die Adjektive aus 3b. Manchmal passen mehrere Wörter.

1. Der Produktionsassistent ist immer ...., deshalb arbeiten alle gern mit ihm.
2. Für die Aufnahme leiht sich die Crew eine Kamera, da ihre eigene nicht .... ist.
3. Die Anweisung des Regisseurs war .... Zuerst hatte sie niemand verstanden.
4. Als Schauspieler / Schauspielerin sollte man .... sein, weil man mit vielen verschiedenen Menschen zusammenarbeitet.

4 a **Babelsberg für Filmfans – Lesen Sie den Artikel und beantworten Sie anschließend die Fragen.**

Online Ü5

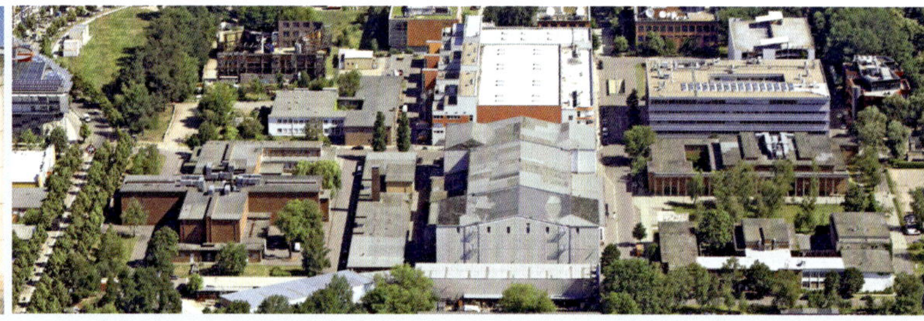

Studio Babelsberg – seit über 110 Jahren im Filmgeschäft

Babelsberg ist ein Stadtteil von Potsdam und in der ganzen Welt berühmt für das Filmstudio Babelsberg, in dem seit 1912 Filme gedreht werden. Heute zählt das Studio zu den führenden Filmstandorten Europas und blickt auf eine spannende Geschichte zurück.

Am 12. Februar 1912 begannen die Dreharbeiten für den Stummfilm *Der Totentanz*, der erste Film des Studios Babelsberg und damit auch einer der ersten Filme des deutschen Kinos. Nach einigen Produktionen und Erfolgen wurde das Großatelier gebaut, wo unter anderem der Regisseur Fritz Lang den Filmklassiker *Metropolis* drehte. Ein weiterer Meilenstein war das erste europäische Tonfilmatelier, in dem dank der neuen Technik auch die ersten Tonfilme gedreht werden konnten.

Dieses Interesse an technischen Innovationen prägt die Studios bis heute. So ist zum einen 2018 das sogenannte Volucap entstanden, ein Rundstudio für Virtual- und Augmented-Reality-Projekte. Zum anderen gibt es seit 2021 ein spezielles LED-Studio für virtuelle Filmproduktionen. Hier kommen digitale 3D-Hintergründe statt der Green-Screens zum Einsatz, was die Möglichkeiten bei den Aufnahmen verbessert und erweitert. Dies wurde erstmalig 2021 in der Netflix-Produktion *1899* angewendet, einer Mystery-Serie über Auswanderer auf einem Schiff.

Das Studio erlebte seit der Gründung einige politische Systeme. Während der NS-Zeit haben viele der Stars wie Billy Wilder, Ernst Lubitsch und Marlene Dietrich, die vorher im Studio Babelsberg tätig waren, Deutschland verlassen und im Studio wurden nur noch Propaganda und einfache Unterhaltungsfilme gedreht. Nach dem Zweiten Weltkrieg wurde es zum Filmstudio für DDR-Produktionen – bis 1990 entstanden hier mehr als 700 Spielfilme und 2250 Dokumentar- und Kurzfilme. Nach der Wende und insbesondere seit 2000 hat das Filmstudio sowohl nationale als auch internationale Film- und Serienproduktionen angelockt, darunter beispielsweise *Dark*, *Die Tribute von Panem* 1 + 2, *Matrix Resurrections* und viele andere.

Das Studio Babelsberg gehört zur *Medienstadt Babelsberg*, in der neben einer Filmuniversität auch der Filmpark Babelsberg angesiedelt ist. Der Filmpark ist saisonal geöffnet und bietet Besucherinnen und Besuchern einen anderen Einblick in die Welt des Films: Shows und Touren durch das Gelände werden angeboten, außerdem sind berühmte Kulissen aufgebaut sowie Requisiten und Kostüme ausgestellt.

1. Was waren die Anfänge des Filmstudios Babelsberg?
2. Warum gilt das Filmstudio Babelsberg als Pionier im technischen Bereich?
3. Welche Technik wurde bei der Serie *1899* eingesetzt?
4. Welche Produktionen sind seit Ende des Zweiten Weltkriegs dort gedreht worden?
5. Was bietet der Filmpark Babelsberg dem Publikum?

b **Schreiben Sie eine Mail an einen Freund / eine Freundin, der / die Filmfan ist. Wählen Sie mindestens drei Informationen aus 4a und berichten Sie davon.**

EIN NEUES KAPITEL

1 a **Welcher Lesetyp sind Sie? – Notieren Sie Ihre Antworten in Stichwörtern.**

1. Sind Sie ein Lesemuffel (eine Person, die nicht gern liest) oder eine Leseratte (eine Person, die gern liest)? Oder wie würden Sie Ihr Leseverhalten beschreiben?
2. Wie muss ein Buch sein, damit Sie es zu Ende lesen?
3. Was war Ihr Lieblingsbuch in Ihrer Kindheit?
4. Welches Buch haben Sie schon mehrmals gelesen?
5. Welche Romanfigur hat Sie beeindruckt?
6. Welchen Autor / Welche Autorin würden Sie gern kennenlernen?

b **Arbeiten Sie zu zweit und sprechen Sie über Ihre Antworten.**

2 **Welche Erklärungen passen zu den Ausdrücken? Ordnen Sie zu.**

1. fernab		A	in großer Eile sein
2. ein Gefühl wird übermächtig		B	etwas beherrschen
3. seufzen		C	man empfindet etwas besonders stark
4. eine Kurzschlussreaktion		D	gestresst sein von der Leistung anderer
5. entschleunigen		E	weit weg
6. Konkurrenzdruck spüren		F	aus Kummer oder Erleichterung hörbar ausatmen
7. etwas unter Kontrolle haben		G	langsamer werden
8. hetzen		H	man reagiert auf etwas spontan und unüberlegt

3 a **Lesen Sie die Kurzbeschreibungen von zwei Büchern. Welches Buch würde Sie mehr interessieren und warum? Sprechen Sie zu zweit.**

Die österreichische Autorin Monika Helfer erzählt in einer Trilogie von ihren Lebenserinnerungen. Im letzten Roman dieser Reihe, *Löwenherz*, geht es um ihren Bruder Richard, eine eigenwillige und tragische Hauptfigur. Helfer zeichnet ein liebevolles Bild ihres Bruders und ihrer Familie und lässt die Leser und Leserinnen in ihre Familienwelt eintauchen. Die Sprache ist präzise, auch wenn die Schilderungen öfters abschweifen. Ein lesenswertes Buch, das gleichzeitig fesselt und Spaß macht beim Lesen.

In dem Roman *Hard Land* des deutsch-schweizerischen Schriftstellers Benedict Wells erlebt der 15-jährige Sam den Sommer seines Lebens – die erste Liebe, neue Freundschaften, aber auch ein Erlebnis, das ihn zwingt, erwachsen zu werden. Die Handlung spielt in den 80er-Jahren in einer kleinen Stadt in Missouri und vermittelt ein anschauliches Bild des damaligen Zeitgeistes.
Wells schreibt leicht und klar, mit prägnanten Sätzen. Es ist ein kluger und unterhaltsamer Roman, der berührt.

b **Schreiben Sie selbst eine Kurzbeschreibung zu einem literarischen Werk, z. B. Roman, Märchen, Gedicht, Theaterstück.**

B2.2 › 145

SPRECHEN · AUSSPRACHE

1 a [RICHTIG SPRECHEN] **Hören Sie die Bildbeschreibung und machen Sie eine Skizze, die zur Beschreibung passt.**

2.24

b **Hören Sie noch einmal. Welche Redemittel werden verwendet? Markieren Sie.**

2.24

- Bei dem Bild handelt es sich um ein Foto / ein Porträt / eine Landschaft / eine Werbung …
- Ich finde das Bild schön, interessant / lustig / merkwürdig …
- Auf dem Bild sieht / erkennt man …
- Im Vordergrund / Hintergrund befindet sich ein / eine …
- Vorne / Hinten / rechts / links / In der Mitte erkennt man …
- Davor / Dahinter / Daneben / Dazwischen / Darunter … steht / sitzt / ist / spielt …
- Auf dem Bild dominieren helle / dunkle / … Farbtöne.
- Bei genauem Hinsehen / Betrachten erkennt man …
- Es scheint so, als ob … / Man hat den Eindruck, dass … / Es sieht so aus, als ob …

c **Arbeiten Sie zu zweit. Jede/r wählt ein Foto auf dem Smartphone und beschreibt es. Zeigen Sie dann das Foto und besprechen Sie die folgenden Punkte.**

Wie genau war die Beschreibung?
Was hat der Partner / die Partnerin sich anders vorgestellt?
Was hat gefehlt?
Was stimmt (fast) mit der Beschreibung überein?

2 a [AUSSPRACHE] **Zungenbrecher – Lockern Sie Ihre Zunge und sprechen Sie wie im Beispiel.**

2.25

2.26 b **Hören Sie die Zungenbrecher und sprechen Sie nach. Sprechen Sie dann immer schneller.**

1

Blaukraut bleibt Blaukraut und Brautkleid bleibt Brautkleid.

2

In der ganzen Hunderunde gab es nichts als runde Hunde.

3

Zwischen zwei Zwetschgenbaumzweigen sitzen zwei zwitschernde Schwalben.

c **Arbeiten Sie in Gruppen und schreiben Sie einen Zungenbrecher.** oder **Recherchieren Sie einen Zungenbrecher. Tauschen Sie mit einer anderen Gruppe und lesen Sie laut vor, bis Sie den Satz gut sprechen können.**

DAS KANN ICH NACH KAPITEL 10

		KB	ÜB
	darüber sprechen, was ich gerne sehe Erzählen Sie von einer Serie oder einem Film, die / den Sie als Kind gerne gesehen haben.	M3 1a	
2.27	**eine Rezension verstehen** Hören Sie die Buchbesprechung und fassen Sie die Aussagen in drei Sätzen zusammen.	M4 3a	
	ein Foto beschreiben Beschreiben Sie das Foto.	K 1–2	1

UND ICH KANN ...

		KB	ÜB
	über Künstler/innen und ihr Leben sprechen.	M1 1a	
	Informationen über die Lebensformen verschiedener Künstler/innen verstehen.	1b, 2a	
	einen kurzen Text zu einem Künstler/innenberuf schreiben.		1b
	Zitate zum Thema *Kreativität* verstehen und die eigene Meinung dazu äußern.	M2	1
[M]	eine Aufgabe und Lösungswege besprechen.	1	
	über Kreativität sprechen.	2a	
	Informationen über Kreativität verstehen und die eigene Meinung dazu schreiben.	2b–c	
	eine kreative Aufgabe stellen und lösen.	3	2
	ein Interview über einen kreativen Menschen verstehen.		4b
	einen Blogbeitrag über erfolgreiche Serien verstehen.	M3 1b–d	
	einen Film oder eine Serie empfehlen.	3a	
	einen Kommentar oder eine Antwort zu einer Empfehlung schreiben.	3b	
	einen Artikel über ein Filmstudio verstehen und Informationen darüber schriftlich weitergeben.		4a–b
	über das eigene Leseverhalten sprechen.	M4	1
	einen literarischen Text verstehen.	2	
	über einen literarischen Text sprechen.	3b	
[M]	ein Buch vorstellen.	4	
	Buchbeschreibungen verstehen und eine Kurzbeschreibung eines literarischen Werks verfassen.		3

MODUL 1 KÜNSTLER*INNENLEBEN

übrigens ....

der Schwerpunkt, -e ....

zunächst ....

der Entschluss, "-e *(einen Entschluss fassen)* ....

erhalten (erhält, erhielt, hat erhalten) *(einen Preis erhalten)* ....

die Skulptur, -en ....

der Bildhauer, - die Bildhauerin, -nen ....

an|regen *(die Fantasie anregen)* ....

der Betrachter, - die Betrachterin, -nen ....

begleiten *(jdn. auf der Gitarre begleiten)* ....

heraus|bringen (bringt heraus, brachte heraus, hat herausgebracht) *(ein Album herausbringen)* ....

gewisse Sicherheiten haben wollen ....

der Verlag, -e ....

die (politische) Karikatur, -en ....

erscheinen (erscheint, erschien, ist erschienen) *(einige Karikaturen sind in Büchern erschienen)* ....

MODUL 2 ECHT KREATIV!

abgelegen ....

stolpern ....

auf|ziehen (zieht auf, zog auf, ist aufgezogen) *(ein Gewitter zieht auf)* ....

erfinden (erfindet, erfand, hat erfunden) ....

erschaffen (erschafft, erschuf, hat erschaffen) ....

beeindruckend ....

in den Sinn kommen ....

heraus|suchen ....

einen Schritt zurück|gehen ....

auf|geben (gibt auf, gab auf, hat aufgegeben) ....

grübeln ....

der Einfall, "-e *(der rettende Einfall)* ....

MODUL 3 ERFOLGSREZEPT FÜR SERIENHITS

das Original, -e *(Filme im Original sehen)* ....

der Erfolgsfaktor, -en ....

der Marathon, -s *(einen Serienmarathon machen)* ....

süchtig ....

die Geschmackssache (Sg.) ....

der Zeitgeist (Sg.) ....

der Charakter, -e *(ein toller Filmcharakter)* ....

konzipieren ....

sich in etw. hinein|versetzen	....
glaubhaft	....
unterfordern ≠ überfordern	....
schlüssig	....
vorhersehbar	....
gebannt	....
das Budget, -s	....
das Potenzial, -e	....
die Originalität (Sg.)	....
verraten (verrät, verriet, hat verraten)	....
spoilern	....
ticken *(wie jnd. tickt)*	....
verrückt sein nach (+ Dat.)	....
riskant	....

MODUL 4 EIN NEUES KAPITEL

der Spaten, -	....
die Wurzel, -n	....
pressen *(die Hände in den Rücken pressen)*	....
der Streifen, -	....
zu etw. taugen (= für etw. nützlich sein)	....
existenziell	....
das Grundstück, -e	....
der Rasen, -	....
die Wiese, -n	....
am ehesten	....
die Fläche, -n	....
verwildert	....
die Anstrengung, -en	....
das Beet, -e *(das Gemüsebeet)*	....
fernab (+ Gen.) *(fernab der Straße* = weit entfernt)	....
seufzen	....
entschleunigen	....
überfüllt	....
herrschen	....
funktionstüchtig	....
verdreckt	....
der Rhythmus, Rhythmen	....
sich integrieren in (+ Akk.)	....
gelingen (gelingt, gelang, ist gelungen) *(Das ist ihm gut gelungen.)*	....

Weitere Wörter, die für mich wichtig sind

....

....

Wählen Sie aus jedem Modul fünf Wörter (Verben oder Adjektive). Notieren Sie zu jedem Wort ein Nomen auf einem Zettel. Arbeiten Sie dann zu zweit, tauschen Sie Ihren Zettel mit einem Partner / einer Partnerin und nennen Sie Verben oder Adjektive zu den Nomen des Partners / der Partnerin.

11 VIEL ZU TUN

WORTSCHATZ WIEDERHOLEN UND ERARBEITEN

1 a **Gemeinsam im Team – Was denken Sie? Ordnen Sie die Begriffe zu und vergleichen Sie dann zu zweit.**

Online Ü1

positiv

A aufgeregt reagieren
B ausschweifend erklären
C fokussiert recherchieren
D gelassen bleiben
E intuitiv entscheiden
F nüchtern beurteilen
G penibel überprüfen
H selbstbewusst auftreten
I sich genau nach etwas erkundigen
J sorglos kommunizieren
K sich begeistert für etwas einsetzen

negativ

b **Ergänzen Sie die Begriffe aus 1a und achten Sie auf die Form.**

A

Wir haben den Auftrag nicht bekommen. 😞 Mein Kollege hat total (1) .... – er wollte sogar dort anrufen und sich beschweren …

😮 Ich hoffe, er hat sich wieder beruhigt?

Ja, mein Chef ist zum Glück (2) .... und hat länger mit ihm gesprochen.

B

Die Präsentation war so langweilig …

Ja, viel zu detailliert, Svea hat alles so (3) ....

C

Ich brauche deine Hilfe!

Warum?

Eine Journalistin hat angerufen und (4) .... sehr .... nach dem Projekt .... – sie wollte alles wissen!

Und was soll ich machen?

Mir fehlen da ein paar Infos und du (5) .... immer so .... – da findest du die Infos bestimmt schneller als ich.

Danke, danke! Was genau musst du wissen?

2 **Bei der Arbeit – Welches Wort passt? Lesen Sie die Gespräche und kreuzen Sie an.**

1. ● Im Büro ist es bei mir gerade stressig und ich bin echt genervt. entspannt.
   ○ Kannst du nicht mehr Unterstützung erfordern? erhalten? Bei deinem nächsten Personalgespräch solltest du das befragen. thematisieren.
2. ● Können wir uns übermorgen treffen und die Planung absprechen? austauschen?
   ○ Leider nein. Mein Chef hat Bedenken Gedanken wegen des neuen Projekts und ich muss mit ihm das Konzept noch mal durchgehen.
3. ● Der neue Kunde stellt uns vor echte Forderungen. Herausforderungen.
   ○ Warum? Was fragt verlangt er denn von euch?
   ● Wir sollen einen Projektplan entstehen, entwickeln, aber er gibt uns nicht alle Daten.
4. ● Die Praktikantin möchte nächste Woche frei bekommen. kommen.
   ○ Ja, sie muss Prüfungen ablegen. legen.

3 **Klick-Klack – Sprechen Sie zu zweit. Person A beginnt *(Klick)*, Person B reagiert *(Klack)*. Dann wechseln Sie. oder Hören Sie *(Klick)* und reagieren Sie *(Klack)*.**

2.28

Klick

1. Ich weiß gar nicht mehr, was wir im Meeting letzte Woche besprochen haben. Du?
2. Als ich präsentiert habe, hat Anne so kritisch geschaut. Das hat mich total verunsichert.
3. Das Wochenende war super erholsam! Wir haben einfach mal nichts gemacht.
4. In unserer Firma gibt es seit Kurzem ein tolles Fitnessprogramm.
5. Ich überlege, ob ich nicht ein duales Studium machen soll.
6. Meine Kollegin möchte eine zweimonatige Weiterbildung machen.

Klack

A Das war bestimmt das Beste, was ihr nach der stressigen Woche tun konntet.
B Ja, das habe ich auch gehört. Lass uns da doch mal was ausprobieren!
C Das bietet dir sicher einige Vorteile, aber es ist bestimmt auch anstrengend.
D Auch nicht so richtig … Ich schau mal schnell im Protokoll nach.
E Wer vertritt sie denn dann? Hoffentlich musst du das nicht die ganze Zeit machen.
F Unsinn, das bildest du dir nur ein. Sie fand deine Präsentation echt gut.

4 a **Mein beruflicher Werdegang – Lesen Sie die Porträts und ergänzen Sie die fehlenden Wörter. Achten Sie auf die Form.**

absolvieren • Abschluss • analysieren • anerkennen • Anschluss • beaufsichtigen • erwerben • fördern • Forschung • gehören • Routine

Ich arbeite als Erzieherin in einer Kinderkrippe. Meine Ausbildung habe ich in Kroatien gemacht und konnte sie in Deutschland (1) .... lassen. Während meines Arbeitstages (2) .... ich die Kinder, damit nichts passiert, oder mache mit ihnen Programme, um ihre Entwicklung und Beweglichkeit zu (3) .... Neben der Arbeit mit den Kindern (4) .... auch das Vorbereiten von Veranstaltungen und Themenwochen zu meinem Alltag.

In Italien habe ich Green Engineering studiert und mit dem Bachelor abgeschlossen. Im (5) .... daran habe ich in Deutschland meinen Master in Energiemanagement gemacht. Seit drei Jahren bin ich in der (6) .... zu nachhaltigen Energieressourcen tätig. Mein Team und ich führen Versuchsprojekte durch und (7) .... die Daten. So versuchen wir neue Wege der Energienutzung zu finden.

In Brasilien habe ich meine Deutschkenntnisse (8) .... und bin anschließend nach Österreich gekommen, um hier eine Ausbildung zur Pflegefachkraft zu (9) .... Vor drei Jahren habe ich erfolgreich den (10) .... geschafft und bin seitdem in einem Krankenhaus im Schichtdienst tätig. Ich arbeite auf der Kinderstation, das ist eine spannende Mischung aus (11) .... und Herausforderungen. Hier ist keine Schicht gleich und die Kinder brauchen besondere Zuwendung.

b **Schreiben Sie einen Text über Ihren beruflichen Werdegang oder Ihre Ausbildung / Ihr Studium mit vier Lücken wie in 4a. Tauschen Sie dann Ihre Aufgabe mit einem Partner / einer Partnerin und ergänzen Sie die fehlenden Wörter.**

B2.2 › 151

MIT DEM KÖRPER SPRECHEN

1 a **Körpersprache – Was machen die Personen? Ordnen Sie zu.**

die Arme verschränken • mit den Augen rollen • die Augenbrauen hochziehen • sich interessiert vorbeugen • die Stirn runzeln • mit dem Fuß wippen

A ....

D ....

B ....

E ....

C ....

F ....

b **Wie heißt das Gegenteil? Notieren Sie Paare.**

gleichgültig • ablehnend • angespannt • selbstbewusst • kompetent • offen | inkompetent • verschlossen • aufgeschlossen • unsicher • interessiert • gelassen

2 **Lesen Sie die Zusammenfassung des Interviews aus dem Kursbuch und schreiben Sie die Wörter richtig.**

Durch unsere Körpersprache kommunizieren wir permanent und senden (1) TENSCHBOTAF ...., die uns gar nicht bewusst sind. An unserer Körperhaltung und unserem (2) GEDRSICHTUCKSAUS .... können unsere Mitmenschen sehen, ob wir zum Beispiel genervt oder entspannt sind. Anders verhält es sich mit (3) STGEEN ...., die wir in unserem kulturellen Umfeld erlernt haben. Diese können wir bewusst einsetzen, um eine (4) GEAUSAS .... zu verstärken oder zu verdeutlichen. Allerdings ist Vorsicht geboten, wenn man sie verwendet, da sie kulturell unterschiedliche Bedeutungen haben und so zu (5) NISSENREVMISSSTÄND .... führen können. Manche Körpersignale wiederum, wie ein Lächeln als Zeichen der Freundlichkeit oder die Veränderung unserer (6) IKMIM ...., wenn wir uns ekeln, sind fast überall auf der Welt gleich. Interessanterweise neigen wir dazu, die Körpersprache von Menschen, die wir sympathisch finden, nachzuahmen. Dieses unbewusste (7) LTVERENHA .... dient dazu, eine Bindung zu unserem Gegenüber aufzubauen. Treffen Personen aufeinander, spielt auch der (8) BAANDST ...., den man zu der anderen Person einhält, eine Rolle. Kommt uns jemand zu nahe, den wir nicht gut kennen, fühlen wir uns oft unwohl. Welche Distanz wir als angemessen empfinden, ist auch kulturell bedingt. (9) PERKÖRCHESPRA .... kann natürlich auch trainiert werden. Wichtig dabei ist, dass man authentisch bleibt und nicht übertreibt.

3 a **Modale Zusammenhänge – Ergänzen Sie die Sätze.**

Online Ü 2

anstatt zu • durch • dadurch dass • ohne dass • indem • mithilfe von

1. .... eine aufrechte, stabile Haltung wirkt man selbstbewusst und kompetent.
2. Viele Menschen gestikulieren auch beim Telefonieren, ... es ihnen bewusst ist.
3. .... man dem Gesprächspartner oder der -partnerin in die Augen schaut, signalisiert man Interesse.
4. .... an der Kleidung .... spielen, sollte man die Hände lieber ruhig halten.
5. Wir kommunizieren zum Beispiel auch ...., ... wir bestimmte Kleidung bei bestimmten Anlässen tragen.
6. Menschen, die in der Öffentlichkeit stehen, arbeiten oft .... professionellen Trainern oder Trainerinnen an ihrer Körpersprache.

b **Ergänzen Sie die Gespräche. Achten Sie auf die Verbform.**

ruhig und deutlich sprechen • so desinteressiert wirken • mich dabei ansehen • aufrecht sitzen und deinem Gegenüber in die Augen sehen

1. ● Das war gerade komisch. Frau Voss hat mit mir geredet, ohne ....
   ○ Vielleicht ist sie einfach sehr schüchtern.
2. ● Mirko sollte mal ein bisschen mehr Motivation zeigen, anstatt ....
   ....
   ○ Ich glaube, er meint das gar nicht so.
3. ● Dadurch, dass Sam immer .... ,
   sind seine Präsentationen wirklich gut verständlich.
   ○ Stimmt, und interessant sind sie auch.
4. ● Wie kann ich denn bei Vorstellungsgesprächen selbstbewusster wirken?
   ○ Indem du zum Beispiel ....

c **Formulieren Sie Tipps mit den angegebenen Konnektoren / Präpositionen.**

1. bei Präsentationen bewusst Gesten einsetzen – dabei übertreiben (ohne zu)
2. auch bei Online-Meetings aufrecht sitzen – halb im Sessel liegen (anstatt zu)
3. im Gespräch Interesse zeigen – an den passenden Stellen zustimmend nicken (indem)
4. ein fester, kurzer Händedruck bei der Begrüßung – selbstsicher wirken (durch)
5. sich mit Körpersprache beschäftigen – Signale anderer Menschen besser deuten können (dadurch, dass)
6. ein Spiegel oder Handyvideo – die eigene Körpersprache analysieren können (mithilfe)

1. Setzen Sie bei Präsentationen bewusst Gesten ein, ohne dabei zu übertreiben.

4 **Lesen Sie die Zitate von Samy Molcho, Experte für Körpersprache, und wählen Sie eins aus. Was ist damit gemeint? Schreiben Sie einen kurzen Kommentar.**

„Körpersprache muss man lesen können. Aber letztendlich bleibt es immer Interpretation."

„Die Zunge kann lügen, der Körper nie!"

Das Zitat „..." von Samy Molcho gefällt mir gut, denn ...

DAS STEHT SO IM PROTOKOLL

1 **Gesprächsformate – Markieren Sie sieben Nomen und notieren Sie sie mit Artikel und Pluralform.**

ABCHKONFERENZUTÄFRUKTMEETINGERSTLERMINKZRVOPZLSVERSAMMLUNGDIGPARXFLMSITZUNGOQNHÜR
CWVYLPBERATUNGJUXAFKRBESPRECHUNGPRUXLBERWORKSHOPQFMNNARLU

die Konferenz, -en, ...

2 **Was muss für ein Protokoll alles getan werden? Ergänzen Sie den passenden Buchstaben.**

Online Ü 3

1. Der / Die Protokollant/in wird festgelegt. Er / Sie hält fest, wer ist und notiert die der Besprechung, offene Fragen und bei Bedarf auch die (die To-dos) der Teilnehmenden.
2. Das Protokoll wird dann anhand der geschrieben und mit einem eindeutigen abgespeichert.
3. Alle Teilnehmenden erhalten das Protokoll, um bei Bedarf vorzunehmen.
4. Abschließend wird die abgestimmte des Protokolls gespeichert, idealerweise als PDF, diese steht anschließend allen Beteiligten zur .

A Korrekturen
B Arbeitsaufträge
C Dateinamen
D Ergebnisse
E anwesend
F Notizen
G Verfügung
H Version

3 a **Ihr Kollege, Nils Breuer, ruft Sie wegen eines Protokolls an. Hören Sie die Nachricht auf Ihrer Mailbox und notieren Sie die Fragen.**

2.29

b **Lesen Sie das Protokoll und markieren Sie die Antworten für Ihren Kollegen. Nehmen Sie dann eine Sprachnachricht auf und beantworten Sie seine Fragen.**

TOP 3: Projekt für Firma Haindling
- Unterlagen und Kostenkalkulation erstellt, Versand an Kunden am 01.08.; Kundenpräsentation geplant für Mitte August, Vertrag in Rechtsabteilung, soll ebenfalls Mitte August zur Unterschrift vorliegen.

TOP 4: Personal
- Bewerbungsgespräche für Marketingstelle finden ab nächster Woche statt. Wer noch teilnehmen möchte, kann sich bis 03.08. beim Marketing melden.

TOP 5: Sonstiges
- Firmenfest am 31.07., wegen freier Plätze Teilnahme auch spontan möglich.

4 a **Ausschnitte aus einer Besprechung – Hören Sie und machen Sie Notizen für ein Protokoll. Vergleichen Sie dann zu zweit.**

2.30

TOP 1: Personal	TOP 2: Weiterbildung	TOP 3: Umbau

b **Schreiben Sie mit Ihren Notizen aus 3a den Protokollabschnitt.**

SO EIN STRESS!

1 a **Rund um Stress – Bildeen Sie Wörter mit *-stress-*. Notieren Sie bei den Nomen auch die Artikel.**

~~-EN~~ ABBAU ARBEIT(S) FREIZEIT FAKTOR FREI LEVEL **-STRESS-** -IG REAKTION RESISTENT SITUATION TERMIN

stressen, ...

b **Sehen Sie die Fotos an und sprechen Sie zu zweit. Um welche Situationen handelt es sich und warum sind die Personen gestresst? Die Ausdrücke helfen Ihnen.**

Erwartungen haben • etwas nicht beeinflussen / kontrollieren können • emotional gestresst sein • die Aufregung • sich Sorgen machen um • sich nicht konzentrieren können • unangenehme Gefühle auslösen • sich unsicher fühlen • unter Druck stehen • Verantwortung haben

1

2

3

4

2 **Wie mit Stress umgehen? – Lesen Sie die Ausdrücke aus dem Text im Kursbuch Aufgabe 1b und c. Welche Umschreibung passt? Ordnen Sie zu.**

1. etwas als Belastung empfinden
2. von verschiedenen Aspekten abhängen
3. negative Folgen verhindern
4. hohe Ansprüche an sich selbst haben
5. Konflikte gemeinsam lösen
6. unter der ständigen Erreichbarkeit leiden
7. zum Abbau von Stress beitragen
8. von etwas ablenken

A viel von sich selbst erwarten
B sich von etwas gestresst fühlen
C zusammen einen Weg aus einem Streit finden
D die Reduzierung von Stress fördern
E durch unterschiedliche Faktoren bedingt sein
F schlechte Auswirkungen vermeiden
G die Aufmerksamkeit auf etwas anderes lenken
H als negativ empfinden, dass man immer kontaktiert werden kann

3 a **Aussagen über Stress – Geben Sie die Äußerungen in indirekter Rede wieder.**

Durch Stress wird man schlank.

Stress ist eine Frage der Einstellung.

Stress kann man vermeiden.

Stress ist immer schädlich für die Gesundheit.

Vor 200 Jahren hat man noch keinen Stress gekannt.

TIPP
Indirekte Rede mit *dass*
Der Nebensatz mit indirekter Rede kann mit oder ohne *dass* gebildet werden.

1. Es wird behauptet, *dass man durch Stress schlank werde. / man werde durch Stress schlank.*
2. Man sagt, ……
3. Manche meinen, ……
4. In Ratgebern steht oft, ……
5. Jemand hat behauptet, ……

b **Hören Sie das Gespräch mit einer Expertin für Stressprävention und lesen Sie die Aussagen. Kreuzen Sie an: richtig oder falsch?**

2.31

1.	Bei Stress verändert sich das Essverhalten der Menschen.	richtig	falsch
2.	Dank eines bestimmten Hormons wird Fett abgebaut.	richtig	falsch
3.	Die Wirkung von Stress wird von Dr. Brinkmann insgesamt positiv beurteilt.	richtig	falsch
4.	Es ist empfehlenswert, nach jeder Stressphase Ruhephasen einzuplanen.	richtig	falsch
5.	Stress lässt sich zwar reduzieren, jedoch gehören Stresssituationen zum Leben.	richtig	falsch
6.	Früher hatten die Menschen keinen Stress.	richtig	falsch
7.	Heutzutage gibt es neue Dinge, die bei Menschen Stress auslösen.	richtig	falsch

c **Ergänzen Sie die Verben in der indirekten Rede. Verwenden Sie Konjunktiv I oder, wenn dieser identisch mit dem Indikativ ist, Konjunktiv II.**

Online Ü 4

A Vielen Dank für die interessante Sendung. Frau Dr. Brinkmann erklärte, nicht jeder Mensch …… Stress als negativ …… (empfinden). Das kann ich bestätigen – für mich ist Stress positiv. Die Aussage, dass man bei Stress nicht …… …… (abnehmen), finde ich nicht richtig, denn in meiner Familie verlieren die meisten durch Stress Gewicht.

B Danke für den Hinweis, dass Entspannung nicht immer das beste Mittel bei Stress …… (sein). Deswegen mache ich in Stresssituationen viel Sport. 😉

C Mein Kollege fragt mich immer, warum ich so viel …… …… (arbeiten). Er …… (können) einfach nicht verstehen, dass das für mich kein Stress …… (sein). Wie Frau Dr. Brinkmann sagte, …… die Hormone …… (helfen), um fit zu bleiben. Bei mir scheint das gut zu funktionieren.

D Dr. Brinkmann äußerte, dass sich Stress nicht vermeiden …… (lassen). Da muss ich der Expertin widersprechen, denn bei einer guten Planung kann man ein deutlich entspannteres Leben führen.

TIPP
Fragen in indirekter Rede
Wenn man Fragen in indirekter Rede wiedergibt, kommt am Satzende ein Punkt und kein Fragezeichen.

d **Schreiben Sie einen Kommentar wie in 3c zur Sendung.**

B2.2 › 156

4 a **Wie heißen die einleitenden Verben richtig? Korrigieren Sie.**

1. ~~miteilen~~ *mitteilen*	5. ~~dartsellen~~	9. ~~behaupen~~
2. ~~ercklären~~	6. ~~erzahlen~~	10. ~~erwedern~~
3. ~~bereichten~~	7. ~~schiltern~~	11. ~~vorschlägen~~
4. ~~außern~~	8. ~~darliegen~~	12. ~~ausfüren~~

b **Geben Sie die Zitate in indirekter Rede wieder und verwenden Sie einleitende Verben.**

„Humor ist der Knopf, der verhindert, dass uns der Kragen platzt." Joachim Ringelnatz

„Karriere ist etwas Herrliches, aber man kann sich nicht in einer kalten Nacht an ihr wärmen." Marilyn Monroe

„Es ist gut zu wissen, dass man eigentlich alles machen kann. Man muss nur damit anfangen." Julie Deane

„Für Wunder muss man beten, für Veränderungen aber arbeiten." Thomas von Aquin

Joachim Ringelnatz schrieb, Humor sei der Knopf, der verhindern würde, dass uns der Kragen platzen würde.

c **Sprechen Sie zu zweit. Was bedeuten die Zitate. Stimmen Sie ihnen zu? Warum (nicht)?**

5 a **Sie waren bei einem Vortrag zum Thema *Gesundheit am Arbeitsplatz*. Wählen sie drei Aussagen der Expertin und schreiben Sie einem Kollegen / einer Kollegin in einer Mail Ihre Meinung dazu. Verwenden Sie dabei die Aussagen in indirekter Rede.**

Früher gab es keine Fitness-Programme der Firmen.

Mit Bewegung stärkt man das Immunsystem.

Jeder kann kurze Pausen im Alltag unterbringen.

Die Gesundheit muss an erster Stelle stehen.

b **Flüssig sprechen – Warum waren die Personen nicht beim Vortrag? Arbeiten Sie zu zweit und geben Sie wieder, was die Personen gesagt haben. Der / Die andere fragt nach und korrigiert wie im Beispiel.**

2.32 oder **Hören Sie, was die Personen gesagt haben, und fragen Sie nach wie im Beispiel.**

1. Barbara: „Ich habe einen Kunden besucht." – im Park
2. Felix: „Ich war zu Hause bei meiner kleinen Tochter." – mit seiner Frau im Café
3. Eva: „Ich hatte starke Kopfschmerzen." – am See
4. Carlos: „Mein Kollege hat Unterstützung gebraucht." – beim Shoppen

Barbara sagt, sie habe einen Kunden besucht.
Hm, sie habe einen Kunden besucht? Warum habe ich sie dann im Park gesehen?

TIPP

In der indirekten Rede müssen oft auch andere Wörter, wie z. B. Pronomen geändert werden.
„Das ist meine Tochter." →
Er erklärt, das sei seine Tochter.

WO SOLL ICH STUDIEREN?

1 a **Studieren – Zu wem passt welche Studienart? Ordnen Sie zu.**

1. die Universität
2. die Hochschule für angewandte Wissenschaften
3. das duale Studium
4. das Fernstudium

A Ich finde es toll, dass man das Gelernte gleich anwenden kann und dazu noch ein festes Gehalt bekommt.

B Ich bin schon seit ein paar Jahren berufstätig. Jetzt möchte ich aber doch noch nebenbei studieren und das so flexibel wie möglich.

C Mir ist es wichtig, dass mein Studium praxisorientiert ist. Ich weiß aber noch nicht ganz genau, was ich nach meinem Fachabitur studieren möchte.

D Ich möchte auf jeden Fall promovieren und später dann am liebsten in der Forschung tätig sein.

Online Ü 5

b **Welche Verben passen? Kreuzen Sie an. Es passen jeweils unterschiedlich viele Verben.**

1. einen Studiengang	wählen	belegen	erwerben	lernen
2. die Zulassungsvoraussetzungen	erfüllen	eignen	ändern	angeben
3. Studiengebühren	abschaffen	bezahlen	abwechseln	verteilen
4. eine Prüfung	anstrengen	ablegen	bestehen	studieren
5. ein Praktikum	absolvieren	erscheinen	ausbilden	machen

2 **Ein Freund / Eine Freundin möchte mit dem Studium in Deutschland beginnen. Er / Sie kennt sich aber nicht gut mit den verschiedenen Möglichkeiten aus. Schicken Sie ihm / ihr eine Sprachnachricht.** oder **Schreiben Sie eine Mail mit den wichtigsten Informationen, die Sie im Vortrag im Kursbuch Aufgabe 1 erhalten haben.**

3 a **Eine Präsentation halten – Ergänzen Sie die Redemittel und hören Sie zur Kontrolle** oder **Hören Sie die Sätze und ergänzen Sie die Redemittel.**

2.33

Besonders hervorzuheben • Außerdem • übergehen • sinnvoll • Das Thema meiner Präsentation ist • darauf hinweisen

1. .... das Studium der Humanmedizin in Deutschland.
2. Ich möchte jetzt zum Aufbau des Studiums ....
3. .... sind die sozialen Fähigkeiten, die man für den Beruf des Arztes bzw. der Ärztin mitbringen sollte.
4. Ich halte es für .... , dass heutzutage ein dreimonatiges Krankenpflegepraktikum vor Studienbeginn empfohlen wird.
5. Ich möchte auch .... , dass es viel mehr Bewerber/innen als Studienplätze gibt.
6. .... kann man sagen, dass das Medizinstudium ein hohes Maß an Selbstdisziplin und Belastbarkeit erfordert.

2.34 b **Hören Sie die Sätze aus 3a noch einmal und sprechen Sie nach. Achten Sie auf Artikulation und Intonation.**

4 a [WORTBILDUNG] **Nomen mit der Endung *-ion / -tion / -ation* – Wie heißen die Nomen und die Verben? Notieren Sie.**

1. präsentieren – die ....
2. kommunizieren – die ....
3. diskutieren – die ....
4. .... – die Reaktion
5. .... – die Funktion
6. .... – die Organisation

b **Ergänzen Sie die Nomen.**

1. ● Wie kann man diesen Begriff definieren?
   ○ Warte, hier ist eine Definition.
2. ● Schau mal, eine ....
   ○ Wogegen demonstrieren die denn?
3. ● Sind alle Studierenden informiert?
   ○ Ja, alle haben die .... gestern per Mail erhalten.
4. ● Ich kann mich nicht mehr konzentrieren.
   ○ Komm, wir machen einen Spaziergang. Das ist gut für die ....

TIPP

Internationale Wörter haben oft die Endung *-ion / -tion* oder *-ation* und sind feminin. Gibt es ein passendes Verb dazu, hat dieses normalerweise die Endung *-ieren*.

5 P **Sie haben mit dem Studium begonnen und ziehen in ein Zimmer im Studierendenwohnheim. Lesen Sie die Hausordnung. Welche der Überschriften passen zu den Paragrafen? Vier Überschriften werden nicht gebraucht.**

TIPP

In der Prüfung
Überfliegen Sie zuerst einen Paragrafen und markieren Sie mögliche Überschriften. Lesen Sie dann den Paragrafen genau und entscheiden Sie, welche Überschrift tatsächlich passt.

a Besuchsregeln
b Sicherheit
c Verhalten im Notfall
d Sorgfaltspflicht des Mieters / der Mieterin
e Gartennutzung
f Nutzung der Gemeinschaftsräume
g Zuständigkeiten
h Rücksichtnahme

§0 d
§1 ....
§2 ....
§3 ....

HAUSORDNUNG

§0

Der Mieter / Die Mieterin haftet für den Zustand des Apartments. Schränke und Türen dürfen nicht beschädigt werden. Auch außerhalb des eigenen Apartments sind alle Räume und das Inventar schonend und sorgfältig zu behandeln. Das Anbringen von Postern, Bildern und Aufklebern ist nicht gestattet.

§1

In dem Studierendenwohnheim sollen alle Bewohner und Bewohnerinnen die Möglichkeit haben, ungestört zu studieren bzw. wissenschaftlich zu arbeiten. Die Störung von Mitbewohnern und Mitbewohnerinnen ist deshalb zu unterlassen. Lärm, wie z. B. Türenschlagen oder laute Musik, ist zu vermeiden. Die Nachtruhe von 23:00 bis 06:00 Uhr muss eingehalten werden.

§2

Räume, die allen Bewohnern und Bewohnerinnen zugänglich sind, müssen stets sauber gehalten werden. Die Reinigung muss von den Nutzern und Nutzerinnen vor Verlassen der Räume vorgenommen werden. Bei Unterlassung erfolgt eine kostenpflichtige Reinigung. Feiern dürfen nur mit Erlaubnis der Leitung erfolgen.

§3

Die Haustür und die Eingangstüren der Apartments sind stets geschlossen zu halten. Während der Nachtruhe müssen alle Türen abgeschlossen sein. Besonders ist darauf zu achten, dass die Brandschutztüren auf den Fluren stets geschlossen sind. Gänge und Flure sind unbedingt freizuhalten, damit Fluchtwege jederzeit nutzbar sind. Die Lagerung von Gegenständen außerhalb der Apartments ist somit nicht erlaubt.

SPRECHEN · SCHREIBEN · AUSSPRACHE

1 a [RICHTIG SPRECHEN] **Wie kann man sich in Gesprächen und Diskussionen Bedenkzeit verschaffen? Hören Sie die Gesprächsausschnitte. Was passt zu welchem Ausschnitt?**

2.35

Gespräch: .... A Füllwörter verwenden: na ja / also / tja / nun / …

Gespräch: .... B eine Frage wiederholen: Woher ich die Informationen habe? / Ob ich das Protokoll übernehmen kann? / …

Gespräch: .... C bestimmte Formulierungen nutzen: Das ist eine gute / interessante / spannende Frage. / Sie sprechen einen wichtigen Punkt / Aspekt an. / …

Gespräch: .... D eine Gegenfrage stellen: Wie meinen Sie das genau? / Gute Frage, wie würden Sie das denn handhaben? / …

2.36 b **Hören Sie acht Aussagen / Fragen und verschaffen Sie sich Bedenkzeit. Nutzen Sie A bis D aus 1a.**

2 a [RICHTIG SCHREIBEN] **Welche Verträge haben Sie schon einmal gekündigt? Kreuzen Sie an.**

Handy — Zimmer / Wohnung — Mitgliedschaft Verein / Fitnessstudio — Konto / Kreditkarte — Abo (Zeitung, Zeitschrift, …) — Jahreskarte / Monatskarte (Bahn, Bus, …) — Versicherung

b **Lesen Sie die E-Mails und formulieren Sie für jede Mail einen passenden Betreff.**

A ....

Sehr geehrte Damen und Herren,
hiermit kündige ich meinen Mobilfunk-Vertrag (Kundennummer 392891) zum nächstmöglichen Termin. Bitte senden Sie mir eine schriftliche Bestätigung, dass Sie die Kündigung erhalten haben, und teilen Sie mir mit, wann der Vertrag endet.

Mit freundlichen Grüßen
Anna Martin

B ....

Guten Tag,
ich möchte meine Mitgliedschaft (Mitgliedsnummer XB728453) in Ihrem Fitnessstudio fristgerecht zum 31.08.20… kündigen. Bitte bestätigen Sie mir den Eingang der Kündigung.

Mit besten Grüßen
Taner Kaya

c **Wählen Sie einen Vertrag aus 2a und schreiben Sie eine Kündigung.**

3 a [AUSSPRACHE] **Lesen Sie den Tipp und die Wörter. Entscheiden Sie: *v* wie *f* oder *v* wie *w*? Hören Sie dann zur Kontrolle und sprechen Sie nach.**

2.37

1. die Vorbereitung *f*
2. die Universität ....
3. aktiv ....
4. nonverbal ....
5. eventuell ....
6. verstehen ....

TIPP
V wird normalerweise wie *f* gesprochen. In internationalen Wörtern spricht man *v* meistens wie *w*. Am Wort- oder Silbenende wird *v* immer wie *f* gesprochen.

2.38 b **Hören Sie die Sätze und sprechen Sie nach.**

1. Der Vortrag hat mich sehr motiviert.
2. Viele ernähren sich heute vegetarisch. Diese Entwicklung finde ich sehr positiv.
3. Verreist du privat oder beruflich? Und brauchst du eigentlich ein Visum für die Reise?

DAS KANN ICH NACH KAPITEL 11

	KB	ÜB
beschreiben, wie man etwas macht Wie kann man das machen? Erklären Sie. • Stress reduzieren • fitter werden • gesünder leben *Man kann Stress reduzieren, indem man …*	M1 3	3
Äußerungen von anderen wiedergeben Geben Sie die Zitate in der indirekten Rede wieder. „Die Studienmöglichkeiten sind heute so vielfältig wie nie." (Anna Martini) „Der Stress für die Studierenden muss reduziert werden." (Paul Melcer) „Früher haben Studierende leichter ein Zimmer gefunden." (Mirko Lorenz) „Ich war während meines Studium für ein Jahr in Guatemala." (Lilly Smith)	M3 2a–e	3c–4b
in einem Gespräch das Wort ergreifen, auf Unterbrechungen reagieren, jemanden zum Sprechen auffordern, sich Bedenkzeit verschaffen Notieren Sie für jede Kategorie zwei Redemittel. Vergleichen Sie dann zu zweit.	K 2b, 3	1

UND ICH KANN …

		KB	ÜB
[M] über Körpersprache sprechen.	M1	1, 2c	
ein Interview über nonverbale Kommunikation verstehen.		2a–b	2
einen Kommentar zu einem Zitat schreiben.			4
ein Protokoll verstehen und über Protokolle sprechen.	M2	1, 2	
eine Besprechung verstehen und Notizen für ein Protokoll machen.		3a–b	4a
ein Protokoll schreiben und verbessern.		3c–d	4b
in einer Sprachnachricht Fragen zu einem Protokoll beantworten.			3
über Stress und Stressempfinden sprechen.	M3	1a	1b
einen Artikel über den Umgang mit Stress im Beruf verstehen.		1b–c	2
ein Interview über Stress-Mythen verstehen.			3b
einen Kommentar zu einem Interview schreiben.			3d
eine Präsentation über Studienmöglichkeiten verstehen.	M4	1a–e	
Präsentationsfolien gestalten.		1d–e	
über Studienmöglichkeiten sprechen.		1f	
eine Präsentation vorbereiten und halten.		2	3
Vorschriften und Regeln verstehen.			5

MODUL 1 MIT DEM KÖRPER SPRECHEN

ablehnend ....
kompetent ....
gleichgültig ....
angespannt ....
skeptisch ....
imitieren ....
die Geste, -n ....
der Abstand, "-e ....
unbewusst ....

die Körperhaltung, -en ....
der Gesichtsausdruck, "-e ....
die Bindung, -en (*eine Bindung aufbauen*) ....
die Stirn runzeln ....
sich vor|beugen ....
(sich) an|starren ....
gestikulieren ....
die Mimik ....

MODUL 2 DAS STEHT SO IM PROTOKOLL

das Protokoll, -e ....
anwesend ....
die Tagesordnung, -en ....
der Tagesordnungspunkt, -e (der TOP) ....
die Genehmigung, -en ....
genehmigt (*ohne Änderungen genehmigt*) ....
die Messe, -n ....
der Stand, "-e (*den Stand aufbauen*) ....
die Standbetreuung, -en ....

aus|laufen (läuft aus, lief aus, ist ausgelaufen) (*der Vertrag läuft aus*) ....
die Ausschreibung, -en ....
die Aufforderung, -en zu (+ Dat.) ....
inklusive ....
der Zeitumfang, "-e ....
der Dienstleister, - ....
sachlich ....
die Initiale, -n ....

MODUL 3 SO EIN STRESS!

der Streit (Sg.) (*es gibt oft Streit*) ....
etw. positiv / negativ empfinden (empfindet, empfand, hat empfunden) ....
dicht (*dicht gefolgt*) ....
der Anspruch, "-e (*ein hoher Anspruch an sich selbst*) ....

nahestehend ....
die Erreichbarkeit (Sg.) ....
der Termindruck (Sg.) (*unter Termindruck arbeiten*) ....
die Belastung, -en ....
ergeben (ergibt, ergab, hat ergeben) (*Die Umfrage hat ergeben, dass …*) ....

an|wenden (*Tipps anwenden*)	....	die Mediation, -en	....
bestätigen	....	bei|tragen zu (+ Dat.) (trägt bei, trug bei, hat beigetragen) (*zur Entspannung beitragen*)	....
profitieren von (+ Dat.)	....	betonen	....
ab|lenken	....		

MODUL 4 WO SOLL ICH STUDIEREN?

die Übersicht, -en	....	der Fokus auf (+ Akk.)	....
das Unterscheidungsmerkmal, -e	....	die Gliederung, -en	....
der Studiengang, "-e	....	übersichtlich	....
die Zulassungsvoraussetzung, -en	....	auf|lockern	....
die Studiengebühren (Pl.)	....	etw. hervor|heben (hebt hervor, hob hervor, hat hervorgehoben)	....
praxisorientiert	....	hin|weisen auf (+ Akk.) (weist hin, wies hin, hat hingewiesen)	....

Weitere Wörter, die für mich wichtig sind

....

....

Arbeiten Sie zu dritt. Jede/r notiert jeweils eines der Themen auf einen Zettel. Dann haben Sie zwei Minuten Zeit. Ergänzen Sie möglichst viele Wörter zu Ihrem Thema. Geben Sie dann Ihre Zettel weiter und die nächste Person hat zwei Minuten Zeit, weitere Wörter zu ergänzen. Tauschen Sie dann noch einmal und präsentieren Sie am Ende die gesammelten Wörter.

Körper *(Anti-)Stress* *Studium*

12 AUFGEPASST!

WORTSCHATZ WIEDERHOLEN UND ERARBEITEN

1 **Kriminell – Um welche Personen geht es? Lösen Sie das Kreuzworträtsel.**

Horizontal:
1. Der … unterstützt Personen in rechtlichen Fragen.
2. Die … sucht nach Straftätern, Beweisen und Gründen für eine Tat.
3. Der / Die … wird vor Gericht einer Straftat beschuldigt.
4. Der / Die … sitzt seine/ihre Strafe im Gefängnis ab.

Vertikal:
5. Die … leitet eine Gerichtsverhandlung und fällt Urteile.
6. Der … klagt an und fordert eine Strafe.
7. Der … kann eine Aussage zu einer Straftat machen.

2 Online Ü1

a **Gute Taten – schlechte Taten – Welche Wörter / Ausdrücke haben die gleiche oder eine ähnliche Bedeutung? Notieren Sie die Paare.**

etw. bereuen • jmd. betrügen • eine Strafe bestimmen • etw. entwenden • das Gefängnis • der juristische Beistand • etw. bedauern • schuldlos • ~~das Delikt~~ • die Haftanstalt • etw. stehlen • ~~die Straftat~~ • jmd. täuschen • unschuldig • jmd. verletzen • die Verteidigung • jmd. verurteilen • jmd. verwunden

das Delikt – die Straftat

b **Welches Verb passt nicht? Streichen Sie durch.**

1. eine Straftat	anzeigen • merken • begehen • beobachten
2. eine Haftstrafe	absitzen • verhängen • begegnen • bekommen
3. Gesetze	umgehen • befolgen • beachten • vermeiden
4. ein Urteil	fällen • begründen • verständigen • akzeptieren

3 **Klick-Klack – Sprechen Sie zu zweit. Person A beginnt *(Klick)*, Person B reagiert *(Klack)*. Dann wechseln Sie.** oder **Hören Sie *(Klick)* und reagieren Sie *(Klack)*.**

2.39

Klick

1. Meine Firma hat mir grundlos gekündigt. Was soll ich denn jetzt machen?
2. Das gibt's doch nicht. Mein Handy ist weg.
3. Mist! Der Akku von meinem neuen E-Bike ist schon kaputt.
4. Was ist passiert? Wieso warst du bei der Polizei?
5. Sag mal, Jan hat erzählt, dass bei euch eingebrochen wurde?
6. Eine Frage: Wo waren Sie gestern Abend zwischen 21 und 23 Uhr?
7. Funktioniert dein Computer auch nicht mehr?
8. Es gibt ständig neue Krimiserien.

Klack

A Hoffentlich hat das keiner gestohlen.
B Ich habe einen Diebstahl beobachtet und musste eine Zeugenaussage machen.
C Ich? Zu Hause. Meine Familie kann das bestätigen.
D In der ganzen Firma geht nichts mehr. Jemand hat unseren Server gehackt.
E Ist mir auch schon aufgefallen. Und sie werden immer brutaler.
F Ja, aber es wurde nichts gestohlen. So sind wir mit dem Schrecken davongekommen.
G Sprich mal mit einem Anwalt. Vielleicht kannst du Widerspruch einlegen.
H Tausch ihn um. Das ist dein gutes Recht.

4 **Lesen Sie den Artikel und ergänzen Sie die Wörter.**

Ein Preis für dumme Verbrecher und Verbrecherinnen: Die Goldene Handschelle

MÜNCHEN In den letzten Jahren könnte man den Eindruck bekommen, dass sich die (1) .... t ä t e r / i n n e n immer weniger Gedanken darüber machen, dass man sie (2) e r w i s .... könnte. Die Zahl der (3) V e r b ...., bei denen die (4) V e r d ä c .... in kürzester Zeit (5) e r m i t .... werden konnten, ist deutlich gestiegen. Die Ursache: Viele (6) T ä ..../innen haben sich einfach sehr dumm angestellt. Preise wie *die Goldene Handschelle* könnte die (7) P o l i .... in Deutschland täglich vergeben. Zum Beispiel an den (8) K r i m i .... in Aachen, der in einem Container für Altkleider seine (9) B e u .... aus einem (10) D i e b .... versteckt hatte. Als er das Diebesgut wieder rausholen wollte, blieb er stecken und die Polizei musste ihn (11) b e f r .... Das erste Mal ging der Preis an eine Gruppe von Jugendlichen, die in einer Winternacht viele Autos (12) b e s c h ä ...., Spiegel abbrach und alles in der Straße demolierte oder (13) z e r s t ö ...., was im Weg stand. Doch bald hatte ihr „Spaß" ein Ende, denn es hatte geschneit und die Polizei musste nur den (14) F u ß s p .... folgen. Florian Hirschauer und sein Kollegium von der Münchner Polizei amüsieren sich heute noch darüber. Solche Geschichten seien laut Hirschauer eine Abwechslung vom (15) e r n s .... Alltag und mit dem Preis und der Berichterstattung bekäme die Polizei auch einen Sympathiebonus in der (16) B e v ö l k ....

WAS IST HIER LOS?

1 a **Wie heißen die passenden Verben oder Nomen? Ergänzen Sie.**

1. verbieten – das ....
2. erlauben – die ....
3. .... – der Besitz
4. jdm. .... – der Schaden
5. verstoßen gegen – der ....
6. zurückgeben – die ....

b **Lesen Sie die Kommentare zum Radiobeitrag im Kursbuch Aufgabe 1b. Ergänzen Sie die passenden Ausdrücke. Achten Sie auf die Form.**

auf Kosten (+ Gen.) • einen Schaden erleiden (durch + Akk.) • die Pflicht haben • einen Mangel aufweisen • gegen ein Gesetz verstoßen • ein Recht haben (auf + Akk.)

Das hat mich überrascht! Ich wusste nicht, dass man, juristisch gesehen, sogar (1) ...., etwas zurückzugeben, was man zufällig gefunden hat. Ich dachte, dass das ganz ohne Gesetz selbstverständlich ist. Ich behalte doch nichts für mich (2) .... einer anderen Person, die ihren Geldbeutel, ihre Tasche oder etwas anderes verzweifelt sucht.

In unserem Geschäft nehmen wir Waren zurück, wenn sie (3) ...., der schon beim Kauf vorhanden war. Viele Kund:innen glauben aber, dass sie gesetzlich (4) .... darauf ...., jede Ware zurückgeben zu können und ihr Geld zurückzubekommen. Das ist ein Irrtum.

Ein interessanter Beitrag. Ich glaube, dass vielen Menschen gar nicht klar ist, wann sie (5) .... Sie finden ihr Verhalten oft nicht so schlimm und merken gar nicht, dass andere dadurch (6) .... Das ist schon traurig.

2 a **Adverbien für Vermutungen – Welche Wörter drücken eher Unsicherheit aus, welche eher Sicherheit? Ordnen Sie zu.**

anscheinend • bestimmt • höchstwahrscheinlich • möglicherweise • sicherlich

unsicher → sehr sicher

eventuell	vermutlich	wahrscheinlich	sicher
vielleicht	wohl	....	....
....	....		....

b **Schreiben Sie vier Aussagen / Fragen wie im Beispiel. Sprechen Sie dann zu zweit. Antworten Sie mit den Adverbien aus 2a.**

Meine Tasche ist weg!

Meine Tasche ist weg!

Vermutlich hast du sie im Café vergessen.

Wann kommen deine Freunde?

Höchstwahrscheinlich …

TIPP

Wortposition: Adverbien bei Vermutungen
Adverbien stehen im Hauptsatz oft an Position 1, vor dem finiten Verb. Sie können auch nach dem finiten Verb bzw. nach einer Ergänzung stehen.
- **Anscheinend** fand die Polizei die Täter schnel
- Die Polizei fand die Täter **anscheinend** schnel

! Ausnahme: *wohl* verwendet man nie am Satzanfang.

c Was war denn los? – Lesen Sie die Aussagen und notieren Sie passende Vermutungen. Sprechen Sie dann die vier Minidialoge zu zweit. Tauschen Sie auch die Rollen.

1. Ich weiß gar nicht, warum ich so müde bin.
2. Ich kann mir nicht erklären, weshalb ich die Prüfung nicht bestanden habe.
3. Mir ist nicht klar, wieso er sauer auf mich ist.
4. Kannst du mir sagen, wohin unser Chef gegangen ist?

Ich weiß gar nicht, warum ich so müde bin.

Vielleicht bist du gestern …

3

a Lesen Sie die Sätze 1 bis 7. Auf welche Zeiten beziehen sie sich: Vergangenheit (V), Gegenwart (G) oder Zukunft (Z)? Notieren Sie.

1. Bei Amira wurde eingebrochen und es muss auch etwas gestohlen worden sein. *V*
2. Ach, die Arme. Das dürfte ein Schock für sie sein.
3. Das müsste passiert sein, als sie hier im Büro war.
4. Ich kann mir schon vorstellen, dass sie heute nicht zur Arbeit kommen wird.
5. Ja, sie wird gerade mit der Polizei und ihrer Versicherung sprechen.
6. Ob die Versicherung wohl alle Schäden zahlen wird?
7. Ich vermute, dass das noch länger dauern könnte.

b Formulieren Sie die Aussagen 1 bis 5 mit Futur I oder Futur II.

Online Ü 2

1. Die Diebe haben wohl ein Fenster eingeschlagen.
2. Vermutlich haben sie einen Laptop und Geld gestohlen.
3. Die Polizei hat die Wohnung bestimmt sehr genau untersucht.
4. Sicherlich suchen sie intensiv nach den Tätern.
5. Aber Amira bekommt den Laptop und das Geld wahrscheinlich nicht zurück.

1. Die Diebe werden ein Fenster eingeschlagen haben.

c Schreiben Sie die Vermutungen aus 3b mit Modalverben.

1. Die Diebe dürften ein Fenster eingeschlagen haben.

4

Was für ein Tag! – Sehen Sie die Bilder an. Was könnte passiert sein? Was wird noch passieren? Sprechen Sie zu zweit. Jede/r formuliert zu jedem Bild mehrere Vermutungen mit Adverbien, Modalverben oder Futur. Schreiben Sie dann zu jedem Foto Ihre Vermutungen.

A

Ich nehme an, dass …

B

Ich könnte mir vorstellen, dass …

C

Ich bin sicher, dass …

OB DAS WAS BRINGT?

1 a **Welche Präposition passt? Ergänzen Sie.** oder **Ordnen Sie die Präpositionen zu.**

1. eine Idee stammt ....
2. Einfluss haben ....
3. ausbrechen ....
4. jemanden konfrontieren ....
5. ins Gespräch kommen ....
6. sensibilisiert werden ....

auf • aus • für • mit • mit • von

b **Lesen Sie die Sätze 1 bis 6. Finden Sie synonyme Begriffe aus 1a und schreiben Sie die Sätze neu.**

1. Drei Gefangene haben das Besucherkonzept entwickelt.
2. Bei den Besuchen reden die Inhaftierten mit den Jugendlichen.
3. Die Jugendlichen sollen ein Gefühl dafür bekommen, welche Folgen ihre Handlungen haben.
4. Einige Jugendliche schaffen es, ihre negativen Verhaltensmuster abzulegen.
5. Wem man die Realität im Gefängnis zeigt, der möchte dort nie leben.
6. Ob dieses Projekt die Besucher positiv beeinflusst, hängt auch von ihnen selbst ab.

1. Die Idee des Besucherkonzepts stammt von drei Gefangenen.

2 a [WORTBILDUNG] **Nomen aus verkürzten Verben – Wie heißen die Nomen zu den Verben? Ergänzen Sie.**

1. arbeiten – die ....
2. raten – der ....
3. verbieten – das ....
4. wählen – die ....
5. sitzen – der ....
6. spielen – das ....

TIPP
Aus einigen Verben werden Nomen, wenn man die Infinitivendung *-(e)n* weglässt:
- besitzen – der Besitz

Manchmal ändern sich dabei Vokale:
- küssen – der Kuss
- fliegen – der Flug

2.40
b **Arbeiten Sie zu zweit. Jede/r notiert die Nomen zu den Verben wie in 2a. Person A sagt das erste Verb, B ergänzt das Nomen. Dann wechseln Sie. Korrigieren Sie, wenn nötig.** oder **Hören Sie die Verben und sagen Sie die Nomen.**

anfangen • schließen • beißen • schlafen • genießen • streiten • betrügen • fürchten

Online Ü 3
c **Bilden Sie die Nomen zu den markierten Verben und formulieren Sie Antworten wie im Beispiel. Sprechen Sie dann zu zweit.**

1. Wurde bei euch auch eingebrochen?
2. Man kann leider nicht alles ersetzen, was gestohlen wurde. Stimmt's?
3. Ist das der Ort, wo sich die Verbrecher versteckt haben?
4. Hat euer Anwalt schon einen Gesprächstermin vorgeschlagen?
5. Die Gerichtsverhandlung dauert eine Stunde. Richtig?
6. Das ist doch kriminell, was die Einbrecher getan haben, oder?

Wurde bei euch auch eingebrochen?

Nein, bei uns gab es keinen Einbruch.

3 a **Etwas ändern – Hören Sie den Anfang einer Radiosendung und beantworten Sie die folgenden Fragen.**

2.41
1. Was ist das Thema des Beitrags? ....
2. Worum geht es in dem Gespräch? ....
3. Was stellt Jason Schwarz vor? ....

b Hören Sie den Beitrag von Jason Schwarz. Was macht das *People's Theater*? Ordnen Sie zu.

2.42

1. Das People's Theater beschäftigt sich H
2. Das elementare Ziel ist es, gemeinsam
3. In den Veranstaltungen läuft das Theaterstück so lange,
4. Zuerst wird die Szene analysiert und zu jeder Person vermutet,
5. Dann entwickeln die Schülerinnen und Schüler Ideen,
6. Jetzt dürfen einzelne Personen aus dem Publikum eine Rolle
7. Am Ende wird das Ergebnis
8. Meistens ist das Publikum
9. Die Mitarbeit beim People's Theater ist

A bis der Konflikt auf seinem Höhepunkt angekommen ist.
B was sie wohl fühlt oder will.
C von den jungen Schauspielern und Schauspielerinnen begeistert.
D ehrenamtlich und dauert maximal ein Jahr.
E in dem Stück spielen und die Vorschläge ausprobieren.
F welche Lösungen sie sich vorstellen könnten.
G Lösungen für Konflikte zu erarbeiten.
H mit Problemthemen in der Schule.
I schriftlich festgehalten und besprochen.

c Was denken Sie über dieses Projekt? – Wählen Sie eine der drei Aussagen und begründen Sie in einem kurzen Text, warum Sie (nicht) zustimmen.

Schöne Idee! Leider sind solche Aktionen aber immer zu selten oder zu kurz und wirken nicht nachhaltig.

Es ist doch naiv zu glauben, dass sich die Konflikte in der Schule lösen, wenn sie einmal Thema in einem Theaterstück sind. Viel wichtiger ist eine gute psychologische Betreuung.

Ich habe schon erlebt, dass solche Aktionen die Konflikte in einer Gruppe erst richtig sichtbar machen. Das finde ich gefährlich.

4 Über einen Zeitungsartikel diskutieren – Lesen Sie die Dialogteile und ergänzen Sie die Redemittel.

Online Ü4

1. • Am wichtigsten war für m........ die A........, dass die Gefangenen etwas Sinnvolles für die Jugendlichen tun wollten.
   ○ I........ G........ zu dir finde ich die Information wichtiger, dass die Jugendlichen mit den Gefangenen ins Gespräch kommen sollen.
2. • Jemand hat mir v........ einem Theater-Projekt e........, bei dem es um das gemeinsame Lösen von Konflikten in der Schule geht.
   ○ Theater-Projekte h........ ich für s........, weil man Konfliktsituationen erst einmal in einer Rolle üben und ausprobieren kann.
3. • Eine m........ H........ für Jugendliche mit Problemen w........ vielleicht soziale Projekte, bei denen man sich um sie kümmert und ihnen Lösungen vorschlägt.
   ○ Ja, e........ könnte h........, wenn junge Menschen regelmäßig Ansprechpartner oder -partnerinnen hätten, die sie ernst nehmen und ihnen zuhören.

SPANNENDE BERUFE?

1 a **Was bedeutet das Gleiche? Ordnen Sie zu. Nutzen Sie, wenn nötig, ein Wörterbuch.**

1. unsichtbar
2. mittendrin
3. auffallen
4. fixieren
5. verschwinden
6. reinlegen
7. erstatten
8. ein Auge zudrücken

A zurückzahlen
B unbemerkt weggehen
C betrügen
D Aufmerksamkeit erregen
E intensiv ansehen
F direkt im Geschehen
G etwas nachsichtig behandeln
H etwas, das man nicht sehen kann

b **Lesen Sie den Text und die Worterklärungen unten. Markieren Sie die passende Erklärung.**

EIN TAG ALS SCHAUSPIELERIN

Bis zu dem Tag, an dem ich als Statistin für einen Actionfilm gearbeitet habe, ahnte ich nicht[1], wie langweilig diese Arbeit ist. Als Erstes musste ich in die Maske[2] und da saß ich endlos[3]. Dabei war meine Rolle nur irgendeine Person auf einer Party, die einmal im Hintergrund zwischen vielen anderen Menschen vorbeigeht. Ich hätte nicht gedacht, dass ich dafür besonders gestylt werden muss. Aber damit alles glaubwürdig[4] aussieht, wird viel Schminke aufgetragen. Ich sah furchtbar aus! Aber im Film sieht das dann tatsächlich sehr natürlich aus, das fand ich interessant.
Am meisten Zeit hat an dem Tag das Warten in Anspruch genommen[5]. Als ich dann endlich dran war, war ich so nervös, dass ich meinen Auftritt fast nicht hinbekommen[6] hätte. Dabei war meine Aufgabe doch so simpel! Ich musste ja nicht über irgendein Geländer[7] springen oder so. Aber ich habe immer in die Kamera geschaut, war zu schnell oder zu langsam.
Nach dem Dreh wollte ich natürlich sofort das Ergebnis sehen und es meinen Freunden zeigen. Aber bis der Film endlich in den Kinos lief, dauerte es auch noch mal ewig. Und dann das: Obwohl ich wusste, in welcher Szene ich vorkomme und was ich anhatte, habe ich mich überhaupt nicht erkannt[8]. Man hat mich nur ganz kurz von hinten gesehen.

1 wollte ich nicht wissen | konnte ich mir nicht vorstellen
2 zum Schminken | eine Verkleidung anlegen
3 extrem langsam | sehr lang
4 überzeugend | ehrenvoll
5 verbracht | benötigt
6 erhalten | geschafft
7 eine Art Zaun | ein kleines Tor
8 gerne gesehen | entdeckt

2 a **Kaufhausdetektiv oder Stuntfrau – Lesen Sie die Aussagen.
Welche Aussage passt zu welcher Person aus dem Kursbuch Aufgabe 1b?
Welche passt zu beiden? Kreuzen Sie an.**

Kaufhausdetektiv

Stuntfrau

1. Mich reizen kritische und gefährliche Situationen.
2. Körperliche Fitness ist mir wichtig.
3. Beobachtungsgabe ist in meinem Beruf wichtig.
4. Langeweile kenne ich nicht.
5. Nicht erkannt zu werden, ist eine hohe Kunst.
6. Manchmal habe ich ein schlechtes Gewissen.

b **Vergleichen Sie Ihre Ergebnisse zu zweit. Begründen Sie bei unterschiedlichen Ergebnissen Ihre Wahl.**

3 a **Was passt? Unterstreichen Sie. Manchmal sind beide Möglichkeiten richtig.**

Online Ü5

TIEF IM DUNKELN DER ERDE

Die Leute fragen mich oft, wie man Höhlenforscher wird, und denken, dass das mein Beruf ist, (1) aber | während eigentlich bin ich IT-Spezialist. Viele von uns arbeiten nicht gegen Bezahlung als Forscher, (2) sondern | doch ehrenamtlich. Es gibt nur wenige hauptberufliche Höhlenforscher und Höhlenforscherinnen. Das sind meistens Geologen oder Geologinnen, die für Forschungsprojekte an Universitäten arbeiten. Die Mehrzahl der Höhlenforscher/innen (3) hingegen | jedoch sind Hobbyforscher. (4) Hingegen | Im Gegensatz zu anderen Hobbys ist unsere Freizeitbeschäftigung echte Forschung. Wir sind in einem Verein organisiert, der in engem Austausch mit der Wissenschaft steht. (5) Während | Entgegen der weit verbreiteten Ansicht, dass Höhlen nass und kalt sind, spüre ich nur Faszination. Die Stille ist unglaublich entspannend und es gibt wunderschöne Höhlen oder auch unterirdische Seen. Die Gefahren sind (6) jedoch | doch nicht zu unterschätzen. Manchmal wollen Leute nur kurz und ohne Vorbereitung in eine Höhle einsteigen, (7) doch | hingegen das sollte man nie tun. Wichtig sind Erfahrung und eine gute Ausrüstung. Außerdem muss man sich vorab gut über die Höhle informieren, wir gehen immer nur zu dritt rein und sagen jemand anderem Bescheid, wo wir genau sind.

b **Schreiben Sie die Sätze.**

1. interessant / Das Erforschen / ist / einer Höhle / , / sehr gefährlich / aber / ist / es / auch / .
2. allein / soll / aufbrechen / nie / Man / , / in einer Gruppe / immer / sondern / informieren / und andere / .
3. ehrenamtlich / Im Gegensatz zu / wir / arbeiten / anderen Forschern und Forscherinnen / meistens / .
4. die Ruhe / manche / Während / lieben / in Höhlen / , / die Dunkelheit / mögen / andere / .
5. geführte Höhlentouren / Entgegen / sind / nicht gefährlich / den Befürchtungen vieler / .

c **Ergänzen Sie die Aussagen.**

1. Ich mag meinen Beruf, … (aber)
2. Normalerweise ist hier immer viel los, … (jedoch)
3. Ich war der festen Überzeugung, dass … (entgegen)
4. Du hast jedes Wochenende frei, … (während)
5. Die letzte Prüfung war wirklich schwer, … (dagegen)
6. Mein Hobby ist nicht gefährlich … (im Gegensatz zu)

TIPP

entgegen

Entgegen kommt meist in festen Wendungen vor:
- entgegen allen Erwartungen / Gerüchten …
- entgegen der häufigen Meinung / Überzeugung …
- entgegen Ihrem Vorschlag / Rat …

d **Gründe, Gegengründe, Widersprüche, Gegensätze und Folgen ausdrücken – Ergänzen Sie die passenden Konnektoren.**

trotzdem • deshalb • dagegen • wenn • obwohl • weil • sondern

1. Meine Bekannte Sahra könnte Anwältin werden. Sie will aber nicht die Kanzlei ihrer Eltern übernehmen, ... einen ganz anderen Beruf ergreifen.
2. Seit zwei Semestern studiert sie Raumfahrt, ... sie Astronautin werden will.
3. Sie ist sehr schlau, ... ist sie besorgt, dass sie nicht alle Prüfungen bestehen wird.
4. Sie will unbedingt die Ausbildung zu ihrem Traumberuf schaffen, ... lernt sie sehr viel.
5. Ihre Freunde haben Verständnis, ... sie gern mehr Zeit mit ihr verbringen würden.
6. „Die Prüfungen sind schwer, ... war das Abitur wirklich einfach“, so Sahra.
7. .... sie die Prüfung entgegen allen Erwartungen nicht besteht, wird sie es in einem Jahr noch einmal versuchen.

GEFAHREN IM NETZ

1 **Was wird hier beschrieben? Notieren Sie.**

der Betrug • die Drohung • die Cyberkriminalität • der Link

1. ....: Verbrechen oder Straftaten, die im Internet stattfinden
2. ....: bewusste Täuschung, um unrechtmäßig Geld zu erhalten
3. ....: Teil einer Nachricht, den man anklicken kann, um zu einer Webseite zu gelangen
4. ....: jemand sagt, dass etwas Negatives passiert, wenn man etwas nicht macht

2 **Sicher unterwegs – Ergänzen Sie den Text.**

Anhängen • Bedrohungen • bezahlte • gefälschte • Lösegeld • Netz • Sicherheit • Software • Verbrecher/innen • Versenden • vertrauliche • Waren • zugreifen

Infos vom Experten für IT-.......................... (1)

Verbrechen und (2) .... im Internet nehmen immer mehr zu. Experten sprechen von drei typischen Arten von Kriminalität im (3) ....: Dem Phishing, also dem massenhaften (4) .... von Mails mit Links zu gefährlichen Seiten oder schädlichen (5) .... Klicken die Nutzer auf die Links, gelangen sie häufig auf (6) .... Webseiten und sollen dort (7) .... Daten wie Passwörter oder Bankverbindungen angeben.

Auch sogenannte Fake-Shops gibt es immer häufiger. Das sind Seiten, auf denen beliebte (8) .... zu sehr günstigen Preisen angeboten werden. Leider kommt die bestellte und (9) .... Ware nie an.

Ein dritter Bereich ist die Ransomware. Mit dieser (10) .... verschaffen sich die (11) .... Zugang zu Daten und sperren diese für den berechtigten Nutzer. Dann wird ein (12) .... gefordert und die erpressten Firmen haben oft keine andere Wahl, als das Geld zu bezahlen, um wieder auf ihre Daten (13) .... zu können.

3 a **Nach dem Vortrag – Was gehört zusammen? Verbinden Sie.**

1. In dem Vortrag
2. Der Referent ist
3. Besonders interessant
4. Zum Thema Ransomware
5. Ein wichtiger Hinweis war,
6. Was du dir

A fand ich
B merken solltest, ist
C dass man Fake-Shops
D ging es um
E vor allem auf folgende Punkte
F habe ich mir notiert,

I oft nicht erkennen kann.
II eingegangen: Spam-Mails, Fake-Shops und Erpressung.
III dass man seine Daten immer extra sichern sollte.
IV Sicherheit im IT-Bereich.
V bei Anhängen und Links immer wachsam zu sein.
VI seine Erfahrungen mit Fake-Shops.

b Welches Wort passt? Unterstreichen Sie. Manchmal stimmen mehrere oder alle Möglichkeiten.

1. Im Kurs haben wir uns über Erfahrungen mit Kriminalität im Netz ausgetauscht | unterhalten | befragt.
2. Eine besonders interessante Formulierung | Geschichte | Erfahrung hat Milan erzählt.
3. Während unseres Gesprächs | unserer Besprechung | unserer Sprache haben wir noch andere Beispiele ausgetauscht | erfunden | gefunden.
4. Caro hat auch einen interessanten Aspekt gesagt | genannt | aufgeführt.
5. Die Erfahrungen im Kurs sind ganz anders | unterschieden, als im Vortrag genannt | dargelegt | berichtet.

4 P **Sie finden im Internet folgende Anzeige. Lesen Sie und bearbeiten Sie die folgenden Aufgaben.**

Ihre Firma möchte eine Veranstaltung zum Thema *Sicherheit im Netz* anbieten und Sie sollen ein Angebot einholen. Schreiben Sie eine Mail und bitten Sie um Informationen.

Behandeln Sie entweder
a drei der folgenden Punkte
oder
b zwei der folgenden Punkte und einen weiteren Aspekt Ihrer Wahl.

- Beschreiben Sie detailliert, welche Veranstaltung Sie brauchen (Dauer, Teilnehmerzahl, Vorwissen der Teilnehmenden etc.).
- Erläutern Sie, was Ihnen bei der Veranstaltung besonders wichtig ist.
- Beschreiben Sie ausführlich, worauf im Vortrag eingegangen werden soll.
- Fragen Sie nach weiteren Einzelheiten.

Überlegen Sie sich vor dem Schreiben eine passende Reihenfolge der Punkte, einen passenden Betreff, eine passende Anrede, eine Einleitung und einen Schluss. Schreiben Sie mindestens 150 Wörter.

TIPP

In der Prüfung
Stellen Sie sich die Situation möglichst konkret vor und überlegen Sie sich zu Punkt b eigene Aspekte, die Sie in der Anfrage erwähnen wollen. Machen Sie zu allen drei Punkten Notizen.

WORKSHOP: IT-SECURITY

Sicherheit für Ihre Firma
und Ihre Mitarbeiter und Mitarbeiterinnen

SEIEN SIE SICHER!
Schützen Sie Ihren Arbeitsplatz gegen Cyberangriffe!

Wir bieten Unternehmen jeder Größe moderne Trainings und umfassendes Wissen rund um das Thema Cybersicherheit. Die Kursteilnehmenden lernen in spannenden Schulungen mit vielen Beispielen aus der Praxis, wie sie sich und damit auch ihren Arbeitsplatz vor Angriffen im digitalen Alltag schützen können.

Wir freuen uns auf Ihre Anfrage und melden uns zur konkreten Terminfindung zeitnah bei Ihnen.

Außerdem erhalten Sie von uns:

- eine ausführliche Analyse Ihrer Sicherheitsstandards
- eine Auflistung aller Sicherheitsrisiken
- konkrete Empfehlungen für das weitere Vorgehen

SPRECHEN · SCHREIBEN · AUSSPRACHE

1 a [RICHTIG SPRECHEN] **Erzählungen ausschmücken – Lesen Sie die Meldung und die Adjektive. Überlegen Sie: Wo passen die Adjektive? Markieren Sie dann Adjektive, die Sie verwenden möchten, um die Geschichte zu erzählen.**

Misslungener Überfall
Wie ein Zeuge berichtete, verhinderte gestern eine Rentnerin einen Überfall. Sie stand am Abend an einem Kontoauszugdrucker ihrer Bankfiliale, als sie ein Mann mit einer Pistole bedrohte und von ihr verlangte, sofort 1000,– Euro abzuheben. Die Dame ließ sich nicht aus der Ruhe bringen und antwortete einfach: „Lassen Sie mich in Ruhe, ich habe selbst kaum Geld. Sie können sich gerne die Ausdrucke ansehen!" Der Räuber war von der Reaktion so überrascht, dass er die Flucht ergriff – ohne einen Blick auf den Kontoauszug zu werfen.

ahnungslos • aufmerksam • (un)beeindruckt • brutal • dreist • geistesgegenwärtig • maskiert • mutig • nichtsahnend • plötzlich • rüstig • schlagfertig • skrupellos • überraschend • unerschrocken • unvermittelt

b **Arbeiten Sie zu zweit. Jede/r wählt eine Perspektive: Zeuge/Zeugin oder Rentner/in. Erzählen Sie die Geschichte spannend und vergleichen Sie: Was war gut, was könnte man spannender machen? Nutzen Sie auch Stilmittel und Ausdrücke aus dem Kursbuch (Kommunikation in Alltag und Beruf).**

Du glaubst ja nicht, was ich gestern erlebt habe! Ich stehe gerade total ahnungslos …

2 a [RICHTIG SCHREIBEN] ***Gong*-Diktat – Hören Sie das Diktat. Schreiben Sie mit und lassen Sie beim Gong eine Lücke. Ergänzen Sie dann die Lücken mit den Adjektiven in der richtigen Form.**

2.43

gefärbt- • verständigt- • auffällig- • flüchtig- • kürzest- • aufwendig- • groß- • konkret- • nennenswert- • link-

b **Hören Sie nun den kompletten Text und kontrollieren Sie.**

2.44

3 a [AUSSPRACHE] **Interesse wecken – Hören Sie und notieren Sie die Intonation. Schreiben Sie → für gleichbleibend, ↗ für steigend und ↘ für fallend. Markieren Sie auch Pausen mit |.**

2.45

1. Du →, ich muss dir was erzählen →, gestern|gab es einen Überfall !
2. Übrigens , stell dir vor , gestern gab es einen Überfall !
3. Sag mal , hast du schon gehört ? Gestern gab es einen Überfall !

2.45 b **Hören Sie noch einmal und sprechen Sie nach.**

c **Formulieren Sie Aussagen so, dass Sie Interesse wecken.**

Mein Computer ist gehackt worden.

Tim musste zur Polizei.

Ich habe eine Goldmünze gefunden.

TIPP

Um Spannung zu erzeugen und Interesse zu wecken, macht man sogenannte „Kunstpausen" vor Informationen, die man besonders hervorheben möchte. Außerdem kann man die Lautstärke variieren und / oder manchmal überdeutlich artikulieren. Gleichzeitig hält man in der Stimme die Spannung – die Zuhörenden sollen nicht denken, dass man mit der Erzählung fertig ist.

B2.2 › 170

DAS KANN ICH NACH KAPITEL 12

	KB	ÜB
Vermutungen äußern.	M1 2–3	2–4
über Maßnahmen gegen Kriminalität sprechen	M2 1	
Gegensätze ausdrücken	M3 2	3b–c

Vermutungen äußern.
Was ist hier passiert und was passiert als Nächstes? Schreiben Sie einen kurzen Text.

über Maßnahmen gegen Kriminalität sprechen
Was halten Sie von dem Projekt? Sprechen Sie zu zweit.

Beratungsbüro mit Staatsanwältin direkt am Bahnhof – mitten im kriminellsten Viertel der Stadt

Gegensätze ausdrücken
Formulieren Sie gegensätzliche Aussagen in je drei Varianten.
Du stehst immer früh auf.
Ich sichere meine Daten regelmäßig.
Du bist oft besorgt.

UND ICH KANN ...

	KB	ÜB
darüber sprechen, ob etwas verboten oder erlaubt ist.	M1 1a	
eine Radiosendung zum Thema *Verboten oder erlaubt?* verstehen.	1b	1b
kreative Vermutungen zu Situationen formulieren.		4
einen Zeitungsartikel über ein Projekt für kriminelle Jugendliche verstehen.	M2 2	
über ein Projekt gegen Kriminalität diskutieren.	3	4
ein soziales Projekt vorstellen.	4	
einen Radiobeitrag über ein Projekt zur Konfliktbewältigung verstehen.		3a–c
die eigene Meinung zu Aussagen über ein soziales Projekt begründen.		3d
einen Bericht über Arbeitserfahrungen verstehen.	M3	1b
über spannende Berufe sprechen.	1a, c	
Berichte über spannende Berufe verstehen.	1b	2, 3a
einen Forumsbeitrag über die Bedeutung von Spannung im Beruf schreiben.	3	
über Cyberkriminalität sprechen.	M4 1, 3	
einen Vortrag über Formen von Kriminalität im Netz verstehen.	2	2
[M] Informationen aus verschiedenen Quellen für andere zusammenfassen.	4	3
eine Anzeige verstehen und eine Anfrage dazu schreiben.		4
eine kurze Geschichte spannend erzählen.	K 1, 2	1

MODUL 1 WAS IST HIER LOS?

etw. behalten (behält, behielt, hat behalten) *(Darf ich den Ring behalten?)* ....

auf Kosten (+ Gen.) ....

einen Schaden erleiden durch (+ Akk.) ....

legal ....

sich strafbar machen (= eine Straftat begehen) ....

die Pflicht haben ....

ein Recht haben auf (+ Akk.) ....

verpflichtet sein zu (+ Dat.) ....

von Anfang an (= seit Beginn) ....

versichert sein gegen (+ Akk.) ....

MODUL 2 OB DAS WAS BRINGT?

das Umfeld, -er ....

gewaltfrei ....

die Prävention, -en ....

die Haftanstalt, -en (= das Gefängnis) ....

der/die Inhaftierte, -n (= der/die Gefangene) ....

straffällig ....

hinter Gittern sitzen (sitzen, saß, hat gesessen) ....

das Unbehagen (Sg.) (= negatives Gefühl) ....

ein|greifen (greift ein, griff ein, hat eingegriffen) ....

etw. bereuen ....

etw. stammt von (+ Dat.) ....

aus|brechen aus (+ Dat.) (bricht aus, brach aus, ist ausgebrochen) *(aus einem Teufelskreis ausbrechen)* ....

sensibilisieren für (+ Akk.) ....

konfrontieren mit (+ Dat.) ....

die Akzeptanz (Sg.) ....

etw. reflektieren (= über etw. nachdenken) ....

eine Wirkung haben auf (+ Akk.) ....

jdm. etwas / nichts bringen (= jdm. etwas / nichts nützen) *(Das bringt mir nichts.)* ....

einen Effekt haben auf (+ Akk.) (= beeinflussen) ....

MODUL 3 SPANNENDE BERUFE?

unsichtbar ....

verschwinden (verschwindet, verschwand, ist verschwunden) ....

mittendrin ....

auf|fallen (fällt auf, fiel auf, ist aufgefallen) ....

fixieren ....

jdn. rein|legen *(Da bin ich echt reingelegt worden!)* ....

etw. erstatten *(Ich habe mein Geld erstattet bekommen.)* ....

ein Auge zu|drücken ....

ahnen (*Du ahnst ja nicht, was passiert ist!*) ....

glaubwürdig *(Die Zeugenaussage war glaubwürdig.)* ....

in Anspruch nehmen *(Das hat alles sehr viel Zeit in Anspruch genommen.)* ....

hin|bekommen *(Du bekommst das bestimmt hin.)* ....

etw. konzipieren ....

kurzweilig *(Der Film war wirklich kurzweilig.)* ....

MODUL 4 GEFAHREN IM NETZ

der Betrug (Sg.) ....

das Opfer, - ....

der Täter, -
die Täterin, -nen ....

die Bedrohung, -en ....

die Drohung, -en ....

erpressen ....

das Lösegeld (Sg.) ....

ausstehend *(ausstehende Zahlungen)* ....

der Link, -s *(auf einen Link klicken)* ....

jdn. kontaktieren ....

an|fügen *(angefügte Information)* ....

verfallen (verfällt, verfiel, ist verfallen) ....

der / die Beauftragte, -n ....

die IT (= Informationstechnologie) (Sg.) ....

der IT-Bereich, -e ....

die Cyberkriminalität (Sg.) ....

vertrauenswürdig *(vertrauenswürdige Anhänge)* ....

vertraulich *(vertrauliche Daten)* ....

fälschen ....

bösartig ....

zu|greifen (greift zu, griff zu, hat zugegriffen) *(auf Daten zugreifen)* ....

Weitere Wörter, die für mich wichtig sind

....

....

Begriffe umschreiben – Wählen Sie fünf Wörter aus dem Kapitel und notieren Sie je eine Umschreibung. Arbeiten Sie zu zweit, lesen Sie Ihre Umschreibungen vor, die andere Person nennt den passenden Begriff.

Eine Person, die im Gefängnis sitzt.

Der oder die Inhaftierte.

Ja, genau.

ANHANG

ÜBERSICHT DER PRÜFUNGSAUFGABEN

im Kursbuch und im Übungsbuch

In den Prüfungsaufgaben im Kurs- und Übungsbuch können Textlänge und Anzahl der Fragen bzw. Items von der Originalprüfung leicht abweichen.

	Goethe-Zertifikat B2	telc Deutsch B2
Lesen		
1	KB K3 M2 A2b	ÜB K5 M2 Ü4a
2	ÜB K3 M4 Ü3a	KB K5 M4 A1b
3	ÜB K8 M4 Ü2	ÜB K1 M2 Ü3
4	ÜB K7 M4 Ü3a	
5	ÜB K11 M4 Ü5	
Sprachbausteine		
1		ÜB K1 M1 Ü2a
2		ÜB K6 M4 Ü2a
Hören		
1	ÜB K7 M2 Ü4a	ÜB K5 M4 Ü4
2	KB K4 M4 A2a	ÜB K10 M2 Ü4b
3	KB K6 M2 A2a	ÜB K4 M2 Ü4
4	KB K7 M4 A2a	
Schreiben		
1	ÜB K6 M2 Ü4b	A: ÜB K12 M2 Ü4b B: KB K9 M2 A3d
2	KB K3 M3 A3	
Sprechen		
1	KB K9 M3 A4	KB K1 M4 A4
2	KB K2 M3 A2d	KB K12 M2 A3b
3		KB K10 Einstieg A2b

NOMEN-VERB-VERBINDUNGEN (FUNKTIONSVERBGEFÜGE)

Nomen-Verb-Verbindung	**Bedeutung**	**Beispiel**
sich in Acht nehmen vor (+ Dat.)	aufpassen / vorsichtig sein	Im Straßenverkehr sollte man sich immer gut in Acht nehmen.
Abschied nehmen von (+ Dat.)	sich verabschieden	Am späten Abend haben wir Abschied von den Gästen genommen.
zum Abschluss kommen	etwas beenden / fertigstellen	Die Verträge sind zum Abschluss gekommen.
Die Absicht haben zu	beabsichtigen	Ich habe die Absicht, bald die Prüfung zu machen.
Ahnung haben von (+ Dat.)	wissen / sich aus-kennen	Ich habe davon keine Ahnung.
eine Änderung vor-nehmen an (+ Dat.)	ändern	Jeder kann Änderungen an seinem Passwort selbst vornehmen.
Anerkennung finden / erfahren	anerkannt werden	Hier erfahren die Kinder Anerkennung.
den Anfang machen	anfangen	Wollen Sie den Anfang machen?
ein Angebot machen / unterbreiten	etw. anbieten	Die Firma hat mir ein tolles Angebot gemacht.
Angst haben vor (+ Dat.)	sich ängstigen vor	Ich habe Angst davor, zu spät zu kommen.
Anspruch haben auf (+ Akk.)	etw. steht jdm. zu	Sie haben einen rechtlichen Anspruch auf Unterstützung.
in Anspruch nehmen	(be)nutzen / beanspruchen	Das hat alles sehr viel Zeit in Anspruch genommen.
Anteil nehmen	mitfühlen	Ich nehme Anteil am Schicksal der Leute.
einen Antrag stellen auf (+ Akk.)	beantragen	Familie Müller hat einen Antrag auf finanzielle Unter-stützung gestellt.
eine Antwort geben auf (+ Akk.)	antworten	Bisher hat er mir noch keine Antwort auf meine Frage gegeben.
einen Auftrag erteilen	beauftragen	Hat die Firma den Auftrag schon erteilt?
etw. in Auftrag geben	etw. beauftragen	Hat die Firma die Maschine schon in Auftrag gegeben?
zum Ausdruck bringen	etw. äußern / ausdrücken	Er brachte seinen Ärger zum Ausdruck.
in Aussicht stellen	etwas als wahrscheinlich darstellen / etwas Positives andeuten	Mir wurden gute Aufstiegsmöglichkeiten in Aussicht gestellt.
im Austausch stehen mit (+ Dat.)	sich austauschen	Wir stehen auch im Austausch mit anderen Gruppen.
zur Auswahl stehen	angeboten werden	Es stehen viele Produkte zur Auswahl.
Beachtung finden	beachtet werden	Erneuerbare Energieformen finden momentan große Beachtung.
einen Beitrag leisten	etw. beitragen	Jeder kann einen Beitrag zur Verbesserung der Situation leisten.

Nomen-Verb-Verbindung	Bedeutung	Beispiel
einen Beruf ausüben	arbeiten (als)	Sie übt ihren Beruf schon seit über 20 Jahren aus.
Bescheid geben / sagen	jdn. informieren	Können Sie mir bitte Bescheid geben / sagen, wenn Herr Marx da ist?
Bescheid wissen über (+ Akk.)	informiert sein	Wer weiß denn über dieses Projekt Bescheid?
eine Bestellung aufgeben	etw. bestellen	Hat der Kunde die Bestellung schon aufgegeben?
in Betracht kommen	möglich sein	Zur Lösung des Problems kommen mehrere Möglichkeiten in Betracht.
in Betracht ziehen	überlegen	Viele Leute ziehen in Betracht, wegen einer Arbeitsstelle umzuziehen.
Bezug nehmen auf (+ Akk.)	sich beziehen auf	Ich nehme Bezug auf Ihr Schreiben vom 12. April.
eine Bindung aufbauen zu (+ Dat.)	sich besser kennenlernen	So können wir eine Bindung zu unserem Gegenüber aufbauen.
eine Diskussion führen	diskutieren	Wir haben gestern eine lebhafte Diskussion zum Thema Freizeitaktivitäten geführt.
zur Diskussion stehen	diskutiert werden	Verschiedene Lösungen stehen zur Diskussion.
unter Druck stehen	gestresst sein	Einige Studierende stehen unter großem Druck.
Effekt haben auf (+ Akk.)	beeinflussen	Das Projekt hatte positive Effekte auf die Beteiligten.
Eindruck machen auf (+ Akk.)	beeindrucken	Das Engagement vieler Leute macht auf mich großen Eindruck.
Einfluss haben auf (+ Akk.)	beeinflussen	Manchmal werden Entscheidungen getroffen, auf die ich keinen Einfluss habe.
zum Einsatz kommen	genutzt / verwendet werden	In der realen Kommunikation kommt alles zum Einsatz, was man gelernt hat.
zu Ende bringen / führen	beenden / abschließen	Wir müssen die Arbeit heute noch zu Ende bringen.
einen Entschluss fassen	beschließen / sich entschließen	In dieser Zeit habe ich den Entschluss gefasst, Künstler zu werden.
eine Entscheidung treffen	etw. entscheiden	Er hat die Entscheidung getroffen, Künstler zu werden.
in Erfüllung gehen	sich erfüllen / Realität werden	Mein Traum ist in Erfüllung gegangen.
eine Erklärung haben für (+ Akk.)	etwas erklären können	Haben Sie dafür eine Erklärung?
die Erlaubnis erteilen	erlauben	Ich habe ihm die Erlaubnis erteilt, das Gerät zu kaufen.
einen Fehler begehen	etw. Falsches tun	Jeder von uns hat schon einen Fehler begangen.
die Flucht ergreifen	fliehen	Der Dieb ergriff, so schnell er konnte, die Flucht.
zur Folge haben	aus etw. folgen / bewirken	Dauerhafter Stress kann Erkrankungen zur Folge haben.
eine Forderung stellen	etw. fordern	Er stellt ganz schön viele Forderungen.
in Frage kommen	relevant / akzeptabel sein	Das kommt überhaupt nicht in Frage.

Nomen-Verb-Verbindung	Bedeutung	Beispiel
außer Frage stehen	(zweifellos) richtig sein / etwas nicht bezweifeln	Es steht außer Frage, dass neue Technologien wichtig sind.
eine Frage stellen	fragen	Bleiben Sie neugierig und stellen Sie viele Fragen.
in Frage stellen	bezweifeln / anzweifeln	Viele Mitarbeitende stellen die Strategie in Frage.
sich Gedanken machen über (+ Akk.)	nachdenken	Ich mache mir viele Gedanken über das Thema.
in Gefahr sein	gefährdet sein	Die Realisierung des Projekts ist in Gefahr.
ein Gespräch führen	sich unterhalten	Wir haben ein interessantes Gespräch mit Kollegen über das Projekt geführt.
einen Grund angeben	etw. begründen	Für diesen Entschluss wurde kein Grund angegeben.
vor Herausforderungen stellen	viel verlangen	Der neue Kunde stellt uns vor echte Herausforderungen.
Interesse haben an (+ Dat.)	sich für etw. interessieren	Sie hat kein Interesse an einer neuen Stelle.
Interesse wecken an (+ Dat.)	aufmerksam machen auf	Das Hobby hat mein Interesse an einer Fremdsprache noch einmal ganz neu geweckt.
in Kauf nehmen	(Nachteiliges) akzeptieren	Wer Markenprodukte haben möchte, muss hohe Preise in Kauf nehmen.
zur Kenntnis nehmen	bemerken / wahrnehmen	Ich habe ihre Anmerkung zur Kenntnis genommen.
einen Kompromiss finden	sich einigen	Zum Glück haben wir einen Kompromiss gefunden.
in Kontakt treten mit (+ Dat.)	kontaktieren	Sind Sie schon mit der Kundin in Kontakt getreten?
die Kosten tragen für (+ Akk.)	bezahlen	Wer trägt die Kosten für das Studium?
Kritik üben an (+ Dat.)	kritisieren	Bleiben Sie gelassen, wenn jemand Kritik an Ihnen übt.
in der Lage sein	können / fähig sein	Über Social-Media sind alle in der Lage, andere Leute mit gleichen Interessen zu finden.
auf dem Laufenden sein	informiert sein	Bist du über die neuesten Entwicklungen auf dem Laufenden?
auf den Markt bringen	etw. (zum ersten Mal) verkaufen	Es werden ständig neue Geräte auf den Markt gebracht.
eine Meinung vertreten	meinen / denken	Ich vertrete folgende Meinung: …
sich Mühe geben bei / mit (+ Dat.)	sich bemühen	In privaten Situationen gibt man sich oft mehr Mühe, sich korrekt auszudrücken.
Platz schaffen	aufräumen	Wir haben viele Dinge entsorgt und Platz geschaffen.
die Pflicht haben	etw. müssen	Man hat die Pflicht, gefundene Sachen zurückzugeben.
ein Recht haben auf (+ Akk.)	erlaubt sein	Man hat kein Recht darauf, jede Ware zurückzugeben.
eine Rede / ein Referat halten	referieren	Sie hat gestern eine sehr interessante Rede gehalten.

Nomen-Verb-Verbindung	Bedeutung	Beispiel
eine Rolle spielen	wichtig / relevant sein	Bargeld wird in Zukunft kaum noch eine Rolle spielen.
Rücksicht nehmen auf (+Akk.)	rücksichtsvoll sein	Wir sollten Rücksicht auf unsere Mitmenschen nehmen.
Ruhe bewahren	ruhig bleiben	In schwierigen Situationen sollten Sie Ruhe bewahren.
Schaden erleiden durch (+ Akk.)	geschädigt werden	Durch sein leichtsinniges Verhalten hat er Schaden erlitten.
Schluss machen mit (+ Dat.)	beenden	Wir müssen Schluss machen mit der Energieverschwendung.
einen Sinn bekommen	verständlich sein / nachvollziehbar werden	Die Aussage bekommt plötzlich einen Sinn.
in den Sinn kommen	einfallen	Oft kommen uns verschiedene Ideen in den Sinn.
sich Sorgen machen um (+ Akk.)	sich sorgen	Ich mache mir große Sorgen um einen Freund.
aufs Spiel setzen	riskieren	Wir dürfen unsere Zukunft nicht aufs Spiel setzen.
zur Sprache bringen	ansprechen / erwähnen	Dieses Thema sollte häufiger zur Sprache gebracht werden.
auf dem Standpunkt stehen	meinen	Ich stehe auf dem Standpunkt, dass Jugendliche mehr Unterstützung brauchen.
Stellung nehmen zu (+ Dat.)	seine Meinung äußern	Ich möchte dazu kurz Stellung nehmen.
einen Überblick haben über (+ Akk.)	überblicken	Es muss immer jemanden geben, der den Überblick über die Produktion hat.
Verantwortung übernehmen / tragen für (+ Akk.)	verantwortlich sein	Freunde übernehmen Verantwortung füreinander.
zur Verfügung stehen	vorhanden sein / für jdn. da sein	Uns steht leider nicht genug Geld zur Verfügung.
Verständnis haben / aufbringen / zeigen für (+ Akk.)	verstehen	Wir sollten versuchen, bei Konflikten mehr Verständnis aufzubringen.
eine Vorlesung halten	als Professor/in vor Studierenden reden	Sie hat eine sehr gute Vorlesung gehalten.
einen Vorschlag machen	vorschlagen	Können Sie uns einen konkreten Vorschlag machen?
die Wahl haben	sich entscheiden können / müssen	Wer die Wahl hat, hat die Qual.
sich auf den Weg machen	losgehen / losfahren	Sie haben sich früh auf den Weg gemacht.
aus dem Weg gehen	jdn. vermeiden / jdm. ausweichen	Seit dem Streit gehen sie sich aus dem Weg.
Wert legen auf (+ Akk.)	wichtig finden	Viele legen großen Wert auf faire Arbeitsbedingungen.
eine Wirkung haben	bewirken	Wir bezweifeln, dass die Projekte eine Wirkung haben.
zu Wort kommen	sprechen / reden	Lassen Sie mich bitte auch mal zu Wort kommen.
Zweifel haben an (+ Dat.)	bezweifeln	Ich habe Zweifel an dieser Lösung.
außer Zweifel stehen	nicht bezweifelt werden	Es steht außer Zweifel, dass noch mehr für die Umwelt getan werden muss.

NOTIZEN

NOTIZEN

NOTIZEN

QUELLENVERZEICHNIS

Textquellen

S. 14: © Museum Fünf Kontinente

Audios

Sprecherinnen und Sprecher: Tobias Baum, Berenike Beschle, Margarita und Vladimir Brahms, Julia Cortis, Vanessa Cousin, Thomas Höricht, Nikola Lainovic, Sofia Lainovic, Christof Lenner, Donato Miroballi, Chiara Penzel, Nina Pietschmann, Gregor Schleuning, Anja Schümann, Anja Straubhaar, Helge Sturmfels, Peter Veit, Julian Wenzel

Fotomodelle

Melanie Reisach

Bildnachweis

Cover DEEPOL by plainpicture/Petra Stockhausen; **10** Getty Images RM (Maskot), München; **11** Shutterstock (Pavlo Plakhotia), New York; **12** Shutterstock (WAYHOME studio), New York; **15.1** 123RF.com (ferli), Nidderau; **15.2** Shutterstock (Rido), New York; **15.3** Getty Images (Deepak Sethi), München; **15.4** Shutterstock (Djomas), New York; **17.1** Shutterstock (Cookie Studio), New York; **17.2** picture-alliance (dpa | Gerald Matzka), Frankfurt; **19.5** 123RF.com (stylephotographs), Nidderau; **19.1-4, 19.6-9, 33.1-8, 47.1-4, 47.6-9, 61.1-8, 75.1-4, 75.6-9, 89.1-4, 89.6-9, 116.1-8, 131.1-8, 145.1-4, 145.6-9,159.1-8, 173.1-4, 173.6-9** Getty Images (cihanterlan), München; **25** Illustration Sylvia Neuner mit freundlicher Genehmigung der WFB Wirtschaftsförderung Bremen GmbH; **26.1** Shutterstock (juligraphs), New York; **26.2** Shutterstock (Vector FX), New York; **26.3** Shutterstock (Danijela Radakovic), New York; **26.4** Shutterstock (Rauf Aliyev), New York; **26.5** Shutterstock (Macrovector), New York; **26.6** Shutterstock (VoodooDot), New York; **28** Shutterstock (Monkey Business Images), New York; **29** Shutterstock (Picsfive), New York; **31.1** Shutterstock (fizkes), New York; **31.2** Shutterstock (Daniel M Ernst), New York; **38** laif (Gunnar Knechtel), Köln; **39.1** Getty Images (GibsonPictures), München; **40.1** Getty Images (Nikada), München; **40.2** 123RF.com (stargazer84), Nidderau; **41.1** Getty Images (monkeybusinessimages), München; **42.1** Getty Images (Tempura), München; **43.1** Shutterstock (woocat), New York; **44.1-2, 51.1-3, 60.1-2, 113.1-2** Shutterstock (Chaim Devine), New York; **45.1** Shutterstock (fizkes), New York; **46** @Statista 2022; **47.5** Getty Images (SW Photography), München; **52.1** Getty Images (Portra), München; **54.1** Getty Images (kali9), München; **54.2** Getty Images (AegeanBlue), München; **54.3** Getty Images (Tom Werner), München; **56.1** Miguel Fernandez, Oldenburg; **56.2** toonpool.com GmbH (Marcus Gottfried), Berlin; **56.3** Getty Images (mantaphoto), München; **58.1** Shutterstock (VectorMine), New York; **64.1** Shutterstock (bsd studio), New York; **64.2, 4; 65.1, 7, 9.3** Shutterstock (Vlad Ra27), New York; **64.3, 5; 65.2, 8, 10.3** Getty Images (lushik), München; **65.3** Getty Images (deepblue4you), München; **65.4** Getty Images (vikif), München; **65.5** Getty Images (kenneth-cheung), München; **65.6** Getty Images (eyewave), München; **66.1** Shutterstock (Hunter Bliss Images), New York; **66.2** Shutterstock (photostar72), New York; **66.3** Shutterstock (Coosh448), New York; **66.4** Getty Images (kckate16), München; **67.1** Getty Images (FluxFactory), München; **67.2** Getty Images (simonkr), München; **68.1** Shutterstock (BRO.vector), New York; **70.2** Getty Images (Monty Rakusen), München; **72.1** © Green City Solutions GmbH; **73.1** Adobe Stock (279photo), Dublin; **75.5** Getty Images (diego_cervo), München; **78.11** Getty Images (Jose Luis Pelaez Inc), München; **81.1** Getty Images (Hill Street Studios), München; **82.1-3** Getty Images (Luis Alvarez), München; **83.1** Getty Images (Wavebreakmedia), München; **88.1** Getty Images (Luis Alvarez), München; **89.5** Shutterstock (fizkes), New York; **92.1** Getty Images (Uwe Krejci), München; **92.2** Getty Images (Luis Alvarez), München; **92.3** Getty Images (Luis Alvarez), München; **92.4** Getty Images (Justin Case), München; **95** Getty Images (Hinterhaus Productions), München; **96** Getty Images (eclipse_images), München; **99** Getty Images (Maskot), München; **106** Getty Images (filadendron), München; **107** Adobe Stock (nenetus), Dublin; **108** Getty Images (kupicoo), München; **110** Getty Images (Sabrina Bracher), München; **111.1** Getty Images (Morsa Images), München; **111.2** Getty Images (Morsa Images), München; **111.3** Getty Images (Morsa Images), München; **112.1** Getty Images (Morsa Images), München; **112.2** Getty Images (Mengwen Cao), München; **115** Getty Images RM (Tetra Images - Erik Isakson), München; **122** Getty Images (Atlantide Phototravel), München; **123** 123RF.com (Julia Faerber), Nidderau; **126** Thomas Plaßmann, Essen; **127** Adobe Stock, Dublin; **128** Bitkom Research; **129.1** Getty Images (Morsa Images), München; **129.2** 123RF.com (Valerii Matviienko), Nidderau; **129.3** 123RF.com (yarruta), Nidderau; **134.1** picture-alliance (SZ Photo | Catherina Hess), Frankfurt; **134.2** Getty Images (Ventura Carmona), München; **136.1** Getty Images (alvarez), München; **136.2** Getty Images (Erik Von Weber), München; **136.3** Getty Images (LightFieldStudios), München; **136.4** Getty Images (StefaNikolic), München; **136.5** Getty Images (Peter Garrard Beck), München; **136.6** Getty Images (EMS-FORSTER-PRODUCTIONS), München; **136.7** Getty Images (Phamai Techaphan), München; **137** Getty Images (Pekic), München; **138** Getty Images RM (Maskot), München; **139** Getty Images RM (Simon Ritzmann), München; **141** Getty Images (bjones27), München; **142.1** Shutterstock (Ugis Riba), New York; **142.2** picture-alliance (blickwinkel/Luftbild Bertram), Frankfurt; **143** Getty Images (Nick Dolding), München; **144** Dieter Mayr, München; **145.5** Getty Images (Rafael Vilches Rey), München; **148.1** Getty Images RM (Howard Kingsnorth), München; **148.2** Getty Images RM (Howard Kingsnorth), München; **149.1** Getty Images (damircudic), München; **149.2** Getty Images (Kmatta), München; **149.3** Getty Images (FG Trade), München; **153.1** Getty Images (Willie B. Thomas), München; **153.2** Getty Images (IPGGutenbergUKLtd), München; **153.3** Getty Images (RyersonClark), München; **153.4** Getty Images (South_agency), München; **154** Getty Images (Sanja Radin), München; **155** Getty Images (Luis Alvarez), München; **156** Getty Images (FatCamera), München; **157** Getty Images (Barry Winiker), München; **163** Getty Images (Balefire9), München; **165.1** Getty Images RM (Westend61), München; **165.2** Getty Images (: Jessie Casson), München; **165.3** Getty Images RM (Philippe TURPIN), München; **167** Getty Images (monkeybusinessimages), München; **168.1** Getty Images (PeopleImages), München; **168.2** Getty Images (bluecinema), München; **168.3** picture-alliance (Susanne Doepke/Geisler-Fotopress), Frankfurt; **169** Getty Images (Jose A. Bernat Bacete), München; **170** Getty Images (Andriy Onufriyenko), München; **171** Getty Images (YoGinta), München; **173.5** Getty Images (Whiteway), München